大清律例讲义

吉同钧 纂辑
闫晓君 整理

知识产权出版社
全国百佳图书出版单位

陕派律学文献丛书
闫晓君 陈涛 主编

陕派律学文献编委会

关于“陕派律学”

（代序）

闫晓君　陈　涛

吴建璠先生曾说：自“拨乱反正”以来，我们的法制史研究取得的成绩不小，但也要看到，不足之处还很多。爱因斯坦以在木板上钻窟窿比喻搞科研，说人们喜欢在薄的一头钻许许多多窟窿，就是不敢碰厚的地方。他说的是自然科学，其实社会科学也一样。请看法制史领域里不也存在这种现象吗？比较容易的题目，你写，我写，大家写，可以写上几十上百篇论文；而难度比较大的问题无人问津，连一篇文章也没有。大约十五年前，在一次法史界同人的聚会中，有人提出一个问题：沈家本在一篇文章中说，光绪初年律学家分豫、陕两派，豫派以陈雅侬、田雨田为代表，陕派以薛允升、赵舒翘、张成勋为代表。他问，两派除沈氏指明的律学家外还有哪些人，各有哪些代表作，两派的分野何在，对清代法律发展有何影响。大家相顾茫然，答不上来，一致认为这是一个需要研究的问题。然而十五年过去了，我还未见有哪位学者就这个问题提出过一篇论文。[①] 吴建璠先生的这段话发人深思，迄今为止，有关“陕派律学”和“豫派律学”的研究仍未有引起足够的重视。

一、“陕派律学”的提出

刑部作为当时“天下之刑名总汇”，往往聚集了一批精通律例的法律人才。因缘

① 吴建璠：“我的研究之路”，载中国社会科学院网站。

际会，晚清同光之际在刑部逐渐形成了两个律学学派，即“陕派律学”和“豫派律学”，分别以陕西、河南籍人士为主，在传统的律例之学上卓然有成，且各具学术特点。“豫派”以“简练”为主，陕派以“精核”为主。由于豫派早衰，相反“陕派”却人才济济，学术成就斐然，学术著作流传于世，受到当时及后来学者的称誉。

“陕派”和“豫派”的说法，应当首先是由沈家本提出来的。他在《大清律例讲义》序中说：“独是《律例》为专门之学，人多惮其难，故虽著讲读之律，而世之从事斯学者实鲜。官西曹者，职守所关，尚多相与讨论。当光绪之初，有豫、陕两派，豫人以陈雅侬、田雨田为最著，陕则长安薛大司寇为一大家。余若故尚书赵公及张麟阁总厅丞，于《律例》一书，固皆读之讲之而会通之。余尝周旋其间，自视弗如也。近年则豫派渐衰矣，陕则承其乡先达之流风遗韵，犹多精此学者。韩城吉石生郎中同钧，于《大清律例》一书，讲之有素，考订乎沿革，推阐于义例，其同异轻重之繁而难纪者，又尝参稽而明辨之，博综而审定之，余心折之久矣。”①

另一位提到“陕派律学”和“豫派律学”的是董康，他在《清秋审条例》中讲：“凡隶秋曹者争自磨砺，且视为专门绝学。同光之际，分为陕、豫两派，人才尤盛。如薛允升云阶、沈家本子惇、英瑞风冈皆一时已佼佼者。”②董康还在《我国法律教育之历史谭》一文中指出了“陕派律学”和“豫派律学”形成的原因。他说，清代学校之科目“一以经义及策论为主，并缺律令一课，固无足称为法律教育”。但在刑部，其官员大多为进士或拔贡出身，在签分到部后，由于职责所在，这些官员“一方读律，一方治事。部中向分陕豫两系，豫主简练，陕主精核”③。

沈家本、董康二人都曾长期在晚清的刑部供职，对于其中的情形非常稔熟，对秋曹掌故了如指掌，那么，晚清刑部分陕豫两派的说法必确信无疑。

二、“陕派律学”的形成

有清以来，陕籍人士任职刑部且有声望和影响者，代不乏人，但都没有出现所谓的“陕派”。吉同钧在《薛赵二大司寇合传》中指出：“秦人钟西岳秋肃之气，性情多刚强严威，故出仕之后，其立功多在刑曹。前清入关之初，第一任刑部尚书则为宝鸡

① （清）沈家本：《历代刑法考》（第4册），中华书局1985年版，第2232页。
② 何勤华编：《董康法学文集》，中国政法大学出版社2005年版，第420页。
③ 何勤华编：《董康法学文集》，中国政法大学出版社2005年版，第737页。

党崇雅，诘奸刑暴，颇立功业。然以明臣而仕清，入于《二臣》之传，识者鄙之。康、雍之间，韩城张廷枢作大司寇，崇正除邪，发奸摘伏，权倖为之敛迹，天下想望丰采，然太刚则折，卒罹破家亡身之祸。后虽昭雪，追谥文端，然律以明哲保身之道，未免过于戆直也。”

乾隆朝又有王士棻、嘉庆有王澧中，道光朝有尸谏的王鼎等，其生平事迹屡见于《清史稿》《清史列传》《续修陕西通志稿》和清人的笔记中，其事功声名都远在薛允升之上。但“陕派律学”的形成应在同光时期，与薛允升个人有着莫大的关系。换句话说，没有薛允升，就不可能有“陕派律学”。

作为“陕派”创始人，薛允升具备别人所不能兼而有之的条件：

首先，薛允升本人有不凡的律学成就，其学术造诣影响了当时的律学，足为学界楷模及学术团体的开山祖师。至于薛允升的律学成就，学界已有公论。

吉同钧在《薛赵二大司寇合传》中说：“允升字云阶，咸丰丙辰科进士，以主事分刑部，念刑法关系人命，精研法律，自清律而上，凡汉唐宋元明律书，无不博览贯通，故断狱平允，各上宪倚如左右手，谓刑部不可一日无此人。不数年，升郎中，外放江西饶州知府，七年五迁，由知府升至漕运总督，以刑部需才，内调刑部侍郎，当时历任刑尚者，如张之万、潘祖荫、刚毅、孙毓汶等，名位声望加于一时，然皆推重薛侍郎。凡各司呈划稿件或请派差，先让薛堂主持先划，俗谓之开堂。如薛堂未划稿，诸公不肯先署，固由诸公虚心让贤，而云阶之法律精通，动[令]人佩服，亦可见矣。后升尚书，凡外省巨案疑狱不能决者，或派云阶往鞫，或提京审讯。先后平反冤狱，不可枚举。”

李岳瑞在《春冰室野乘》中也曾说过：“其律学之精，殆集古今之大成，秦汉至今，一人而已。”

其次，重视乡谊的性格注定受其影响的律学家以“陕籍”人士为主。他不但对法律有着超乎寻常的理解，而且他非常重视“乡谊”，对刑部中的初来乍到者往往给予不惮其烦的指导和帮助，尤其是新分部的陕西乡党。他的这个性格特点使得在刑部逐渐形成了一个以陕西人为主的学术团体，即“陕派律学”。当然，重视“乡谊”也成了他被人讥讽的把柄。《近代名人小传》说薛允升“长身瘦削而意气勤恳，有关中故家之风，掌秋曹日，所属多以律书求解，辄为解导，不惮烦也。然俗学无识，立朝未尝有建白，复私乡谊，卒被弹去。”

《续修陕西通志稿》谓薛允升“尤好诱掖后进，成就颇多，如赵舒翘、沈家本、党蒙、吉同钧辈，乃门生故吏中之杰出者，其它不可枚举。盖人品清正，学识宏深，好善若渴，躁释矜平，处富贵如寒素，不仅以刑律见长也。”

正因为薛允升杰出的律学成就以及重视“乡谊”的性格特征，在其周围聚集了很多以陕籍人士为主的律学家。但俗话说，独木不成林。如“陕派”仅有薛允升一人，不能称其为“陕派”了。“陕派”的后起者皆极一时之选，据笔者初步统计，“陕派”约有十六七人。与薛允升同时之雷榜荣，稍后赵舒翘、段理[①]、党蒙[②]、张成勋[③]，再稍后还有武瀛[④]、王之杰、萧之葆、高祖培等，最后还有吉同钧、段维等。如薛允升为“陕派律学”的开创者，赵舒翘当是“陕派律学”的中坚，吉同钧则为殿后者。当然，“陕派律学”不纯粹都是由陕籍人士组成，如从学术关系上看，沈家本的学术成就与“陕

---

① 《续修陕西通志稿》卷八十《人物七》：“段理，字燮堂，昆生异母弟也。性孝友，年十二补博士弟子，为文崭崭不落恒蹊，州牧王舜臣奇之，语人曰：他日耸壑昂岩、能解吾民冤苦者，即段生也。同治庚午（1870，同治九年）登贤书，光绪丙子（1876，光绪二年）成进士，授刑部主事。刑部为全国刑名总汇，档案山积，诸司苦翻（翻）阅，书吏或因缘为奸，会长安赵尚书舒翘为提牢厅，理与游处，昕夕研绎，尽得要领，每有大狱及直隶题奏要犯，堂官辄一以委之，寓慎于勤，谳鞫明允，常谓子姓曰：廷尉者，天下之平也。少有瞻徇心不平矣，又何以平刑政而孚四海乎？时长安薛尚书允升官刑部久，知理之能，属以定谳，尚书每称善，旋转员外郎，迁郎中、记名道府，简有日矣，竟一病不起。”

② 《续修陕西通志稿》卷八十四《人物十一》：“党蒙，字养山，韩城人。同治癸酉（1873，同治十二年）举于乡，光绪丙子（1876，光绪二年）成进士，选庶吉士散馆，授刑部主事，历奉天、四川各司主稿，升员外郎，转郎中，充律例馆提调，总办秋审处，各长官咸倚任之。尚书薛允升为律学大家，尤相器重，遇秋审疑狱、现审大案，必待蒙审察决定。庚子出为云南临安知府，累署顺宁、东川等府，卒于任。性朴诚而敏练，简重深沉，言动不苟。官京曹时核阅刑案，终日不倦，端坐斗室如泥塑人。待人无锋棱，而临财不苟，有铁面之称。随钦使查案山东，文武大吏无敢事请托者。后莅顺宁，耿马土司馈千金，却之，夷人感颂。”

③ 《续修陕西通志稿》卷八十二《人物九》：“张成勋，字麟阁，汉阴人。光绪丁丑（1877，光绪三年）进士，授刑部主事，精研法律，援引确当，屡主秋审，无稍冤纵，尚书薛允升尤倚重之。积资简放四川川北兵备道，阅兵察吏，无所瞻徇，风气为之一振。丁艰归，服阕，值两宫西狩，赴行在陛见，授安徽凤颖六泗道，兼督凤阳关。抵任，适涡阳匪乱未靖，成勋派兵抚绥安辑，以其地素称薪桂，每遇霖雨，合城艰于炊，乃设官柴局，并捐廉广置滩地，为民储薪，凤人号曰张公滩，立祠祀焉。告归后，诏起为京师总检察厅厅丞，复擢法律馆谘议官，俱辞不就，林下数年，颇多善举。寻卒。著有《秋审实缓比较汇案》。”

④ 《续修陕西通志稿》卷八十四《人物十一》：“武瀛，字百川，号仙航，富平人。好学能文，由光绪乙酉（1885 光绪十一年）举人，己丑（1889，光绪十五年）成进士，授刑部主事，充秋审处坐办、律例馆提调，累迁员外郎、郎中，谙习法律，中西兼通，为尚书薛允升倚任。修订法律大臣沈家本、伍廷芳亦引以为重，与修《新刑律》。庚子，随扈赴西安行在，襄办陕西赈务，不支薪费，筹画精详，保加三品衔。俟得知府后以道员在任候补，回銮后简任四川雅州知府，创设川南师范暨中学堂，筹办边茶公司，以抵印茶入藏漏卮，革穆坪土司陋规数千金，夷番怀畏，民教融洽。两摄建昌道篆，办理藏务善后，各要政措置适宜。在任六年，保荐卓异。宣统纪元，川省开办法厅，调署高等审判厅厅丞。瀛甄拔人材，拟议规则，清理全省积案八百余起。值川民因铁路归国，聚众罢市要求，总督赵尔丰滥杀多命，瀛建言不纳，遂告归。”

派律学”在某部程度上有着密不可分的关系，从学术渊源上讲，沈家本当属于“陕派律学”[①]。

陕派的出现，在当时的刑部成了一道独特的风景。当时人们就有各种解释，如曹允源在给赵舒翘《慎斋文集》作序时说：“国家政事分掌于六曹，而秋官一职关人生命，视它曹尤重。为之长者类多擢自曹司重望，谙习法令。即叙劳外简，往往不数年骤跻右职，入掌部纲。故它部长官迁调不常，而秋官任独久，盖非精研其学者不能尽职也。陕西人士讲求刑法若有神解夙悟。”

在某种程度上刑部是一个专业性很强的部门，在刑部任职者必须是专业技术人员，这在客观上为律学的繁荣提供了前提条件，这无疑是正确的。但说“陕西人士讲求刑法若有神解夙悟”，这仅仅只是一种溢美之辞。当时的清政府中央有六部，在刑部当差被视为最苦的差事，而陕西僻处西北边陲，地瘠民贫，因此陕籍人士在通籍后往往能吃苦耐劳，更加励志。如《旧京琐记》云：“刑曹于六部中最为清苦，然例案山积，动关人命，朝廷亦重视之。故六堂官中，例必有一熟手主稿，余各堂但画黑稿耳。薛尚书允升既卒，苏抚赵舒翘内用继之。赵诛，直臬沈家本内调为侍郎，皆秋审旧人。凡稿须经沈画方定。余在刑曹时，见满左右堂既不常到，到则各司捧稿，送画辄须立一二小时，故视为畏途，而愈不敢至。其庸沓可笑，然尚虚心，盖每画必视主稿一堂画毕否，既画则放笔书行。若间见有未画者，则曰‘先送某堂，看后再送’云。”[②]

---

① 甚至有些学者认为“正式的经历及非正式的赞助是仕途当中最明显的部分，但是加入一个律学博士学会也是相当重要的，这类学会同时具有学派以及地方派系的特色。当沈家本被允许加入当时主控刑部的两个学派之一陕派（陕西）之后（另一个是豫派），他自1875年起就开始攀升。”尽管沈家本祖籍非陕西，他与民国时期主持司法部、大理院的著名法律人物许世英、董康等皆为“陕派律学”的门生。参见巩涛（Jérôme Bourgon）：“西方法律引进之前的中国法学”，林惠娥译，载《法国汉学》丛书编辑委员会编：《法国汉学》（第8辑），中华书局2003年版。徐忠明也在《中国法律史研究的可能前景：超越西方，回归本土？》一文中“顺便指出，虽然沈家本是浙江归安人氏，但是他的律学研究属于陕派范围。”参徐忠明著《案例、故事与明清时期的司法文化》，法律出版社2006年版，第2页。

② 其他文献亦有类似说法，如《国乘备闻》：“部务之不振也，曹郎积资十余年，甫谙部章，京察保一等，即简放道府以去。侍郎多起家翰林，初膺部务，临事漫不訾省，司员拟稿进，涉笔占位署名，时人谓之‘画黑稿’。尚书稍谙练，或一人兼数差，年又耄老，且视六部繁简次序，以调任为升迁（旧例由工调兵、刑，转礼，转户，至吏部，则侍郎可升总宪，尚书可升协办），势不得不委权司曹。司曹好逸恶劳，委之胥吏，遂子孙窟穴其中，倒持之渐，有自来矣。唯刑部法律精，例案山积，举笔一误，关系人生死。历朝重狱恤刑，必简一曾任刑曹、熟秋审者为尚、侍。薛允升薨，江苏巡抚赵舒翘内用为尚书。舒翘诛，直隶臬司沈家本内用为侍郎，皆刑部秋审处旧僚也。薛、赵、沈之治刑部也，薛主严，赵、沈主宽”。

三、“陕派律学”的衰落

辛丑年(1901),赵舒翘、薛允升这两位“陕派律学”的杰出代表,一位被清廷赐死,一位病死于回銮途中。此后,“陕派”人物日渐零落,直至辛亥国变后,“陕派”人物纷纷归隐。

吉同钧一生仕途坎坷,1910年因钦派外省考试法官,初次开列前茅,嗣被他人运动,抑置在后。命下,以名次在后致落孙山之外,因此万念俱灰,绝意上进,并上《上法部长官请开差缺书》,辛亥革命后钧弃官归隐。刘敦谨撰《韩城吉石笙先生德教碑记》:辛亥国变后,“因弃官归隐,当道征聘,皆坚辞。航海而南,遍揽江浙名胜,又至曲阜谒圣墓,回京师,戢影篷庐,韬光养晦,以待天下之清”。

“陕派律学”其他人物也大都归隐,如萧之葆归隐后,于陋居的柴扉上写了如下短铭:“吾之素志,喜乐林泉。种花栽竹,养树培源。不愿声名震世,不愿富贵惊天。但愿茅屋不漏,布衣常穿。樽不乏酒,厨不断烟。吟诗月下,钓鱼溪边。教子读书,承嗣祖先。吾自足也,有何憾焉!”

吉同钧与萧之葆在刑部日,“昼则同署办事,夜犹聚会私邸,谈至夜分,津津无倦容”,现在萧之葆“黄冠草履,率昆弟友生逍遥于山颠水涯”,而吉同钧仍在羁旅,他在《送萧小梅郎中归田序》中云:“小梅仕秋曹十余年,以廉隅气节期许,不屑屑于法律,而法律知识自非同列所及,事长官羞作婀态,亦非故以崖岸自高,太史公所谓‘事亲孝,与士信,临财廉,取与义’者,殆兼有之。当民国建设之初,众人恋恋官职,首鼠两端,甚者多方奔求,惟患失之。小梅独决然舍去,如弃敝屣,宁终老于乡间,而不贪非分之爵禄;宁力农以食苦,而不作伴食员,诚士大夫中之鸿鹄、骅骝也。世俗不察,或目为迂腐不识时势,或嗤为矫激不近人情,是亦燕雀不知天地之高,驽骀(dai)不知宇宙之大也,何足怪哉?”

又云:“余以眷累繁重,钱债葛藤,濡滞于京津危乱之地。回忆灞桥杨柳,仙掌芙蓉,日萦梦魂之中,而不知何日从吾所好,与小梅痛饮于长安酒市,以消胸中之垒块也。余既为序,以写离怀,复作歌以(永)咏之,歌曰:天地闭塞兮贤人隐藏,君归不复兮我心忧伤,梁山奕奕兮河水洋洋,誓将挂冠兮终与子以偕(臧)藏。”

段维“宣统三年，请假省亲归，值国变，遂不复出。”[①]王步瀛《清授中宪大夫员外郎衔法部主事段君冈北墓志铭》：“国变后绝意仕进，事亲之余，恒以诗书自娱。君为学重有用，尝谓法律宜适合国性民情，不宜涂抹东西洋条文。谓办学练兵，不注重道德忠义，必至贼人才，害国家，皆确论也。曩尝请修召公庙、李烈女墓，联名奏请李二曲先生从祀孔庙，请复先贤横渠张子祀典，创办农林试验场于卷阿，为文请豁免草价，及避地西安，又屡办理水旱灾赈，会议全省善后事宜，征辑关陇文献，与修《陕西通志》。凡民生利害、地方风教所关，罔不尽心维持，期于有济，亦可见君志行矣！”

四、“陕派律学”的学术成就

“陕派律学”的代表人物一般都出身于科举，饱读诗书，又在刑部长期任职，由于职责所在，对传统律学进行研究，并取得骄人的学术成就。

薛允升认为“刑法虽起于李悝，至汉始完全，大儒郑康成为之注释。乾嘉以来，俗儒多讲汉学，不知汉律为汉学中一大部分，读律而不通汉律，是数典而忘祖，因著《汉律辑存》”。此外薛允升还著《汉律决事比》四卷。沈家本在其《汉律摭遗》自序中说：“同治、光绪之间，长安薛大司寇曾纂《汉律辑存》一书，业经写定，将付手民，庚子之变，为某舍人所得，匿不肯出，百计图之，竟未珠还，良可惋惜。”[②]很可能，沈家本参考了《汉律辑存》。

薛允升认为“汉律经六朝北魏改革失真，主唐两次修正，始复其旧，明律虽本於唐，其中多参用金辽酷刑，又经明太祖修改，已非唐律真面目，因纠其缪戾，著《唐明律合编》。”《唐明律合编》四十卷，是一部对唐律、明律进行比较研究的力作，具有很高的学术价值，是研究传统律学和中国法律史的重要参考和必备书。

薛允升认为“刑律所以补助礼教之穷，礼为刑之本，而服制尤为礼之纲目，未有服制不明而用刑能允当者。”在欧风东扇之际，薛允升“逆料后来新学变法，必将舍礼教而定刑法，故预著《服制备考》一书以备后世修复礼教之根据，庶国粹不终于湮殁矣。”《服制备考》稿本四卷，传统法律对某些罪名的成立及罪行的轻重都要以服制亲疏为依据，服制与传统法律密不可分，薛允升在长期司法实践中对服制有独到精

① 《续修陕西通志稿》。
② （清）沈家本：《历代刑法考》，中华书局 1985 年版，第 2230 页。

深的见解。

薛允升认为"用法须得法外意，律少例多，有例不得引律，明例八百余条，今增至二千余，非出一人，不能划一，引比愈宜详慎，乃官书律例外，著作家绝少专书，复删辑平时笔记，著《读例存疑》"，后此书稿经刑部进呈刊行，"识者推为空前绝后之作。"《读例存疑》共五十四卷，"以《大清律例》为主，而备述古今沿革，上溯经义，下逮有明，比其世轻世重之迹，求其所以然之故，而详著其得失，以为后来因革之准。"这是第一部"例学"著作，民国时期许世英称之为《法律全书》，"是当时被认为最完整的唯一经典，只要熟读这部书，便可以成为法学权威了。"[①]薛允升在这部呕心沥血之作中对清代累修的条例有精深的研究，指出了当时律与例之间、例与例之间的矛盾，并提出了详尽的修改意见。其立法建议，在清末修订《现行刑律》时多被采纳，曾参预修订《大清现行刑律》的董康说："《现行刑律》大致采长安薛允升《读律(例)存疑》之说。"沈家本在《故杀胞弟二命现行例部院解释不同说》："原任刑部尚书薛允升，近世号称专精刑律者，其所著《读例存疑》一书，於此条颇有微词。大致谓，争夺财产、官职谋杀弟侄分别年岁问拟斩绞办理，尚无歧误。至'仇隙不睦'一层，是否专指胞弟及胞侄之年未及岁者而言，碍难悬拟。盖非素有嫌隙，决不致蓄谋致死。…上年法律馆修改现行刑律，於《读例存疑》之说，采取独多。"因此华友根认为《读例存疑》为中国近代修订新律的先导。美国学者 D. 布迪和 C. 莫里斯也予以高度评价："如果没有这部著作，我们几乎无法精确了解清律编例的变化过程，也无法知道增修、删除及修改各条例的准确日期。"[②]

沈家本作为后学，对薛允升的学术成就多次予以推许，并在其学术著作屡屡引用。如沈氏在为薛允升的《读例存疑》作序时说："国朝之讲求律学者，惟乾隆间海丰吴紫峰中丞坛《通考》一书，於例文之增删修改，甄核精详。其书迄於乾隆四十四年。自是以后，未有留心斯事者。长安薛云阶大司寇，自官西曹，即研精律学，於历代之沿革，穷源竟委，观其会通，凡今律、今例之可疑者，逐条为之考论，其彼此抵捂及先后歧异者，言之尤详，积成巨册百余。家本尝与编纂之役，爬罗剔抉，参订再三。司寇复以卷帙繁重，手自芟削，勒成定本，编为《汉律辑存》、《唐明律合编》、《读例存

① 《许世英回忆录》，转引自巩涛(Jérôme Bourgon)："西方法律引进之前的中国法学"，林惠娥译，载《法国汉学》丛书编辑委员会编：《法国汉学》(第 8 辑)，中华书局 2003 年版。

② 布迪、C. 莫里斯：《中华帝国的法律》，朱勇译，江苏人民出版社 2003 年版，第 68 页。

疑》、《服制备考》各若干卷，洵律学之大成而读律者之圭臬也。”

赵舒翘在长期的司法实践中，多所纂定律例，“其议服制及妇女离异诸条，能傅古义，为时所诵。”对传统律学有精深的研究，主要著作《提牢备考》，系赵舒翘“任提牢厅时辑”，内容“皆足为后世法。”内容包括对狱吏的管理、对狱囚的管理、对监狱设施及监管安全等方面的管理，被视为“中国第一部监狱学著作”①。《慎斋文集》，原名《映沣山房文集》十四卷，由眉县王仙洲先生编订。后改名《慎斋文集》十卷，长安沈幼如先生校字，民国十三年西山书局印刷。《慎斋别集》四卷，由《映沣山房文集》十四卷分出。眉县王仙洲先生编订，长安沈幼如先生校字，民国十三年西山书局印刷。《象刑录》《慎斋别集》卷一中载有《象刑录序》：“《周易》六十四卦，爻象繁赜，冐尽天下情伪，未易遽晓。惟大象，则专以人事言天德王道，靡不赅备……余供职西曹，自愧庸愚，恐负厥职，公暇读书於古人有关刑政之嘉言懿行以及现行例案有资出治者，遇事札记，苦无端绪，因取卦象分门，聊便聚学，非敢间世也。《书》曰：‘象以典刑’，又曰：‘象刑惟名’，虽非卦象之象，而象义实在其中，故藉以明是帙云。”

吉同钧，清末修订《大清现行刑律》，五位总纂官中吉同钧名列首位。沈家本、伍廷芳奏请设法律学堂，科目特设《大清律例》，即请吉同钧主讲《大清律例讲义》，所编讲义集成六册，由后法部核定出版，沈家本为之作序，弁诸卷首：“韩城吉石生郎中同钧，於《大清律例》一书，讲之有素，考订乎沿革，推阐乎义例，其同异重轻之繁而难纪者，又尝参稽而明辨之，博综而审定之，余心折之久矣。”沈家本又说：“其於沿革之源流，义例之本末，同异之比较，重轻之等差，悉本其所学引伸而发明之，辞无弗达，义无弗宣，洵足启法家之秘钥而为初学者之津梁矣。”沈家本认为清末修律，如“不深究夫中律之本原而考其得失，而遽以西法杂糅之，正如枘凿之不相入，安望其会通哉？”

吉同钧对传统法律仍有非常深的感情，思想趋于保守，他说：“夫大清律者非自大清起也，损益乎汉、唐、宋、明之成法，荟萃乎六经四子之精义，根极乎天理民彝，深合乎民情士俗，所谓循之则治，离之则乱也。”对于仿行新法，他说：“自上年变法令

① 何勤华在《中国第一部监狱学著作——赵舒翘〈提牢备考〉评述》一文中认为该书“收集整理清王朝建政以来有关监狱管理的条例、章程以及重要狱务的处理方法等编纂而成的一部著作，是中国历史上第一部关于监狱学的专著，也是明清律学的重要作品之一。”载《法学》，1999 年第 7 期。

下，仿泰西之皮毛，舍本来之面目，初改清律为现行律，继又改现行律为新刑律，表面虽看似新奇，而内容实为腐败。主要著作有：《大清律例讲义》有宣统二年法部核定本；《审判要略》，总结古代刑官问案技巧，有宣统二年法部核定本；《乐素堂文集》，一九三三年刻本。

五、"陕派律学"的司法实践

在司法审判过程中，对一个案件从研审直到最后做出判决，与每个司法审判官员的律学知识、对律例的理解和办案经验都有极大的关系。"陕派律学"的代表人物皆供职于刑部，熟读律例，从事司法审判，在对疑难重大刑狱的审判上往往有不俗的表现。

薛允升由于长期"观政刑曹，以刑名关民命，穷年讨测律例"，故而对律例的理解和运用达到了炉火纯青的地步，"凡所定谳，案法随科，人莫能增损一字"。因此受到刑部长官信任和重用，一有大狱辄以相嘱。薛允升在审案过程中，面对罪犯"如与家人语，务使隐情毕达，枉则为之平反。"[①]孙家鼐在其给薛允升的《墓志铭》中也说："其鞫狱恒至夜分，一灯荧荧，胥役或倦引去。公平心静气，无疾言厉色，与囚絮絮对语，囚忘公为官，公亦若忘其与囚语也。故凡讼为公所鞫，无不输其情，虽死且德公。而公重民命，有疑狱必万分审慎，得其冤必力为平反，虽触权威忌不恤也。"

他一生审理了许多大案，在审理太监李苌材一案中，表现出了秉公执法、不畏权势的优秀品质，坚决顶住来自慈禧及李莲英等的压力，将罪犯正法。光绪二十二年，太监李苌材、张受山等肆无忌惮，竟敢于辇毂之下，纠众在庆和戏院寻衅，并拒捕杀人。薛允升"时为尚书，以此案关系重大，若非严加惩办，涓涓不灭，将成江河"，因此薛允升"拟援光棍例治之，而总管太监李莲英为乞恩，太后以例有'伤人致死、按律问拟'一语，敕再议。"薛允升顶住压力，上疏抗辩："李苌材等一案，既非谋故斗杀，不得援此语为符合。且我朝家法严，宦寺倍治罪。此次从严惩治，不能仰体哀矜之意，已愧于心；倘复迁就定谳，并置初奉谕旨於不顾，则负疚益深。夫立法本以惩恶，而法外亦可施仁。皇上果欲肃清辇毂，裁抑阉宦，则仍依原奏办理。若以为过严，或诛首而宥从，自在皇上权衡至当，非臣等所敢定拟也。"疏上，仍敕部议罪。其时李莲英

① 《清史稿·薛允升传》。

遍嘱权要请求末减，薛允升不为所动，再次上疏："臣等为执法之吏，不敢擅自从轻，皇上施法外之仁，原可量为末减。初奉谕旨，一发而不可收。原定罪名，一成而不可变。从犯或可稍宽，首恶断不可纵。"奏请将张受山立即处斩，至于李苌材伤人未死，量减为斩监侯。正因为这一案，薛允升遭受到李莲英等权监的打击报复，后被降职为宗人府丞。

在薛允升一生中，审理过许多的大案要案，其中就有清末三大案之一的"南京三牌楼杀人案"，《清稗类钞》有概要介绍："光绪辛巳，沈文肃公葆桢督两江，江宁有三牌楼（在仪凤门内）。命案，轻率定谳，枉杀无辜，世多冤之。时陈伯潜阁学宝琛方为翰林院侍讲学士，以参将胡金传承缉谋杀朱彪之命盗，妄拿教供，刑逼定案，业将曲学如、僧绍宗处决。虽已由继任总督刘忠诚公坤一另获凶犯周步畛、沈鲍洪供认杀彪，并讯出金传嚇贿眼线教串各节，旋奉旨令忠诚严行刑讯，以成信谳，即疑窦孔多，犹待澈究，遂具疏以上闻。"

此案真相，实为步畛挟仇起意杀彪，商同鲍洪潜携篾刀遇彪，以纠邀行窃为名，至三牌楼竹园旁，将彪砍毙，三人同逃，固未移尸，嗣经地保报县验详。文肃遂饬会办营务处洪汝奎悬赏购线，并派金传密访。盖金传时为缉捕委员也，先后拿获学如、绍宗及张克友三人，并贿教方小庚作证，金传与间官候补县严堃同讯，喝令用刑，威逼成招。初供杀死谢某，旋供为薛泳全，继复称为薛春芳。金传辗转诱令改供，汝奎於覆审后，以案情重大，禀请派员覆讯。文肃以为此乃会匪之自相残杀也，即批饬将学如、绍宗正法。及辛巳拿获窃犯李大凤，供出步畛、鲍洪杀彪，与办结前案地方时日相符。当将步畛、鲍洪讯供，不稍讳。

麟书、薛允升前往查办，反覆推勘，步畛、鲍洪均各供认商同杀彪不讳，金传亦以刑讯教供各情，据实供吐，小庚、克友等俱各脗合，於是步畛、金传皆论斩，鲍洪论绞，汝奎、堃均革职，发往军台效力赎罪，文肃以已薨免议。

其时，薛允升虽为刑部侍郎，但此案实际上由薛允升主持审理，遂为定谳。按清制，"管部及尚书、侍郎，皆各部之堂官也……凡指麾一切者，谓之当家，部事向皆满尚书当家，汉尚书伴食而已。四侍郎则更不事事，有半月不入署者……然亦有以侍郎当家者，赵舒翘、沈家本之在刑部，皆以深明旧律，为尚书所不及，实权乃渐集於侍郎。盖因其人而生权力也。”①

清末，“不肖州县玩视民命，多尔草率从事。该管上司不肯认真详细推勘，非巧为弥缝，即多方掩饰。其能平反更正者，百无一二。而固执原拟者，则比比皆是。推原其故，总由各该督抚徇庇属员，回护原审。其尤甚者，明知案情实有冤抑，即据实更正处分，亦轻以为与全省局面有碍，终不肯自认错误。积习相沿，牢不可破。即如河南镇平县王树汶呼冤一案，始而迭经御史参奏，该省仍敢饰词入奏，入人死罪。继而奉特旨提交臣部审办，该前抚李鹤年犹复强词，哓哓置辨，希图摇惑众听，颠倒是非，在已发觉者平反尚如此其难，其余未经发觉者更必任意消弭，安望其自行更正耶。”这是所谓的“豫案”，清末三大案之一，震动朝野。“豫案”即由赵舒翘审理。

《清稗类钞》中“王树汶为顶凶案”条对此案的审理过程有较详细的记载：

王树汶，邓州人，幼以被掠为镇平盗魁胡体安执爨役，体安，镇平胥也。河南多盗，州县故广置胥役以捕盗，有多至数千人者，实则大盗即窟穴其中，时遣其徒党出劫，捕之急，即贿买贫民为顶凶以销案。体安尤凶猾，一日，使其徒劫某邑巨室，巨室廉知体安所为，乃上控。时涂制军宗瀛方抚汴，檄所司名捕之。镇平令捕体安急，则贿役，以树汶伪为之，俾役执之去。树汶初不承，役以非刑酷之，且谓即定案必不死，始诺。树汶年十五，尪羸弱小，人固知其非真盗也。县令马翥闻体安就获，狂喜，不暇审真伪，遽禀大府，草草定案。

既定谳，当树汶大辟，时体安已更姓名，充他邑总胥矣，树汶未知也。刑之日，树汶始知之，呼曰：“我邓州王树汶，非胡体安，若辈许我不死，今乃戮我乎！”监斩官白宗瀛，大骇，命停刑，下所司覆鞫，卒未得要领。树汶自言父名季福，居邓州，业农，乃檄邓州牧朱杏簪刺史光第逮季福为验，未至而宗瀛督两湖去。继任者为河督李鹤年。开归陈许道任恺者，先守南阳，尝谳是狱，又与鹤年有连，於是飞羽书，阻光第，令毋逮季福，且百端诱怵之。光第不为动，慨然曰：“民命至重，吾安能顾惜此官以陷无辜耶！”竟以季福上，则树汶果其子，恺乃大感，鹤年以袒恺故，持初谳益坚，豫人之官科道者，遂交章论是狱。

鹤年恚言路之持之急也，遂力反宗瀛前议，而益傅会律文，谓树汶虽非体安，亦从盗，在律盗不分首从，皆立斩，原谳者无罪。然树汶初止为体安司炊，亦有谓其为

① 《清稗类钞》，第1313页。

变童者，而实非盗，谳者必欲坐以把风接赃之律，树汶至是遂为正凶。而官吏之误捕，体安之在逃，悉置不问。谏臣益大譁，劾鹤年庇愷，於是朝廷有派河督梅启照覆讯之命。河工诸僚佐，率鹤年故吏，不敢违鹤年恉，启照亦不欲显树同异，竟以树汶为从盗，当立斩。狱成，言者争益力。

时潘文勤公方长秋官，廉知其概，提部研鞫，而赵舒翘方以郎中总办秋审，因以是狱属之。阅数月，乃得实，将上奏矣，而鹤年使故为文勤门生之某道员入都游说，文勤入其说，遽中变。舒翘方力争，文勤忽以父丧去官，南皮张文达公之万继其任，文勤亦知为某道员所卖，贻书文达，亟自引咎。疏上，奉旨释树汶归，成翥及知府马承脩极边，鹤年启照及臬司以下并承审各官皆降革有差。①

在审理此案的过程中，案情几度出现反复，时任刑部尚书的潘祖荫曾“力主提案至京，委赵（舒翘）主其事”，但后来又听信李鹤年门生之言，“欲寝其事弗究，而仍依汴中原谳定案。”赵舒翘表现出了法官应有的“公正无私”的素质，他极力争辩主持公道，文献记载：当时“赵（舒翘）持稿，上堂力争，声色俱厉。文勤（即潘祖荫）不能堪，然心亦知赵所持正，顾未欲於众司官前显示诎伏。方犹豫，赵遽拂衣出，归家缮呈，乞开缺回籍修墓，拟异日入署呈递，而文勤以是夕丁外艰矣。继任者为南皮张文达公之万，文勤於倚庐中手书致文达，略谓‘赵司官学问才品皆不居第二流，荫於五年中超擢其人，由管股至律例馆提调。前日之事，曲实在荫。丈既接任秋卿，乞仍照赵君所谳定稿。赵君刚烈过人，尤望吾君曲意保全之也。’时赵去志已决，文达以文勤手书示之，始已。是时赵名震中外，而人尤服文勤之勇于改过、笃於爱才也。”②

清末，段维审理案件，对人命案件尤为审慎，甘肃回民马化隆因起义，他的孙子“自襁褓系狱三十余年，疆吏屡请从宽发落，格于部议。维引经援律，具说帖，遂邀宽典。川省强盗案首从三十余人皆拟死罪，维察其中十余人近诱胁，驳令覆审，率得减等。”

六、研究“陕派律学”的意义

“陕派律学”是在中国法律古今交替的时候出现的一个律学学派，其代表人物一

① 《清稗类钞》，第1133页。

② 《清稗类钞》，第1441页。

般都具有较高的传统文化素养，出身科举，且有长期的司法实践经验和精湛的传统律学知识，既有“理论”又有“经验”。总之，“陕派律学”是一笔宝贵的传统法律文化资源，有待于我们去发掘研究。目前，学术界还没有对“陕派律学”给予足够的重视，也没有进行系统的研究，最多只是对其中的某个人物或是在学术著作中对“陕派律学”略有涉及。因此，研究“陕派律学”时不我待，刻不容缓，并且有着重大的学术意义。俞江在《倾听保守者的声音》一文中着重介绍了吉同钧及其学术成就，他说：“没有参照系，连经验积累也不系统；没有思想渊源，连方法论传统也被丢弃，法律和法学在虚假繁荣里高歌猛进。”[1]我们认为，研究“陕派律学”有以下学术价值：

首先，“陕派律学”对传统法律做了一个完美的总结。其所取得的传统律学成就无疑是相当高超的，代表着几千年传统律学的最高水平。因此研究“陕派律学”对于了解传统法律有着非常重要的意义。

其次，“陕派律学”的代表人物在晚清已提出了一些法律改革的建议，如吉同钧《上修律大臣酌除重法说帖》，比沈家本著名的《删除律例内重法折》还要早，其他如薛允升、赵舒翘等也都曾上过诸如此类建议改进法律制度的奏折，研究这些资料无疑对了解清代法律存在的问题、清末法律改革的历史背景以及清末修律的内容有重要的学术价值。沈家本所说：“不深究夫中律之本原而考其得失，而遽以西法杂糅之，正如枘凿之不相入”，因此他们的改革建议虽不出传统法律文化的藩篱，但却是针对清代法律实施过程中存在的一些实际问题而提出的，这些正是中国法律近代化的基础。

第三，“陕派律学”的代表人物薛允升、赵舒翘在晚清变法修律活动以前已经去世，但吉同钧等人不但亲自编纂《大清现行刑律》，而且在《大清新刑律》出台后，对修律的工作不断地予以关注和评论，他对《大清新刑律》发表这样的看法：“新订之律，表面仅四百余条，初阅似觉简捷，而不知一条之中，实孕含数条或数十条，将来判决成例，仍当取现行律之一千余条，而一一分寄与各条之内，不过体裁名词稍有不同耳。”清末变法，虽然吉同钧思想保守，研究“陕派律学”可以了解到传统法律与现代法律之间如何冲突，又如何进行调整并整合的，也可以了解传统的法律人如何面对几千年以来首次出现的法律大变局，这样可以使我们对中国法律的近代化有进一步

---

① 俞江：“倾听保守者的声音”，载《读书》2002 年第 4 期。

的认识，对今天的法律改革也能提供有益的借鉴。

第四，“陕派律学”的代表人物在长期的司法审判历史中，一般都表现出了“公正”“抗直”、敢于任事等法官应具备的良好素质，能够严格执法，不畏权势。如薛允升宁肯丢官，也不惜将太监李莀材等绳之以法；如赵舒翘在司法审判中，一丝不苟，认真负责，“与其错杀不辜，宁失不经”，终使王树汶临刑呼冤一案水落石出，将庇护地方、草菅人命的河南巡抚等一干官员参劾夺职。研究“陕派律学”中这些刚直不阿的代表人物，继承和发扬传统法律文化中的精华，无疑对构建我们今天的法治文明不无裨益。

最后，“陕派律学”除了薛允升、赵舒翘在清末去世以外，吉同均、张麟阁等一直生活到民国时期，他们的著作一般在民国时期都刊刻印行，但以后就默默无闻，似乎被人们遗忘了。我们今天研究“陕派律学”，除了回顾中国法律近百年走过的这段曲折历史，汲取历史的经验与智慧以外，还可以重新评估陕西人对中国传统法律的继承和发展，对中国法律近代化所做的准备与贡献，振奋我们的学术信心，使陕西乃至西北的法学研究和法律教育在今天取得更大的发展。

七、“陕派律学”研究的难点

研究“陕派律学”首先遇到的难题是史料问题。关于史料的收集，特别是有关近代历史人物史料的收集，有着其特殊性。梁启超在《中国历史研究法补编》分论——《人的专史》第二章“人的专史的对相”中指出：“研究近代的历史人物，我们很感苦痛，本来应该多知道一点，而资料反而异常缺乏。我们应该尽我们的力量，搜集资料，作一篇，算一篇。尤其是最近的人，一经死去，盖棺定论，应有好传述其生平……此时不作，将来更感困难。此时作，虽不免杂点偏见，然多少尚有真实资料可凭。此时不作，往后连这一点资料都没有了。”①

徐一士在《一士谭荟》中也讲：“史料为治史者所注重，近代史料为时未远，关系尤切，更应特加之[注]意。从事收集保存，以供镜览，而资史家之要删。乃往往徒知古昔史料之可贵，于近者则忽之。或知其足重矣，而以为得之可不甚废力，未若古昔史料之难于发见，因之不肯亟亟访求，孜孜辑录，不知斯固有稍纵即逝者，久且放失

① 梁启超：《中国历史研究法》，东方出版社1996年版，第206页。

淹没，不易复睹。盖史料缘是而沈冥不彰者甚夥，可喟也……此种感觉，当不仅梁氏一人为然，其过要在从事搜集之不早耳。”①

徐一士熟悉近代掌故，长期从事近代历史资料的搜集整理与研究，他是有感而发。为了不使“陕派律学”的资料“放失淹没”，为后人不易复睹，因此，本书将对“陕派律学”的史料“亟亟访求，孜孜辑录”。

① 徐一士：《一士谭荟》，中华书局2007年版，第211页。

整理说明

《大清律例讲义》整理说明

《大清律例讲义》是1906年冬吉同钧受邀在律学馆主讲《大清律例》的讲义，也是吉同钧最先编写的有关《大清律例》的讲义，仅止三卷，即《名例律》两卷，抽出《刑律》中“贼盗”为一卷。吉同钧认为“惟念律学馆本为预储裁判人才而设，而任裁判之责者必以《名例》《刑律》为最要。盖《名例》为各律纲领，《刑律》设治罪专条，此二律不通，裁判即无从下手。至于《吏》、《户》、《礼》、《兵》、《工》诸律，虽与《刑律》互相发明，惟较之《刑律》尚非切要必需。且各部均有《则例》专书，此编所载不过关系罪名各条，并非完全之编，其中参差歧异、无关引用者颇多，似可暂作缓图。今若依次挨讲，似乎先其所缓、后其所急。是以此次讲义即从《刑律》接讲，一俟《刑律》讲毕，然后再及他律，是亦当务为急之道也。”主要限于时间紧迫，吉同钧先讲了《大清律例》中最重要的部分内容。虽未为完璧，但“风行一时，学者得其片纸，珍若拱璧焉”。由于求索讲义者众多，1908年，律学馆又铅印了数千部，“远近征索，不数月而一空”。

此后，吉同钧在《大清律例讲义》的基础上，又“续著《刑律》人命、斗殴各项及《吏》、《户》、《礼》、《兵》、《工》各门”，1910年脱稿，取名为《大清律讲义》，共十六卷。卷十六附有吉同钧教学所作课卷《律例馆季考拟作》一篇，《上修律大臣酌除重法说帖》等说帖五篇，《论大清律与刑律草案并行不悖》论文一篇，卷末附有吉同钧《审判要略》。《大清律讲义》脱稿后，《现行刑律》颁布，吉同钧在同人协助下，又以

《大清律讲义》为基础，对内容加以调整修改，最后形成《大清现行刑律讲义》。

《大清律例讲义》三卷后附有韩文魁、段振基、王正宽三人所作的跋文，三人皆为受业弟子，并任校雠之役，故分别撰作跋文以叙述《大清律例讲义》成书颠末。吉同钧在《大清律例讲义》中熔铸了自己数十年读律、听讼、断狱的心得，正如段振基跋文所言"本之以心得，资之以阅历，参之以东西列强之法制，每命一题，评一艺，无不援彼证此，因流溯源，疏通详明，折衷至当，不背于古，不戾于今，盖合古今中外之法制，而萃于先生一人之身者也"。

在《大清律例讲义》中，吉同钧逐条讲解《名例律》及《贼盗》一门律文的沿革，"标明此律根源，或系由《唐律》变通，或系《明律》所创造，某年修改，某年增入，并某年添入小注，务使读者得以因流溯源"，寥寥数字，使读者对法律沿革有总体把握。

其次，推阐义例，尤其是对于律与律之同异，例与例之同异，律与例之同异，参稽而明辨之；对于律轻例重之故，律重例轻之故，古律与今律重轻之故，此律与彼律重轻之故，博综而审定之。更于涣者萃之，以见律义之贯通，幽者显之，以见律义之浑括。崇芳说吉同钧讲律"有如土人指路，若者为某水，若者为某山，若者为某津梁，若者为某关隘，无不了然于心，决然于口也"，前人的评价都不能以溢美之词视之。

第三，历引东西各国刑法与中律合参，比较其优劣得失，对当时修订新律提供参考，于新律前途已具明修栈道、暗度陈仓之妙用，非徒撰述博洽。

此次整理，以《大清律例讲义》与《大清律讲义》《大清律例》《唐律疏议》互相校订，除了施加标点外，对原文有如下调整：

第一，原律文中小注，改为与正文同样大小字体，放在圆括号内。

第二，文中衍字不删，但放在圆括号之中。误字亦不删，也放在圆括号之中，在方括号中标出正字。脱字亦在方括号中标出。

第三，文中所引《唐律》条文及疏议多为节引，在不影响正确理解文义时概不补足全文。间有脱字，亦在方括号中标出。

《秋审条款讲义》整理说明

秋审是清朝大典，是刑部的一项重要职责。因为关系案犯之生死，被视为慎重刑罚的重要体现。在刑部，不仅设有秋审处，选拔精通律例并叠经历练、富有经验的司员充任秋审处提调、坐办等职位，为防止秋审的畸轻畸重、任意出入，还专门制订了以资遵循的成例《秋审条款》。吉同钧在《秋审条款讲义序》中说:"至于《条款》一书,创自乾隆三十二年,后来迭次增入,至光绪年间增至一百八十五条,《条款》而外,又有阮吾山司寇《秋谳志稿》、王白香《秋审指掌》、谢信斋《秋谳条款录》与各条款互相发明,均称善本。近来沈司寇又着《秋审条款附案》一书,备载历年成案,详细靡遗,尤为秋审秘钥,惟均原本旧律。上年《现行律》颁行,罪名半从轻减,而旧日条款与现律诸多凿枘,复奉命修改《条款》。同钧蒙修律大臣派充纂修之役,与共事诸君按照现律参酌新旧,去其重复,补其缺略,共得一百六十五条。"

鉴于《秋审条款》的重要性,吉同钧在律学馆为学员开设了《秋审条款讲义》一课,"逐条详述原委。其中完善平允与现律轻重适均者,发明所以修改之故。间有与现律不甚吻合者,亦略加驳正,指明其失,非敢妄议定本也。"

此次整理以清宣统三年石印本为底本,其序言与《乐素堂文集》所录序文进了核校,正文参考了杨一凡主编《历代珍惜司法文献》相关内容。

特此说明,并致谢忱。

闫晓君

二〇一八年二月五日

目录

大清律例讲义

沈家本序

天下之学，必讲焉而后明，矧在专门，义博而科繁，安有不讲而能明者。讲读律令，旧载《吏律》。乾隆初，吏部以内外官员各有本任承办事例，律例款项繁多，难概责以通晓，奏请删除官员考校律例一条，上不允。诚以律例关系重要，非尽人所能通晓，讲读之功不可废也。乃今之说者，谓律例当使官吏尽谙，颛愚共喻。信斯言也，必使人人皆能通晓，无待于讲焉而后可，必深辞古义非讲不明者，概加芟薙焉而后可。不然官吏尚未能尽谙，又安望颛愚之共喻哉？讲读之文，载在功令，乌可诬也。夫读者但记诵其辞，讲者必解说其意，举凡教礼之精微，事情之繁赜，一字一句，皆有至理存焉。是即讲之读之，尚恐有不能通晓者，属在官吏职当尽谙，而官吏之谙之者已不多觏，若欲颛愚之人莫不喻之，能乎？否乎？在昔《汉律》，各为章句，叔孙宣、郭令卿、马融、郑玄诸儒，十有余家，家数十万言。凡断罪所当由用者，合二万六千二百七十二条，七百七十三万二千二百余言。魏世诏用郑氏章句，不得杂用余家。夫以康成一代大儒，其所以讲之者，犹如是之详且尽也。其后《唐律》，则有《疏议》三十卷。在唐初，律学专家颇有其人，奉敕纂修《疏议》，其所以讲之者，又如是之详且尽也。洎乎有明，说律之书，不下数十家，《琐言》、《读法》、《纂注》、《笺释》诸书，世尚有传本。或自申己见，或彙集群言，其所以讲之者，又如是之详且尽也。使果人人皆能通晓，古之人何若是之不惮烦哉？《大清律例》承《明律》而损益之，雍正、乾隆以来，叠经修改，其条例视明代增千数百条，律文则因者多而革者少。顺治初，以律文有难明之义，未足之语，增入小注。雍正三年，又纂总注附于律后，并列圣垂训，命官撰集。岂非以礼教之精微，事情之繁赜，正有非官吏之所能尽谙，颛愚之所能共喻者乎？此其所以讲之者，又如是之详且尽也。

然则《律例》一书，将欲考其沿革，辨其同异，权其轻重，是非讲不为功。今试进司牧之自负能名,幕府之素称老手者,举律例而周咨焉。其阅历非不深也,其办案非不精核也,若夫历代之沿革,亦尝考订之乎?法经之义例,亦尝推阐之乎?律与律之同异,例与例之同异,律与例之同异,亦尝参稽而明辨之乎?律轻例重之故,律重例轻之故,古律与今律重轻之故,此律与彼律重轻之故,亦尝博综而审定之乎?将皆逊谢不遑曰,未也。夫不明沿革,必至修一例而贻害无穷。不明义例,必至断一案而情法失当。不明同异,必至援引不衷,于是甲罪用乙例,乙罪用甲例。不明轻重,必至权衡不得其平,重者失之轻,轻者失之重。夫孰非不讲之为害哉。独是《律例》为专门之学,人多惮其难,故虽著讲读之律,而世之从事斯学者实鲜。官西曹者,职守所关,尚多相与讨论。当光绪之初,有豫、陕两派,豫人以陈雅侬、田雨田为最著,陕则长安薛大司寇为一大家。余若故尚书赵公及张麟阁总厅丞,于《律例》一书,固皆读之讲之而会通之。余尝周旋其间,自视弗如也。近年则豫派渐衰矣,陕则承其乡先达之流风遗韵,犹多精此学者。韩城吉石生郎中同钧,于《大清律例》一书,讲之有素,考订乎沿革,推阐于义例,其同异轻重之繁而难纪者,又尝参稽而明辨之,博综而审定之,余心折之久矣。迨偕顺德伍秩庸侍郎奏请专设法律学堂,于丙午九月开学,学堂科目特设有《大清律例》一门,即延吉石生主讲。於今已阅五学期,所编讲义积成六册。其于沿革之源流,义例之本末,同异之比较,重轻之等差,悉本其所学引伸而发明之,辞无弗达,义无弗宣,洵足启法家之秘钥而为初学者之津梁矣。余奉命修律,采用西法互证参稽,同异相半。然不深究夫中律之本原而考其得失,而遽以西法杂糅之,正如枘凿之不相入,安望其会通哉?是中律讲读之功,仍不可废也。余嘉是编之成,幸斯学之未坠,而后来者有门径之可寻也,故乐为之序。

宣统建元(1909 年)六月。

方连轸序

近代以法学著者首推长安薛大司寇云阶夫子，**连轸**通籍后筮仕西曹，幸瞻丰采，比充秋审处坐办、提调等差，稿件繁多，日不暇给，每遇疑难，辄承指示，由是连轸稍识法律，事隔十余年，此景如在目前也。岁丙午，法部奏设律学馆，大司寇南海戴公、司寇长白绍公、固始张公近连轸入职讲务，自维学殖荒落，深惧有负雅爱。吉君石笙者，刑署旧友，尤薛门高弟子也，相继来充教员，即《大清律例》、《读例存疑》、《洗冤录》诸书，分门口授，吉君并手著《大清律例讲义》，间日颁给诸学侣，词旨显豁，备含精蕴，计馆中同学因是擢要差者指不胜屈，盖《讲义》之功为最多焉。铅印工竣，喜赘数语以志倾佩，自今见斯编者，必且矍然惊，欣然喜，以为白云亭下、叙雪堂边，固有如是之保存国粹者乎？则连轸亦与有荣施云。

旹在光绪戊申（1908 年）嘉平，罗山方连轸谨序

陈康瑞序

道与法相表里也。法之所许者,道亦必从而导之;法之所不许者,道亦必从而禁之。法固根道而立哉,然法足以惩人之恶而不能防人之情,法足以束人之身而不能复人之性,苟离道以为法,法之用或有时而穷。古昔圣王有见于此,其立法也,凡以卫道也。是故君令而臣恭,父慈而子孝,礼之经也,即道之大也,反是而不恭不孝有刑焉。吉凶军宾嘉,礼之文也,亦道之余也,反是而猖狂自恣有刑焉。纲举而目张,非遽恃以诘奸究慝也,必先有至诚恻怛之隐充积乎其中,至万不得已,或惧民之终于颠越也,始假是以动其愧耻而创之者,乃所以教之已耳。虽历代以来递有增损,其间世轻世重,沿革异宜而习尚异变,行于后者不必同于前,适于彼者而或窒于此,要皆斟酌乎人心风俗,积渐而成,非一人之私智所得与乎其间,盖道固应尔也。乃世之论者以为法积久而必弊,因时制宜,自非斤斤焉墨守前闻所能善其后而奏其功,然而本末轻重之间,其必有以审处之矣,不此之审,而或卤莽灭裂,举凡朝野上下所谓恩相孚而义相统,历数千百年之所通行而无阻者,悉摧陷而廓清之,谓非是不足以言法,是所谓削足就屦,几何其不背道而驰耶?我朝《大清律》一书乃前明旧编,参以国家定制,分吏、户、礼、兵、刑、工六律,而以《名例》冠其首,总定律文为四百三十六门,附以《现行则例》,删并增修,权衡至当,一字一句皆有精意以寓乎其间。康瑞供职秋曹,时资流览,徒以未窥体要,掩卷茫然,苟非有好学深思之士,固未易融会贯通,得其指归之所在也。比蒙堂宪派充律学馆监督,值同年友韩城吉君石笙方主讲席。吉君宏通博雅,其于律尤夙所服膺。一切专门著述以及海外新编并收兼蓄,参互考证,口授之暇,辄出所著《大清律讲义》计日分课同人,其中繁称博引,义蕴宏深,而于纲常伦理之大,尤殷勤三致意焉,间亦旁采东西各国诸条例,为之絜长较短,辨别异同,凡孰得而孰失者,不惮反复推详,俾学者晓然自得于言外,所以保存国粹者在此,所以维人心者亦在此。或者曰方今朝廷注重立宪，为十年之预备，爰命大臣修订法律，既已删削编摩，重加厘定，则《大清律》之不能仍其旧也明甚，又何必拘墟自守从而加意研求哉？不知天不变，道亦不变，若夫琐琐节目，昔之所取而今或无当焉，势不能听其方枘圆凿而不思所以易之，至大经大法之炳若日星，所赖以纲维九夏者，固将推而放之四海而皆准。试观环球创立之制，其与我古昔圣王之设施相符合者，殆不可以枚举焉，何独于律学而转多过虑也哉！

光绪三十四年(1908 年)十月法部员外郎慈谿陈康瑞书于律学馆之憩室

崇芳序

全球立国之道有三：曰专制，曰共和，曰立宪。全球立宪之要亦有之：曰选举，曰国债，曰法律。法律者，立宪之基础也。英为立宪最古之国，当华盛顿据美自立，国人艳羡联邦共和政体，政府患之，乃益以修明宪法者尊主权。德、义二国当维也讷联盟而后，鉴拿坡伦并吞之祸，乃踵行英伦立宪以作民气。日本明治崛兴，易魁柄之下移为乾纲之独揽，采用泰西宪法作民气，正以尊主权。惟尊主权也，故法律较严。惟作民气也，故法律较宽。惟合民气、主权之交振也，故法律或宽于夫妇而严于君臣，良以土有异宜，俗有异尚，时有异变，情有异趋，法律不得不有异制，要其各从乎习惯。法者，无甚径庭。比者，我国预备立宪，分年筹备之命相衔而下，而《新律草案》与《民刑诉讼法》，各省先后纷纷议驳，于是法律之学，新旧分两派焉。新者目旧学为压制，为墨守。旧者亦诋新学为诡随，为诐邪。两相牴牾而未有已，法律一日不定，人心即一日不安。夫岂全国幸福哉？蒙则以为舍法律不足以为治，舍本国之法律不足以为自治，舍地方自治不足以造备选举，担国债之人格即无以跻立宪。然则处今日之中国，求中国之立宪，其不能尽废中国法律也断断然。

《大清律》一书导源于唐明，熟悉乎风俗巧诈之故，详酌乎人情天理之平，为中国保护治安者殆数千年。为今日计，果使人人通晓律意而谨守之，上哲赖以怀刑，中材赖以寡过，不肖赖以洗心，人格日以高，国势必日以振，则是不待立宪而进化已自不同，况乎群情思治。治道贵因时，近年凌迟、枭示、戮尸、缘坐及刺字、枷号、笞杖诸刑统经奏请删除，或改为折罚，诚再悉心参校，何者虚存？何者窒碍？何者不便于时局？何者不宜于外交？间证诸西东各律，一一斟酌而损益之，则所谓中国立宪法律者，岂不炳炳然照耀五洲哉？不此之务，而弁髦一切改弦而更张之，不且较胶柱鼓瑟为患尤巨耶？惟是全律四百三十六条，词笔古简，义蕴闳深，往往读未数行，辄复倦弃,浅尝浮慕,正未易强作解人。

吉石笙先生以名进士筮仕西曹,沈潜此道者二十余年,摩娑此书者七十余遍,确窥其乡先正薛云阶尚书堂奥,为律学名宿,久任京师法律、法政两学堂,大理院讲习所及本部律学馆各校,主讲所著《大清律讲义》,以周孔之理阐萧曹之法,宗旨纯正,词复雪亮,以故尽人宝贵,风行一时,乃至远近各省邮函征索者相络绎,洵秋署传人之表表者已。计自丁未(1907)三月先生抵馆以来,讲义甫发至《名例律》及《刑律贼盗》一门,同人资成就而膺升擢者连袂而起。芳初不喜读律也,自获先生为同事,朝夕切磋,多所获益,始知刑名与道德异流而同源,律意精微,最耐探索,用是稍窥法苑门径,盖亦先生《讲义》之功为最多焉。

会馆中学友段、韩、明、阿诸君,以平日所发蜡篇字稍漫漶,未足以供同好,传永久,一再请付铅印,爰商诸同事陈君雪樵、刘君厚之同任纂辑,并挽诸学友分任校字,书成,颜之曰《律学馆大清律例讲义》,以见白云法乳常年所讲求者如是如是,亦以作者是书大具抉经心执圣权之功力,迥非私家撰述所可比也,抑更有说焉。方今新律待颁,草案正在厘订,作者于各门篇末率援摭西东各律以相比较,外律名家尚多心折兹编也,当亦职修订者所采择而为筹备立宪之一班[斑]乎!

光绪三十四年仲冬下浣法部律学馆庶务提调崇芳谨序

刘敦谨序

刑官而以士名，自虞廷始，在朝者谓之士师，外则有乡士、遂士、县士之称，诚以民命攸关，苟非经术湛深而徒勦袭萧曹申韩之术以自诩为专长，求其不以法律胜诗书也鲜矣。夫律理精深，不难通其文而难会其意，意者，律之精神也。俗吏非但不通律意，并不明律文，一旦临民断狱，问以科条则不知，诘以指归则不达，无怪吏胥舞弊，小民负屈，杜[枉]纵冤滥，而不免于上官之谴责也。考明时蔡懋德患谳狱者不明律意，逐条贯以注文，此外刊有《读律源头》，以《周易》、《尚书》等经籍中刑语冠于先，又有《辅刑详节》，以《大诰条例》续于后，而又立“讲读律令”之条，每年考校内外各官，有不晓律意律文者罪有等差，士子试判必详明律意者方许进身，百工技艺有能讲解者免罪一次，可见律必读而后熟，读必讲而后解，久之融会贯通，所谓明刑弼教之旨不难神而明之矣。

法部为天下司法机关，既隶斯曹，舍读律更将何以？律学馆自堂宪奏设以来，延方坤吾、吉石笙先生辈主讲馆中，好学诸君咸资诱掖，而石笙先生于口授之余，复著《讲义》以飨馈同学。凡律中未显彻者援引而阐发之，律中未赅备者触类而引伸之，或上溯唐、宋、元、明之法典以抉其根源，或远求日、法、德、俄之刑书以参其同异，使晦者显，疑者析，略者详，涣者萃，虽持论精严，仍不失忠厚之宗旨，《书》曰“罪疑惟轻”，《易》曰“明慎用刑”，《传》曰“忠信慈惠”，先生之《讲义》尽之矣。讲律文也，实讲律意也。先生坐拥皋比，法部律学馆而外，则有法律学堂、法政学堂及大理院各处，孜孜不倦，启迪多人，而京外各省亦纷纷调取先生《讲义》，山陬海澨不胫而走，虽日本博士冈田、松冈诸人为东瀛法学名家，亦以先生之《讲义》为可珍赏而藏之箧笥，藉资考校。盖其保全国粹之功诚非浅焉。本馆自开办后已阅两年，学者渐次毕业，一时杰出之才屡蒙堂宪拔尤任使。敦谨备荷陶镕，与有厚幸，因先取《名例》及《刑律盗贼》各项讲义校订，集资付版，其余仍俟续出。

光绪三十四年仲冬下浣律学馆提调刘敦谨序

自 序

上古律无专书,《风俗通》云:"《皋陶谟》:虞造律。"《易》云:师出以律。《左传》云:百官戒惧,不敢易纪律。观于兵有律、官有律,可知刑亦有律也。特是三代以前,刑律与道德合为一体。试观六经为载道之书,而刑律即寓其中。如《易》之"讼"与"噬嗑",《书》之《皋陶》、《吕刑》,《诗》之鼠牙雀角[①],《周礼》之《秋官司寇》,《春秋》之晋鼎、郑书,皆后世言法律者之鼻祖也。

迨及战国,道德衰微,而法律乃为专门之学,当时法家之书,《李悝》三十二篇,《商君》二十九篇,《申不害》六篇,《处子》九篇,《慎到》四十二篇,《韩非》五十五篇,《游棣子》一篇,各立门户,专务深文,从此刑名与道德始分两途。言道德者以刑名为苛刻,言刑名者亦以道德为迂阔,后世儒者薄刑名而不为,皆自战国诸子始。

汉兴,除秦苛政,约法三章,酇候取李悝《法经》六篇,增益三篇,名曰《九章律》,叔孙通益《旁律》十八篇,文帝除收孥、诽谤律及肉刑,故史迁有"斫雕为朴"、"网漏吞舟"之喻。武帝诏定律令,张汤益《越宫律》二十七篇,赵禹益《朝律》六篇,合旧律为六十篇三百五十九章,渐涉繁密。宣帝时路温舒请删除不果,成帝诏删律为二百章。和帝命陈宠钩校律令溢于《甫刑》者除之,余悉改为故事。宠子忠又奏除蚕室之刑,而马融、郑玄诸儒为之章句,从此律学昌明,士遂不敢鄙刑名为小道矣。

魏太和时命陈群、刘邵等修《新律》十八篇。晋武帝复命贾充、羊祜、杜预等十四人定《新律》二十篇。齐高帝命竟陵王子良、宗躬、孔稚圭等定律为二十卷。梁武帝命蔡法度、沈约、范云等损益旧律为三十卷,又修令三十卷,科三十卷。陈复命范泉、

---

① 《诗·召南·行露》:"谁谓雀无角,何以穿我屋?谁谓女无家,何以速我狱……谁谓鼠无牙,何以穿我墉?谁谓女无家,何以速我讼?"原谓强暴侵凌引起争讼。后因以"鼠牙雀角"比喻强暴势力。指讼事或引起争讼的细微小事。

徐陵等定律为二十卷，令三十卷，科二十卷，法网复繁密矣。北齐文宣帝命赵郡王叡删除重刑，造齐律十二卷，新令四十卷。周命赵肃等定律二十五卷。隋文帝命高熲、杨素定律十二卷，后复命苏威、牛宏[弘]等除死罪八十一条，约为十二篇，炀帝又更为十八篇。故律书至隋已可谓简要得中矣。

唐高祖命裴寂等定律五十七卷，太宗命房元[玄]龄等益为九十一卷，大致一依隋律，而改绞罪之半为断右趾，后除断趾改为加役流，又降大辟为流九十余条，高宗又命长孙无忌等十九人定为三十卷，共五百条，撰制为疏，即今所传之《唐律疏义》是也。其后刘仁轨、韦安石、姚崇、宋璟、斐光庭迭有增删，要以永徽之疏议三十卷为最善，论者谓《唐律疏义》集汉魏六朝之大成而为宋金元明之矩矱，诚确论也。

五代承用唐律，周世宗改名《刑统》，宋显德[1]时定《刑统》二十卷，开宝时益为三十卷，此外又有编敕十五卷，天圣四年命夏竦重删编敕，咸平时李范等又加删修。降及南宋，辽、金崛兴[2]，辽始制凌迟重刑而金因之。元初循用金律，世祖简除烦苛，始定新律名曰《至元新格》。仁宗又集格例成书，名曰《风宪宏纲》，英宗复命儒臣大加损益，名曰《大元通制》，其刑较唐宋尤为轻恕，然其失在于缓驰而不知检。

明太祖矫元之弊，初作《大诰》，颇流严刻，后命丞相李善长等总修律令，为律二百八十五条，令一百四十五条。洪武六年，又诏刑部尚书刘惟谦审定《明律》，续律一百二十八条，旧令改律三十六条，因事制律三十一条，掇唐律以补遗一百二十三条，合旧律共为六百六条，分三十卷。九年又厘正十三条，然当时止有律令，尚无条例。十六年，命翰林官同刑部官取历年所增条例以类附入。三十年，又命刑官取《大诰》条目撮要附于律后，从此律令以外又有条例之名。宏[弘]治十年，命尚书白昂等增历年条例经久可行者二百九十七条。嘉靖三十年复加修续。万历十三年，刑部尚书舒化等重定为三百八十二条，此有明一代律例之大凡也。

我朝定鼎之初，即命刑部尚书吴达海、侍郎党崇雅等详译明律，参以国制。书成，命大学士范文程、洪承畴等审定，名曰《大清律集解附例》，十卷。康熙六年，命对喀纳等复行校正。十八年，又命刑部将定律之外所有条例应去应存，详加酌定。二十八年，又命尚书图纳、张玉书等为修律总裁，书成进呈，留览未发。雍正元年，复命

---

① “显德”，《续修陕西通志稿》卷二百十六卷《文徵》十六《大清律讲义序》作“建隆”。

② “降及南宋，辽、金崛兴”，《续修陕西通志稿》卷二百十六卷《文徵》十六《大清律讲义序》作“与宋对峙者为辽、金”。

大学士朱轼等详加分析，至五年颁行。乾隆元年，又命尚书三泰等总修律例，逐条考正，分律为四百三十六门，四十七卷，定例一千四百九条。此后定为十年大修、五年小修。嘉庆、道光、咸丰年间迭次增修，至同治九年纂修以后，例文增至一千九百九十二条。迄今近四十年未加修订，故例外又增章程百有余条。此历代法律之沿革也。

总之，法律与时为变通。开创之初，法网疏阔；叔季之朝，科条繁重，其大较也。统观上下四千年来，唐虞三代，刑法简矣。降及春秋，渐失烦密，至秦而刻酷极矣！由秦至汉初，为刑律由重变轻之世；由汉至六朝，为刑律由轻变重之世；周隋以迄唐宋，复由重而变为轻；南宋以迄辽金，复由轻而变为重；元代金而复尚宽大；明代元而矫用严威。若专论一代之法，汉律始宽终严，明律始严终宽。秦法始终严酷，元法始终宽纵。得宽严之中者，其惟唐、宋二代乎？国朝虽沿用明律而修订之本，仍根源于《唐律疏议》，此《大清律》所以斟酌百王为损益尽善之书也。近来条例虽涉纷繁，惟光绪三十一年已经刑部奏请，删除三百四十四条，上年又经修律大臣奏准，删除数十条，现又奉旨大加修订。将来书成，更当删繁就简矣。

又尝综观外国法典，英律有成文法、不成文法共一百二十余篇。其法，死刑用绞不斩，生刑分徒刑、囚狱、苦役、隘牢、笞刑、罚金数种。美律五千五百余条，死刑亦用绞不斩，生刑分囚狱、苦役、罚金数种。俄律十二卷，共一千七百十一条，死刑用斩处决，生死分作苦工、发极边边远看押监禁身刑、的决、申饬、罚缓数种，死刑间有用枪毙者，则为特别之法。德律二十九章，共三百七十条，死刑亦用斩不绞，生刑分惩役、禁锢、拘留、罚金数种。法律四编，共四百八十四条，死刑亦斩不绞，其弑亲应死者于刑场使跣足蒙黑绢，以示特别之制，生刑分徒、流、囚禁、徒役、追放、禁锢、罚金数种。日本刑法初亦用中国唐律，后仿法国变为四百三十条，死刑则用绞不轧，生刑分无期流、有期流、无期徒、有期徒、轻重惩役、轻重禁狱、拘留、罚金、科料十余种，追又改照德律缩减为二百九十八条，废除流徒禁狱，止死刑、惩役、禁锢、罚金、拘留、科料。至于瑞士，刑法二编，共二百五十六条，其刑止惩役、禁锢、罚金三项。和兰刑法二编，共四百七十五刑，主刑为禁锢、拘留、罚金三项，而均无死刑。意、比、西、葡诸国，大略同于和、瑞，亦无死刑。此外洋各国刑法之大略也。而[1]论者谓现在变法自强，当

---

① “而”字以前《乐素堂文集》无，今据《续陕西通志稿》卷二百十六《文征》十六补。

改用东西各国法律，反鄙薄《大清律例》不适于用，不知外国法律行之外国则尽善，行之中国难尽通。夫以中国政教统一之邦，而直、奉、川、陕各省犹有专条，蒙古有《蒙古之例》，回民有《回民之例》，苗蛮有《苗蛮之例》，彼此犹难强同，况中外风俗不同，宗教各异，而欲屈我之法就彼之范，岂非削足适履乎？且外国刑法亦各不同矣，无论流徒禁役，各因所宜，即死罪一项，现在法学家均主张废除不用，然如瑞士、和（荷）兰，地狭人少，教育普及，故可不用死刑。德、法则幅员较广，虽欲废除死刑而势有所不能，若英、俄则更地大物博，不但死刑难废，即身体之刑亦不能遽除。观于英有笞刑，俄有身体的决之刑，其明证也。夫笞杖为五刑之至轻，英俄尚不能全去，中国废之，近来已有窒碍，况其他重于此者乎？再，外国均有习惯之法，虽政教日趋新异，而本国习惯之法终不能废，西儒斯宾塞尔有言：一国之法律必须与本国之历史及国体有同一之性质，否则实行之际，流弊不可胜防云云。此即我国变法之药石，当道大吏有鉴于此，惧新学之心醉欧风，数典而忘其祖也，故法政、法律学堂并法部律学馆均设“大清律”一科以示保全国粹之意，延钧分膺讲席，窃以律义精深，非口说能尽，更作讲义以笔代舌。一篇之中，先溯根源，继揭宗旨，如篇幅过长，更为字梳句栉，俾令脉络明晰，遇有深奥之处，或援经史以阐其理，或引刑案以实其事，此外如王氏之《笺释》、洪氏之《辑注》、吴中丞之《律例通考》、薛尚书之《读例存疑》，苟有发明，均为采入，盖理惟求其显露，故词无取乎文深，篇末又杂引外国之律与中律比较，彼法所长者必加以褒美，彼法所短者不曲为附和，或彼此宗旨符合，不过名词文法之歧异，亦必剖析明白，俾阅者不至迷误。虽采辑外国之新法，仍恪守中国之旧典。起自丙午秋日，阅两寒暑，粗成二十四卷，幸不为当世所弃，而外省各学堂群相购取，以为范模。今秋，法政、法律学堂并律学馆各付铅印，颁行外省以广流传。余深惭浅俚无文，贻笑大雅，而又未便拂其美意，故详考律书之源流，并志其事之颠末，列诸简端，以质诸海内之深於法学者。

光绪戊申（1908 年）小春法部郎中韩城吉同钧序于律学馆

例 言

一,《大清律例》为尽人所当通晓遵守之书,惟文义精深,未易领悟。兹编讲律处逐条分析,一字一义,不敢稍遗。至各项条例,凡有裨时用者无不逐细剖解,其无关引用及各省专例多从割爱。总之,字句虽有删节,而于罪名所关仍无或易,爰定名曰《大清律例讲义》,以出自馆中课篇,故以"律学馆"冠之。

二,馆印课篇,每星期发给二次,每次一二篇不等,所存底本稍患零星。此次付印系用法律学堂监狱科储本,与馆本互有异同,斟酌比较,费时颇久,然亥豕鲁鱼转得藉以稍免。

三,是书首列律总目,次律子目,子目下到律文,字句一如原书,不敢或舛,并横排"律文"二字以别之,尊经之体也。每讲义,篇首各加一"按"字以为识别,庶使读者一目了然。至讲例,则随笔萦拂,不复照录原文。

四,原书目录,《名例律》而外,按次分《吏》、《户》、《礼》、《兵》、《刑》、《工》六门,兹编首《名例律》,即次《刑律》者,以《刑律》为本署当务之急,是以先之,非故凌躐。

五,《刑律》本分"贼盗"、"人命"、"斗殴"、"骂詈"、"诉讼"、"受赃"、"诈伪"、"犯奸"、"杂犯"、"捕亡"、"断狱"十一门,兹编以馆课发至"贼盗",先尽所有者付印,其"人命"、"斗殴"以下各门明春当可出版,至《吏》、《户》、《礼》、《兵》、《工》五门,俟《刑律》印齐,一齐读出,公诸同志。

六,初拟合《名例律》上下为一卷,《刑律》"贼盗"门条目较多,又为一卷,迨排印时,书局仍照原目分《名例》上下为两卷,未易改版,亦遂仍之,而以《刑律》"贼盗"为卷三,嗣后续印以次类推。

七,登东山而小鲁者,以全鲁在目中也。律学亦然,必熟读全书,有融会贯通之妙，方能口讲一条，眼光注定多条，而确道出此条之所以然来，读兹编者当于此等处著意。

八，法律笔墨宜瘦宜削，所谓“老吏断狱，笔挟风霜也”。宜简宜坚，所谓“南山可移，此案不可动也”。是编各门讲解动数百字或千数百字，实则触精铸液，绝无支冗，幸勿徒赏其敷畅。

九，法令为民命生死所由关，故引据不厌详明。是编各门下必首先标明此律根源，或系由《唐律》变通，或系《明律》所创造，某年修改，某年增入，并某年添入小注，务使读者得以因流溯源，虽寥寥数言，实法学星宿海也，幸勿忽过。

十，是书讲律之余择要讲例，亦有时兼讲《通行章程》，总期旁参互证，指定真正办法，虽多费笔墨，亦所不惜。

十一，律例原书，近年屡有删改，如《刑律》“起除刺字”、《名例律》“军籍有犯”两门已经奏准删除，而“流囚家属”、“流犯在道会赦”、“徒流迁徙地方”、“充军地方”各项亦与《现行章程办法》诸多不符，故《讲义》概不之及，非故脱漏。

十二，“文武官犯公罪”“文武官犯私罪”本各为一门，兹编并入“职官有犯”门内，以义本一贯，无取枝节，与点窜二典者不同。

十三，卷二附《六赃细数》一篇，卷三附《各国古今强盗列表》及《强盗总汇》，均为书中特色，读者切宜著意。

十四，历代刑律书籍汗牛充栋，作者搜罗几遍，故能撷精挹华，是以一书实具群书之长，读者大可藉省翻索。

十五，作者现充法律馆总纂，于殴美日本各律亦复博考旁征，故各门篇末往往援引一二，比类参观，俾读者扩张眼界，绝不党同伐异，然亦非厌故喜新。

十六，申韩学说易流苛刻，儒者辄目为一家言。兹编于评骘法律处时露恻然蔼然之旨，绝非专治刀笔，是觇性情，是关品格。

十七，作者腹笥便便，而于《唐律》及近代薛氏《读例存疑》二书尤所加意研究。兹编时大可想见其所宗尚。

十八，作者宦秋曹二十年，历掌繁要，经手准驳稿件不可以数计，而秋审尤所擅长，法部每年各省秋谳全册必经作者统阅一遍，然后刷印，故编内多阅历有得之言，与闭户著书纯凭理想者不同。

十九，国家设律之心，惩恶正所以劝善，明刑弼教非两事也，故读书之上不可不先读律，只以《律例》一书简奥佶屈，而文词字面亦不雅饰，令人展卷生厌。兹编独能旁引曲喻，使读者顿增兴味，将来或颁入各学校列为科目，未始非自治根据。

二十，愚民无知，误蹈于法，从而刑之，与不教而杀何异？《周礼》所以重读法也，《吏律》“公式”云：百司官吏年终，各从上司官考校，有不能讲解、不晓律意者，官罚俸一月，吏笞四十。百工技艺诸色人等，有能熟读讲解、通晓律意者，若犯过失及因人连累致罪，不问轻重，并免一次。可见无人不当知律也。是编或采入《政治官报》，或采入《白话报》，广为传布，当亦止辟之一道。

二十一，馆中用蜡印时，随印随发，余存无几，远近求索者逐日加多，正虑无以为应，而新到学员又以未窥全豹纷请补领，因亟付印以慰同志之求，惟部数无多，究恐后难为继，先此志歉。

二十二，是书共印一千六百部，馆中由节省项下提款，酌留二百部，监督、提调分留三百部，学员共分一千部，公送作者一百部，均系集赀，先期认股，未认股者即无分书之权。

二十三，是书为本馆公印，作者启迪后进为心，不争版权。平心而论，其价值绝高，未容率定。惟馆中向行蜡印各种功课，僚友征求，立即持赠，从不许夫役索费而辗转易手。流弊宜防，因公同商定每部照原价仅取二毛，认股得书者均从此例，如情愿赠人不取偿者听。

凡二十三则。

律学馆大清律例讲义目录

大清律例讲义卷一

名例律上计十六门

按:名例者,本刑名、法例之约词。《唐律疏议》云:名训为命,例训为比,命诸篇之刑名,比诸篇之法例。又,宋孙奭云:主物之谓名,统凡之谓例。东西各国谓之总则,名异而义则同,其原始于李悝《法经》,六曰《具法》,魏改《刑名》,晋分为《刑名》、《法例》,北齐合为《名例》,隋唐至今相沿不改,以其为各律之纲领,故冠于诸律之首。详见《唐律名例序文》,兹不多赘。

五刑:笞杖徒流死

按:五刑之名始见于《虞书》,穆王作《吕刑》,以墨、劓、荆[剕]、宫、大辟列为五刑。汉魏以后,废止肉刑,至隋唐始以笞杖徒流死为五刑,至今相沿不改。尝考其义:

一曰笞。笞者,击也,又训为耻,薄示惩耻,所以发其耻心,为刑之至轻者。其法自一十至五十,分为五等。

二曰杖。杖者,持也。杖重于笞。两笞折为一杖。凡梗顽弗率之徒,耻心已冥,非笞能动其惧,故所犯重于笞五十者,即出乎笞以入杖,其法自六十至一百,亦分五等。盖杖止於一百,过此,人不能受,则减杖而入徒矣。又,笞杖之法,其名虽为一十至一百,其实原有折算之法,以十折四又除零数,如笞二十,止折五板,笞三十,止折十[七]板,余可类推。总之,笞杖均为身体之刑,虽即古昔鞭朴之制,惟现在泰西各国文明日进,均废止体加之刑,易为自由之刑,是以上年修律大臣奏请停止刑讯,已将笞杖一项分别折为罚金,不能出金者易以作工。现在笞杖二项徒存虚名,近已废而不用矣。至于笞杖之尺寸轻重并笞杖折作罚金、罚金折为作工各细则,详见条例及新章，兹不复赘。再，笞杖之外，又有鞭责、枷号、夹棍、铁杆石墩、监禁之刑。鞭责专施之旗人以代笞杖。枷号施诸寡廉鲜耻之辈，而旗人犯徒流军遣情轻者均以枷号代之，分轻重二项，用法自五日以至百日，以五日为一等，更有枷至一年、三年至终身者。夹棍之刑，专施之强盗、人命重案，然亦不得任意多用，用时须请上官批准，否则以擅用治罪，其轻重尺寸亦详载于《条例》。铁杆石墩专施诸强盗、会匪，例有专条。监禁之法多半施诸妇女之犯重罪而不便实发及不便处决者，故分别予以监禁。以上数项，亦为身体之刑，惟监禁一法，外国盛行，其余均为外国所无。现在笞杖已废，此种刑法将来亦在议废之列，但刻下尚在行用，故附载于后，亦讲刑制者所宜知也。

三曰徒。徒者，奴也，奴辱之，使知所愧。其法创之于周。《周礼》云：其奴，男子入于罪隶，任之以事而收教之。汉谓之城旦舂鬼薪，盖拘系其身，使供力役也。近世徒罪，则配发于驿站，一听驿吏驱使。所以加夫罪浮于杖一百者，其法分五等，自一年起，以半年为一等，至三年止，此外亦有总徒准徒五年、四年者，盖特别之法，非通例也。

四曰流。流者，流而不返之义，所谓投之四裔，不与同中国也。其法最古，舜流共工于幽州，《书》云“流宥五刑”是即流之创始，缘人之所犯已近死罪，而不忍遽诛，故流诸远方，使不齿于人类。其法分三等，二千里、二千五百里、三千里。律文，凡犯流罪者，妻妾从之，一至配所，终身不得还乡，虽遇赦亦不放免。现例办法异是，停止佥妻之法，若携带妻子者准其自便，不准官为资送，一遇恩诏，分别情节准其释回，故律内“流囚家属”及“流犯在道会赦”二条，现已废而不用矣。又，现在新章流罪情重者，仍旧发配，若情轻之军流各犯俱免实发，留于本地习艺所作工，流二千里者作工六年，二千五百里者作工八年，三千里者作工十年。军罪同于满流以上，所言徒流本分三千里加徒三年，此既流而又加徒，其法虽不常用，然亦不可不知。按：五刑之法，流只去死一间，减死即入于流，故律文有罪止流三千里之文。自明代创有充军一法，国朝因之，列为刑法，其罪介在流死之间，分作五等，曰附近，曰近边，曰边远，曰极边，曰云贵两广极边烟瘴，自二千里起至四千里止，凡以处乎贼盗恶棍之徒。又于军罪而外定有发遣之刑，亦分两项，一曰发遣为奴，一曰发遣当差，其地有黑龙江、新疆回城伊犁、乌鲁木齐、额鲁特、三姓、宁古塔、珲春等处之分，总之凡发内地者统谓之军，凡发边外者均谓之遣，军遣二项本为流罪加等之用，惟例文繁杂，有由流加为附近充军者，有由流加为极边充军者，亦有由流径加入绞罪者，体例不一，引用多误，是以上年奏请废止五军之名，止留二遣以为流罪加等之用，故律例内充军一项，近将存而不用，现在修订新律，又拟增徒罪年限，以五年为止，并拟改三等流罪为有期流罪、无期流罪，不以地之远近为等差而以期之长短为等差，是亦因时制宜之意，皆读律者所当知也。

五曰死。死分斩、绞。斩者身首异处，血溅泉壤，始于黄帝伐蚩尤，以正其罪，古所谓大辟之刑也。三代以前，罪止于斩，后世刑法严峻，又于斩罪之上创有戮尸、剉碎死尸、枭示诸刑，金元以来又创有凌迟之法，支解节分，极其惨酷。明代因之，国朝相沿不变。虽为严惩忤逆反叛起见，其实刑至于斩已无于加，再重则涉残忍不仁矣。是以上年修律大臣奏请废止凌迟、枭示、戮尸、剉尸各项，现在无论何等重大之罪，均以斩罪为止。绞则止毕其命，尚得保其全体，其法创之于周。《周礼》云：公族有罪，罄[磬]之于甸人。罄[磬]即绞之谓也。现在东西各国死刑多用绞法，惟法、俄、德尚有斩刑，余则一概用绞。但斩、绞二项有立决、监候之分，立决者决不待时，监候者入于秋审、朝审办理。秋审、朝审又分情实、缓决、可矜三项，而情实之中又分数种办法，有有情实即予勾决者，如命盗案中情伤俱重之类是也；有情实声请免勾者，如命盗案中情有可原之类是也；又有名为情实非从严声叙向来不予勾决者，如官犯及服制各犯是也。至于缓决之中又有一次即准减等者，有三次后逢恩始准减等者，而查办减等又有减军、减流之分，其中节目极细，详见断狱各例及《秋审条款》一编。此外又有杂犯斩绞之法，名曰斩绞，其实准徒五年，不过虚存死罪之名而已，总皆谓之死罪也。此外，又有赎刑一法，此法创于《虞书》，详于《甫刑》，后世因之不废。《唐律》赎以铜斤，《明律》赎以铜钱，国朝以银为主而有捐赎、纳赎、收赎之分。收赎最轻，少则七分五厘，多亦不过五线二分五厘，凡老少废疾及妇女犯该徒流枷号各项、不便实发，准其收赎。赎罪纳赎较多，然亦不过一两三钱而止，凡官员正妻及妇人有力者，并举贡生监，一切有顶戴官员、僧道、官犯过误轻罪者，均准纳赎。至于捐赎，更为非常恩典，律例不载，见于乾隆八年章程，不论斩绞军流徒罪，均准捐赎，自一品至七品以下生监，以官职之尊卑定银数之多少，多至一万三千两，少亦不下四百八十两，但银数过多，捐者罕见，是以上年刑部议覆晋抚新章，议照原定数目酌量递减，此捐赎之法也。又，去年奏定新章，以旧例收赎过轻，除老幼废疾外，凡妇女有犯，均照新章改作罚金，自五钱起至七十两止。以上赎罪之法，虽非正刑，究为附加之刑，亦凡用刑者所当考究，故附及之。

十恶：一曰谋反，二曰谋大逆，三曰谋叛，四曰恶逆，五曰不道，六曰大不敬，七曰不孝，八曰不睦，九曰不义，十曰内乱

按：律重纲常，首严十恶。十恶之犯，皆无君无亲，罪大恶极，为天地间所不可容之罪，故特列篇首以昭炯戒，其中不必尽大辟重典也。如不孝、不敬、不睦三项死罪而外，亦有罪仅徒杖者，然事关名教，虽小难宽，论刑虽不至死，亦为常赦不原。《辑注》云：罪至死者固为法所难宥，即罪不至死者亦俱有乖伦理，即此意也。

谋反谓谋危社稷。按：臣下将图逆节，危及天下，不敢斥指，故曰社稷也。

谋大逆谓谋毁宗庙、山陵及宫阙。按：宗庙山陵，先君之辞。宫阙者，一人之辞。不敢明言，故曰宗庙宫阙，以其干纪犯顺，违背道德，故曰大逆。

谋叛谓谋背本国，潜从他国。按：如翻城投伪、率众外奔之类。

恶逆谓殴及谋杀祖父母、父母、夫之祖父母、父母，杀伯叔父母、姑、兄姊、外祖父母及夫者。按：五服之亲，自相屠戮，蔑绝人伦，伤残天性，故曰恶逆。

不道谓杀一家非死罪三人及支解人，若采生折割、造畜蛊毒、厌魅。按：凶忍残贼，背弃正道，《汉律》云：杀不辜一家三人为不道，故曰不道。

大不敬谓盗大祀神御之物、乘舆服御物；盗及伪造御宝；合和御药，误不依本方及封题错误；若造御膳，误犯食禁；御幸舟船，误不坚固。按：伪造御宝以上数项关系至大，治罪宜重，而和合御药以下数项，不过一时疏忽，然亦列于不敬者，君父之前，不敢言误，误即由于轻忽，不敬莫大焉，故亦曰大不敬。

不孝谓造[告]言、咒骂祖父母、父母、夫之祖父母、父母及祖父母、父母在，别籍异财，若奉养有缺，居父母丧，身自嫁娶，若作乐释服从吉；闻祖父母父母丧，匿不举哀，诈称祖父母父母死。按：以上各项皆不孝之显著于律者，大曰恶逆，小曰不孝，治罪轻重不同，详见各律。至咒骂之“咒”，据《唐律》及薛氏《存疑》一书，“咒”当作“诅”，求爱媚解，若谓诅欲令死及疾苦，则罪干大辟，应入恶逆，不仅不孝而已也。

不睦谓谋杀及卖缌麻以上亲，殴告夫及大功以上尊长、小功尊属。按：《书》云：九族既睦。此条皆亲族相犯之事，彼此不相协和，故曰不睦。凡与父同辈者曰尊属，与己同辈曰尊长，谋杀及卖，《唐律》无间尊卑长幼，《明律》专指尊长言，各不相同，而《现行律》注谓卑幼犯上则重，尊长犯下则轻，可见原包尊长卑幼在内，且止言谋杀而不言故、斗杀，若故、斗杀讫，亦在不睦之列。凡律之意，举重以赅轻，此谋杀未伤，轻者尚为不睦，况故、斗杀讫，较谋杀未伤更重，自在包括之中。至卖缌麻以上亲，卖者卖为奴婢也，如卖为妻妾，未便即入此条。

不义谓部民杀本属知府、知州、知县，军士杀本管官吏，卒杀本部五品以上长官，若杀见受业师及闻夫丧匿不举哀，若作乐释服从吉及改嫁。按：上条五服亲属以天合者，此项部属、师生、夫妇皆非天合，以义相维，背义而行，故曰不义。

内乱谓奸小功以上亲、父祖妾及与和者。按：此专指小功以上亲而言，若小功亲之妻不在此限。至父祖之妾，虽无服制而分亲义重，不问有子无子，并同。“及与和者”谓妇人共男子和奸，亦问此律，此皆禽兽其行，朋淫于家，紊乱礼经，故曰内乱。

按：此条律目、律注系《唐律》之文，明仍用之，小有异同，国朝迭加修改。十恶之名，古书不见，起于后周、后齐，当时仅有其名而无其目，至隋开皇始创制此科，唐遵其制，至今因之。《礼记·王制》云：“凡置五刑必即天伦。”又，“凡听五刑之讼，必原父子之亲，立君臣之义”，可见，《律例》一书，所以正纲纪而明人伦，此篇首严乱臣贼子之防，次设蔑理犯分之戒，圣贤垂教之意与帝王御世之道毕具于此。独怪当世学士、士大夫高谈《诗》《书》，反目此为法术刑名之家，鄙之不屑寓目，及至身膺民社，一遇疑难，茫然无所措手，反委于幕府胥吏之手，欲不偾事，得乎？因论律义，有感记此，愿我学友发愤读律，一雪此耻。

八议：一曰议亲，二曰议故，三曰议功，四曰议贤，五曰议能，六曰议勤，七曰议贵，八曰议宾

议亲谓皇家袒免以上亲及太皇太后、皇太后缌麻以上亲，皇后小功以上亲，皇太子妃大功以上亲。按：以上分有尊卑，故礼有隆杀，虽同属懿亲而差等之不同如此！

议故谓皇家故旧之人，素得侍见，特蒙恩待日久者。按：此盖指从龙辅佐之人，如宠幸之人不得谓之故也。

议功谓能斩将搴旗，摧锋万里，或率众来归，宁济一时，或开扩疆宇，**有大功勋**铭功太常者。按：太常，旂名，古者人臣有大功劳，则书于太常以引驾也。

议贤谓有大德行之贤人君子，其言行可以为法则者。按：贾谊有言，廉耻礼节以治君子，有祸死而无戮辱，即此议贤之义也。

议能谓有大才业，能整军旅，治政事，为帝王之良辅佐者。按：贤止言其德行，能必见之军旅政事，非寻常所能及者方是。

议勤谓有大将吏谨守官职，星夜奉公，或出使远方、经涉艰难有大勋劳者。按：守官奉法必曰大将吏，可见小者不得与也。出使远方，必有大勋劳方谓之勤，寻常涉历外洋，出使之人不得与於其间。

议贵谓爵一品及文武职事官三品以上，散官二品以上者。按：《周礼》郑司农注云：若今时吏墨绶有罪先请是也。

议宾谓承先代之后为国宾者。按：《书》曰：虞宾在位。《礼》曰：天子存二代之后，即议宾之典所由昉。

此条律文及注亦仍《唐律》，明添入注，国朝迭次修改。八议之法乃国家优待亲贤勋旧之典，凡有所犯，应于法外优容。《周礼》云：以八辟丽邦法。今之八议，其目全同《周礼》，不过次序之间少有移易耳。程明道先生云：八议设而后轻重得宜。又，《会典》载八议之条不可为训，虽仍其文，实未尝行。二说不无少异者，各有所指而言也。伏读雍正六年上谕有曰：八议之条乃历代相沿之文，其来已久，我朝律例于此条虽具载其文，而实专尝照比例行者，盖有深意存焉。夫刑法之设，所以奉天罚罪，乃天下之至公至平，无庸意为轻重者也。若于亲故功贤人等之有罪者故为屈法以示优容，则是可意为低昂而律非一定者矣，尚可谓之公平乎？且亲故功贤人等或效力宣劳，为朝廷所倚眷，或以勋门戚畹为国家所优崇，其人既异于常人，则尤当制节谨度、秉礼守义以为士民之倡率，乃不知自爱而致罹于法，是其违理道而蹈愆尤，非蚩蚩之氓无知误犯者所可比也，倘执法者又曲为之宥，何以惩恶而劝善乎？如所犯之罪果出于无心而情有可原，则为之临时酌量特与加恩，亦未为不可。若豫著为律，是于亲故功贤等人未有过之先即以不肖之人待之，名为从厚，其实乃出于至薄也。且使恃有八议之条，或任意为非慢无顾忌，必有自干大法而不止者，是又以宽容之虚文而转陷之于罪戾，姑息之爱尤不可以为优恤矣。今修辑律例各条，务须详加斟酌以期至善，惟此八议之条，若概为删去，恐人不知其非理而害法，故仍令载入，特为颁示谕旨，俾天下晓然于此律之不可为训，而亲故人等亦各儆惕而重犯法，是则朕钦恤之至意也。钦此！

按：《会典》不可为训之说即本于此，可见八议虽古来宽厚优恤之典，惟法行先自贵始，今读谕旨，圣人大公无私之心更有溢于寻常定例之外者，故备录于后以备参考。

应议者犯罪

律文：凡八议者犯罪（开具所犯事情），实封奏闻取旨，不准擅自勾问。若奉旨推问者，开具所犯（罪名）及应议之状先奏请议，议定（将议过缘由）奏闻，取自上裁；其犯十恶者（实封奏闻，依律议拟），不用此律（十恶，或专主谋反、叛、逆言，非也，盖十恶之人，悖伦逆天，蔑礼贼义，乃王法所必诛，故特表之以）。

按：此系《明律》，顺治三年添入小注，《唐律》谓之"议章"，盖言以上八议之人犯罪分作三层办法，前后共奏三次：始则奏闻所犯之事，应否勾问，如奉旨免问，即作罢论。若准其勾问，然后推问是第一层。推问已毕，即将所取供状及所犯罪名应议之处，奏请简派多官会议，是第二层。会议以后仍行具奏，如有死罪，惟云依律合死，不敢正言斩绞，取自上裁是第三层。缘八议之人皆朝廷素所优待，除十恶之外有犯一切罪名皆当取决于上以定予夺，不许迳自擅拟，其慎重如此，所以笃亲亲、敦故旧、尚功尊贤、劝能恤勤，敬大臣而崇宾礼，盖即《论语》周公谓鲁公之义，而与《中庸》、《九经》之旨隐隐符合也。现例三品以上大员革职拿问不得遽用刑夹，有不得不刑讯者，请旨遵行。又宗室觉罗有犯笞杖、枷号，分别有秩、无秩，罚俸，罚养赡钱粮，其初犯军流徒，或再犯徒罪，或先犯徒后犯流者，免其发配，分别折罚、责打、圈禁。如再犯军流及三犯徒罪以上，分别轻重实发盛京、吉林、黑龙江。如犯死罪，由宗人府会同刑部革去顶戴，照平人一律问拟斩绞，秋审分别实缓，由宗人府进呈黄册。又，已革宗室之红带、已革觉罗之紫带有犯寻常轻罪重罪交刑部照旗人例办理，应销档者免其销档，仍准系本身带子。其犯习教重情，另行奏明办理。又，宗室犯罪由宗人府会同刑部照例定拟，罪应军流者随时具奏，徒罪按季汇题，笞杖即行完结，毋庸具奏云云，犹见议亲议贵之意，其余多属虚设而已。考之《周礼》，王之同姓有罪，则死刑焉。郑注引《文王世子》：公族有死罪，罄［磬］之於甸人。又曰：公族无宫刑，狱成，致刑于甸人。又《掌戮》：王之同族与有爵者，杀之於甸氏。李氏光坡谓杀之於甸师氏者谓不踣。踣者，陈尸使人见之。既刑於隐处，故不踣也。此例宗室觉罗有犯，与民人科罪不同即此意也。

应议者之父祖有犯

律文：凡应八议者祖父母、父母、妻及子孙犯罪，实封奏闻取旨，不许擅自勾问，若奉旨推问，其所犯及应议之状先奏请议，议定奏闻，取自上裁，若皇亲国戚及功臣（八议之中，亲与功为最重）之外祖父母、伯叔父母、姑、兄弟姊妹、女婿、兄弟之子，若四品、五品（文武）官之父母、妻（未受封者）及应合袭荫子孙犯罪，从有司依律追问，议拟奏闻，取自上裁（其始虽不必参提，其终亦不许擅决，犹有体恤之意）其犯十恶，反逆缘坐及奸、盗杀人，受财枉法者（许径决断），不用此（取旨议奏封之）律。其余亲属、奴仆、管庄、佃甲倚势虐害良民，陵犯官府者（事发，听所在官司径自提问），加常人罪一等（非倚势而犯，不得概行加等），止坐犯人（不必追究其本主），不在上请之律。若各衙门追问之际，占悋不发者，并听当该官司实封奏闻区处（谓有人于本管衙门告发，差人勾问，其皇亲国戚及功臣占悋不发出官者，并听当该官司实封奏闻区处）。

按：此亦《明律》，顺治三年添八小注。《唐律》谓之“请章”。《唐律》，皇太子妃大功以上亲不在“八议”之列，而入于“请章”，与此条各项并论，盖因上“八议”而更推恩于其尊卑至亲，而“八议”之中，亲与贵更重，故又推恩于皇亲国戚功臣之以次至亲，至四品、五品之官，虽不在议贵之列，然亦官阶尊崇，故亦推恩于其父母、妻、子孙，惟情分亲疏，故法有等差。皇亲国戚之外祖父母以下各项，虽亦不许擅决，其始究不必奏闻请旨，是於体恤优渥之中仍分轻重厚薄之等。至其余亲属奴仆人等每多倚势陵人，狐假虎威，若非从严惩治，则恃宠骄恣，必无恶不作，累及其主，故治罪加凡人一等而仍不追究其本主，虽以禁遏，实则保全优待勋戚者至矣。使汉、明二祖依此法以行，何至醢韩、彭而杀李、傅，使后世有薄待功臣之议；使魏晋诸帝依此法以行，何至剪枝叶以伤本根，致当时有相煎何太急之歌。详绎律意，参以往事，可见法律一书仁之至而义之尽，与圣经贤传相表里，元儒柳贇谓经传载道以行万世，律文垂法以正人心，不其信欤？

律文而外又有一例：凡军民人等有犯寻常斗殴及非常赦所不原各项死罪，察有父祖子孙阵亡者，将其事迹声叙入本，恭候钦定。傥蒙优免，一人一次，后不准再行声请云云。此亦律文推恩祖父子孙之意，考之《史记·平原君列传》，李同战死，封其父为李侯。《后汉书·独行传》，小吏所辅捍贼，代县令死，除父奉为郎中。《蜀志》

庞统为流矢所中卒，拜其父议郎，迁谏议大夫。以上皆死国事者之父，今例子孙阵亡声请，即本此意，附录于此以备参考，亦以见例文与史事，其理本相贯通云。

职官有犯

律文：凡在京、在外大小官员有犯公、私罪名，所司开具事由，实封奏闻请旨，不许擅自勾问，（指所犯事重者言，若事轻，传问不在此限）若许准推问，依律议拟奏闻区处，仍候覆准方许判决。若所属官被本管上司非礼陵虐，亦听开具（陵虐）实迹，实封径自奏陈。（其被参后，将原参上司列款首告，不准行，仍治罪）凡内外大小文武官犯公罪该笞者，一十罚俸一月，二十、三十各递加一月，四十罚六月，五十罚九月。该杖者，六十罚俸一年，七十降一级，八十降二级，九十降三级，俱留任，一百降四级，调用（如吏兵二部处分则例应降级、革职、戴罪留任者并照例留任）。吏典犯者笞杖决讫仍留役。犯私罪该笞者，一十罚俸二个月，二十罚俸三个月，三十、四十、五十各递加三月。（三十，罚六月；四十，罚九月；五十，罚一年）该杖者，六十，降一级；七十，降二级；八十，降三级；九十，降四级，俱调用；一百，革职离任（犯□者不在此限）。吏典犯者，杖六十以上罢役。

按：以上三条均系《明律》，雍正三年修改，乾隆五年改定，盖言上司不得任意擅勾属员，下属亦不得挟嫌妄控上司也。《唐律》，七品以上官犯流罪以下，减一等。九品以上官犯流罪以下，听赎。又有以官当徒流之法："诸犯私罪，以官当徒者，五品以上，一官当徒二年；九品以上，一官当徒一年。若犯公罪者，各加一年当。以官当流者，三流同比徒四年"云云，与此不同。凡不系私己而因公事得罪者曰公罪，凡不因公事、己所自犯皆为私罪，此律大致与《吏部则例》相同，惟《吏部则例》公罪杖一百者革职留任，与此降四级调用稍有歧异耳，盖视所犯之公私定处分之轻重，既论其事，又察其心，故犯者不得幸免而误犯者亦不至冤抑。原系分为三门，兹以先后文义相承迸为一处，从简省也。现例，"文职道府以上、武职副将以上犯罪应审讯者照例题参，奉到谕旨再行提讯，其余文试各员于题参之日即将应质人犯拘齐审究"云云，较律稍为变通者，总系速行审结之意。若官员而外，例载"贡监生员犯徒流以上等罪，地方宫一面请革，一面审讯，不必俟学政批回，其轻罪应戒饬者，移会教官发落，详报学政"云云，应与上条一并参看，盖《唐律》减等、听赎、官当之法，固为宽典，即明初运炭运米等法，亦系优待之意，今例官员犯笞，准其罚俸相抵，尚与《唐律》相合。

其公罪杖一百，私罪杖六十以上即分降调、革职，已较古律为重。至犯徒不准官当，犯流亦不减等，而近来办法，官员犯徒者从重发往军台，犯军、流者从重发往新疆，不惟较平人不能减轻，反较平人格外加重，古今之不同如此，虽后世文法日趋繁重，亦可以观人心而察世变矣。

犯罪免发遣

律文：凡旗人犯罪，笞杖各照数鞭责，军流徒免发遣，分别枷号，徒一年者枷号二十日，每等递加五日，总徒、准徒亦递加五日，流二千里者枷号五十日，每等亦递加五日，充军附近者枷号七十日，近边者七十五日，边远、沿海、边外者八十日，极边烟瘴者九十日。

按：此条系旗人犯罪之总则，律文系雍正三年所定，《唐律》无此名目，《明律》之目本系军官、军人犯罪免徒流，国朝改易此名。以旗人犯罪折枷之例载入作为正律，本意原系旗人犯罪一律折枷，并不实发，后来渐次从严，律外另立条例：凡旗人殴死卑幼拟流，情节残忍者，发往黑龙江、三姓等处，不准折枷。旗员诬告讹诈，行同无赖者亦如之。又，满蒙汉各旗人有犯，如系寡廉鲜耻有玷旗籍者，均削去本身户籍，依律发遣。又，内务府所属庄头、鹰户、海户及附京住居庄屯旗人、王公各处庄头有犯徒流以上，照民人一体定拟。又，凡旗人窝窃、窝娼、窝赌及诬告讹诈行同无赖行止，并棍徒扰害教诱宗室为非、造卖赌具、代贼销赃、行使假银、捏造假契、描画钱票、一切诓骗、诈欺取财以窃盗论、准窃盗论及诱拐强奸、亲属相奸者，均销除本身旗档，照民之一律办理。又，旗人家奴犯军流者，俱发驻防为奴，不准折枷；犯徒者分别情节，轻者折枷，如有以上窝窃等项重情者，照民人拟徒，满日释回，仍交伊主管束。又，旗人初次犯窃即销除旗档，徒罪以上照民人一体刺字发配，杖罪以下免其刺字，后再犯窃，以初次论。其情同积匪及赃逾满贯者，子孙一并销除旗档为民户云云。以上各条皆于律外从严者，以国初之时旗下户口稀少，且人情敦朴，犯罪不多，故可以以枷号代其发遣。其后生齿日繁，渐染内地奢侈诈伪之习，以致罪犯日益众多，非一切宽大之法所可惩诫，故于律外迭次增立严例，亦迫于时势不得不然，所谓“刑罚世轻世重”者即此意也。现在奏准化除满汉畛域，此律即在所废，惟例内旗人犯寡廉鲜耻销除旗档一节，尚不能除，故讲义仍行列入。

犯罪得累减

律文：凡一人犯罪应减者，若为从减（谓其犯罪以造意者为首，随从者减一等）、自首减（谓犯法，知人欲告而自首，听减二等）、故失减（谓吏典故出人罪，放而还获止减一等，首领不知情以失论，失出减五等，比吏典又减一等，还获又减一等，通减七等）、公罪递减之类（谓同僚犯公罪失於入者，吏典减三等，若未决放，又减一等，通减四等。首领官减五等，佐贰官减六等，长官减七等之类），并得累（减而复）减。（如此之类，俱得累减科罪。）

按：此仍《明律》，国初添小注，雍正三年修改。言一人若犯数罪，其情节俱轻，按之各律，均在可以减等之列者，准其以次递减。盖加罪有限制而减罪无限制，寻常加罪止准加二等，即各律有递加专条者亦只加至满流而止，不能加入于死。若减则不然，如果情有可原，由一等可减至五等，且有减至七等、九等者，更有减尽不科者。再，加罪，则斩绞为两项，三流分三层，逐层递加，共作五层。减罪则二死为一减，均减为流；三流为一减，均减为徒，此皆律之精义，惟恐问官涉于严酷，枉入人罪，故制为定律，所以杜深刻罗织之渐而开宽大轻宥之门，圣人之仁民者至矣。律文止言"为从"、"自首"、"故失"、"公罪"四项，不过略举大概而言，名分服制之尊卑亲疏而累减者，其事甚多，不能悉举，细绎"之类"二字，可见其余皆在包括之中也。

以理去官（以理谓以正道理而去，非有别项事故者）

律文：凡任满得代、改除、致仕等官与见任同（谓不因犯罪而解任者，若沙汰冗员，裁革衙门之类，虽为事解任降等，不追诰命者，并与见任同），封赠官与（其子孙）正官同，其妇人犯夫及义绝（不改嫁）者（亲子有官，一体封赠），得与其子之官品同（谓妇人虽与夫家义绝，及夫在被出，其子有官者得与子之官品同，为母子无绝道故也，此等之人），犯罪者并依职官犯罪律拟断。（应请旨者请旨，应径问者径问，一如职官之法。）

按：此仍《明律》，雍正三年修改，乾隆五年删定，盖言以正道理去官，非有别项事故，所以别于缘事革职得罪者也。《唐律》"**诸以理去官，与见任同。赠官及视品官，与正官同。视六品以下，不在荫亲之例。若藉尊长荫而犯所荫尊长，及藉所亲荫而犯所亲祖父母、父母者，并不得为荫。即殴告大功尊长、小功尊属者，亦不得以荫论。**

其妇人犯夫及义绝者，得以子荫。其假版官犯流罪以下，听以赎论”云云，《明律》即本于此而不如《唐律》详备。凡以理去官，既不追夺诰命，则原品犹存，故得与见任相同，若未有诰封者，即难同于见任，自应以降等之级论也。妇人与夫家义绝，及夫在被出，犹得与子之官品同者，夫妻之义虽绝而母子无绝道也，此但指未改嫁者而言，若改嫁头节，即不得同子之官。即未嫁受封，若改嫁后亦必追夺原封，盖改嫁虽例所不禁，而失节究不准受封，于体恤孀嫠之中仍寓嘉奖贞节之意。旧注又载有子孙缘事革职，其父祖诰敕不追夺者，仍得与正官同，若致仕及封赠官犯赃与无禄人同科，其任满得代、改除未补，虽未食禄有犯，应照有禄人科断云云。现已另纂为例，律文但言与正官同者，例则兼及不同者，所以补律所未及，其中同而异、异而同之处，俱有精理存焉！详绎合参，自知其妙。

无官犯罪

律文：凡无官犯罪，有官事发，（所犯）公罪笞杖以上俱依律纳赎。卑官犯罪，迁官事发，在任犯罪，去任（考满、丁忧、致仕之类）事发，公罪笞杖以下依律降罚，杖一百以上依律科断本案，黜革笞杖以上折赎俱免，若事干埋没钱粮、遗失官物，虽系公罪，事须追究明白（应赔偿者赔偿，应还官者还官），但犯一应私罪，并论如律，其吏典有犯公私罪名，名依本律科断。

按：此仍《明律》，雍正三年修改，乾隆五年删定，《唐律》：**“诸无官犯罪，有官事发，流罪以下以赎论。十恶及五流，不用此律。卑官犯罪，迁官事发；在官犯罪，去官事发；或事发去官：犯公罪流以下各勿论，余罪论如律。其有官犯罪，无官事发；有荫犯罪，无荫事发；无荫犯罪，有荫事发：并从官荫之法”**云云，较《明律》为详，而《明律》稍加严厉。凡律称公罪本系究官职上说，若无官之时似不得有公罪，此所谓公罪。如因人连累不由自己之事，亦可谓之公罪。公字，正不必拘泥。至于钱粮官物，无官之时并不得经手，自系专指迁官去任、黜革二项而言，无官一层并不在内。钱粮官物追究明白者，谓应赔偿者须赔偿，应还官者须还官，不得以罪准宽免，并此亦与宽免也。此系慎重公款之意。律文统言有犯公私之罪，若此等人犯赃，则另有专条。例载无官犯赃，有官事发，照有官提参，以无禄人科断。有官时犯赃，黜革后事发，不必提参，以有禄人科断。此足补律所未及。又，《吏部则例》载：官员升转后，遇原任内事发，应以降调者，俱于现任内议以降调。又，已革官员遇有前任内事故，议处必分晰应降应革应罚之罪注册。倘事后还职,仍将前任内处分查核,如尚有应革之罪,不得即与还职,有应降之罪,即照原职降级,有应罚之罪,仍于补官日罚俸。其有级可抵者,查明抵销。又《礼律》载:官吏丁忧,除公罪不问外,其犯赃罪及系官钱粮依例勾问。又《刑律》载:书吏差役作弊扰民,系知法犯法,加平人罪一等云云,皆与此律互相发明,当合参之。

除名当差

律文:凡职(兼文武)官犯(私)罪,罢职不叙,(应)追夺(诰敕)除名(削去仕籍)者,官(阶、勋)爵皆除。(不该追夺诰敕者,不在此限。)僧道犯罪,曾经决罚者,(追收度牒)并令还俗(职官、僧道之原籍)。军民灶户各从本色,发还原籍当差。

按:此仍《明律》,雍正三年修改,乾隆五年改定。原律本系匠灶,国朝因无匠户,遂改匠灶为灶户。《唐律》:**"诸除名者,官爵悉除,课役从本色,六载之后听叙,依出身法。免官者,三载之后,降先品二等叙。免所居官及官当者,期年之后,降先品一等叙。若官尽未叙,更犯流以下罪者,听以赎论。不在课役之限"云云,均系弃瑕录用之意。**《明律》删去后数节,凡官员一经犯罪,即无听叙之法也。凡职官犯罪,私罪重于公罪,而赃罪尤重于私罪。例载:凡失陷城池、行间获罪及贪赃革职各官,封赠俱行追夺,其别项革职者,免追。又,官员事后受财,不追夺诰敕云云。此律所谓除名,系指有犯贪赃应追夺诰敕,削去仕籍者而言。若止罢职不叙而例不追夺诰敕,尚不在官爵皆除之列。官阶谓出身以来官,勋爵谓世袭相承之职。至于僧道犯罪,例本分别公私,如系公事失错,或因人连累及过误致罪,悉准纳赎,仍还职为僧道。若犯奸盗一应赃罪,责令还俗,此律所谓决罚还俗,即系有犯私罪之人。若犯公罪不在此例。若军民灶户,系统承上职官僧道而言,谓职官除名、僧道还俗之后,仍查其原籍为军为民,或系灶户,各从本色发回,仍当本等之差也。

常赦所不原

律文:凡犯十恶,杀人,盗系官财物及强盗,窃盗,放火,发冢,受枉法、不枉法赃,诈伪,犯奸,略人,略卖、和诱人口;若奸党及谗言左使杀人,故出入人罪;若知情故纵听行,藏匿,引送,说事过钱之类一应实犯,(皆有心故犯)虽会赦,并不原宥。其过误犯罪(谓过失杀伤人,失火及误毁、遗失官物之类)及因人连累致罪(谓因别人犯罪连累以得罪者，如人犯罪失觉察、关防、钤束及干连、听使之类），若官吏有犯公罪（谓官吏人等因公事得罪及失出人人罪，若文书迟错之罪，皆无心误犯），并从赦宥（谓会赦皆得免罪）。其赦书临时（钦）定（实犯等）罪名特（赐宥）免（谓赦书不言常赦所不原，临时定立罪名宽宥者，特从赦原）及（虽不全免）减降从轻者（谓降死从流，流从徒，徒从杖之类）不在此限（谓皆不在常赦所不原之限）。

按：此仍《明律》，雍正三年修改，乾隆五年删定。盖分别应赦、不应赦之罪也。十恶以下等项即《虞书》所谓“怙终贼刑”，《康诰》所云“非眚，乃惟终，自作不典”也，过误以下各项即《虞书》作谓“眚灾肆赦”，《康诰》所云“非终，乃惟眚灾，适尔”也。一不赦，一应赦，劈分两项，俱系专指常赦而言。若赦书临时钦定，或全宥，或减等，乃一时之特恩，谓之恩赦，非常赦所得限制，亦与常赦迥然不同，其应赦不应赦另有章程。大约界限较宽，无论窃盗、犯奸、略卖、和诱各项均准宽宥，即杀人放火、发冢枉法等罪，稍有可原情节，亦均准其宽减。两者合参，乃知常赦为恒有之事，过宽则人思苟免，反开徼倖之门，故界限不妨从严。恩赦乃非常之典，过严则恩难普及，恐阻自新之路，故条款不妨从宽。其义固各有当也。至于律文而外另有条例，足补律所未备者，择要附录于后，以备参考。

一，凡关系军械兵饷事务，俱不准援赦宽免。

一，诬告叛逆未决拟斩者，不准援赦。又，捕役诬拏良民及曾经犯窃之人逼认谋故杀、强盗应拟军者，遇赦不免。

一，凡侵盗仓库钱粮入己若逾一万两以上者，遇赦不准援免。

一，凡触犯父母发遣之犯，遇赦查询伊父母，愿令回家，准其分别释放枷号。

一，凡官员、生监、吏役一切有职役之人，有犯一应赃私罪名，遇赦取问明白，罪虽宥免，仍革去职役。

一，以赦前事告言人罪者，以其罪罪之。若干系钱粮、婚姻、田土等项罪，虽遇赦宽免，事须究问明白。应追取者，仍追取。应改正者，仍改正。

一，缘坐发遣为奴及强盗免死发遣为奴人犯，遇赦不得与寻常为奴人犯一体办理。

一，官员临时先谋出继、归宗，预为匿丧恋职地步者，照匿丧例革职，不准原赦。

一，嫡母故杀庶生子、继母故杀前妻子拟绞之犯，遇赦不准减等。

一，勾引教诱蛮獞犯法者遇赦不宥。

一,解役故纵斩绞重犯十年限内遇有恩旨不准查办。

一,官员问案错拟罪名者遇赦免议。

一,原非侵盗入己照侵盗拟罪之犯及亏空军需钱粮系由挪移获罪,或经核减著赔偿,尚与入己军需有间,遇赦豁免。

一,回民行窃发遣脱逃被获,遇赦不准援减。

又,康熙六十一年上谕:援赦豁免人等,详记档案。如不悛改,后再有犯,加一等治罪云云。条例虽无明文,现俱照此办理。又,乾隆十九年部议:凡事犯在恩诏以前,而到官羁禁在恩诏以后,例不援免。至妇女事犯在恩诏以前者俱应援免,并不以到案羁禁为断云云。从前大恩诏亦有不拘此例者,无论到官前后,但犯在赦前,亦俱准其援免。但此等旷典,惟大恩诏有之,非通例也。

以上各例散见他门,皆系有关赦典之事,与律文互相发明,必须统筹合参,临时办理方无歧误,否则一隅之见,鲜有不顾此失彼者,此读律所以必须参观例章也。至恩赦条款,历次小有增修,其目甚多,不能备举,详见《刑案汇览》。

犯罪存留养亲

律文:凡犯死罪非常赦不原者,而祖父母(高曾同)、父母老(七十以上)疾(笃废)应侍,(或老或疾)家无以次成丁(十六以上)者,(即与独子无异,有司推问明白)开具所犯罪名(并应侍缘由)奏闻,取自上裁。若犯徒、流(而祖父母、父母老疾无人侍养)者,止杖一百,余罪收赎,存留养亲。(军犯准此。)

按:此仍《明律》,国初添入小注,乾隆五年改定。乃法外之恩,矜恤罪人之亲,以广孝治,即经所谓"轻重诸罚有权",亦即《王政》恤无告之意也。《唐律》:**"诸犯死罪非十恶,而祖父母、父母老疾应侍,家无期亲成丁者,上请。犯流罪者,权留养亲,若家有进丁及亲终期年者,则从流。即至配所应侍,合居作者,亦听亲终期年,然后居作"**云云。可见留养之律由来已久。惟《唐律》所谓老疾必八十以上及笃疾方是,且所谓成丁者,以年二十一以上、五十九以下为断。现在律注改七十为老,废亦曰疾,十六岁曰成丁,则较《唐律》更从宽矣。王者以孝治天下,犯罪之人虽无可矜,而其亲老疾无依,若不许其存留侍养,未免有伤孝治,故设此律以施法外之仁。凡非常赦不原之死罪及军流徒犯,均予决杖一百,以治本犯之罪,其余罪应充发者准其收赎,以存留养亲,情法兼备,义之尽、仁之至也。但律文既以常赦为限,则是杀人者概不准请，而军流徒罪自应概准存留，不必以常赦不原为限矣。国朝推广律义，其轻重设有条例，虽斗殴杀人之犯，若系情伤稍轻，俱准留养，而军流徒犯之情重者，仍不准其留养，盖不以罪之大小为区别，而以情之轻重为区别，实足补律所未备。又改收赎为死者埋葬银两，凡斗杀留养之案，追银二十两给付死者家属，本犯照数决杖外，分别枷号。徒流准其留养者，枷号一个月，军流四十日，死罪及免死流犯两个月。又孀妇独子，守节逾二十年者，亦准留养。殴死妻及故杀妻之案，虽无父母可养，如系独子，准其承祀。此历来未有之旷典，曲体人情之极至。此外，又有数例与律互相发明，择要附后以备参考。

一，凡犯罪有兄弟俱拟正法者，存留一人养亲，请旨定夺。

一，斗殴杀人之犯应准留养者，查明被杀之家有无父母，如被杀之人亦系独子，其亲尚在，俱不准留养。若被杀之人平日游荡弃亲，或不听教训，为亲所逐者，仍准留养。其擅杀、误杀、戏杀及军流徒各犯无庸查被杀之家有无父母，即准留养。

一，凡触犯父母并素习匪类为父母所摈逐及游荡他乡远离父母，俱属忘亲不孝之人，概不准留养。

一，死罪及军流遣犯留养之案，如该犯本有兄弟与姪出继可以归宗及本犯身为人后、所后之家可以另继者，概不得请留。若该犯之兄弟与姪出继，所后之家无可另继之人，不可归宗凡本犯所后之家无可另继者，仍准留养，徒罪人犯不在此例。

一，各衙门差役倚势滋扰犯罪者，不准声请留养。

按：合参律例，有律严而例从宽者，亦有律宽而例从严者，其中因时制宜，皆有精义，此乃历朝教孝之典，惟我中国国粹所存。盖百行以孝为先，移孝方可作忠，未有不孝于亲而能忠君者。外国重忠而不重孝，是以律内均无此条，非但无所谓留养也，查《俄律》，谋杀父母者亦不拟死，《日本律》殴死父母者虽拟绞罪，而殴伤者仅加平人伤罪二等，虽殴至笃疾亦仅治以无期徒刑，较之中国但殴即拟斩决，虽无伤亦坐，骂父母者亦拟绞决之律，轻重大有不同，此等刑法，各国自为风气，原不能以强合，但我中国现行新政，修订新律，此外各项皆可捨短取长，惟此本原之地，伦纪攸关，不可迁就从人，所愿讲新学者勿以此言为河汉则幸矣！

天文生有犯

律文：凡钦天监天文生习业已成（明于测验推步之法），能专其事者，犯军、流及徒，各决杖一百，余罪收赎。（仍令在监习业。犯谋反、叛逆缘坐应流及造畜蛊毒，采生折割人，杀一家三人，家口会赦犹流，及犯斗殴伤人，监守、常人盗，窃盗，掏摸，抢夺，编配刺字，与常人一体科断，不在留监习艺之限。）

按：此专言断理天文生罪之通例也。推测之法，得人为难，况已学习有成，能专其业，若因犯罪发配，终身废弃，殊为可惜，是以制此决杖收赎之法，仍令入监习业，但此指寻常犯罪而言。若反逆缘坐、造畜蛊毒、采生折割、杀一家三人等项，家口应流及斗殴伤人、监守、常人盗、窃盗、掏摸、抢夺各项不在此限。此律专指天文生，例又补出钦天监官有犯，更为周密。例载：钦天监官犯事请旨提问，与职官一例问断，该革职为民者送监，仍充天文生，该流徒充军者请旨定夺。其不由天文生出身者，悉照例革职充发云云，可以合参。

工乐户及妇人犯罪

律文：凡工匠、乐户犯徒罪者，五徒并依杖数决讫，留住（衙门）照徒役年限拘役（住支月粮。其斗殴伤人及监守、常人盗，窃盗，掏摸，抢夺，发配、刺字与常人一体科断，不在留住拘役之限）。其妇人犯罪应决杖者，奸罪去衣（留裤）受刑，余罪单衣决罚，皆免刺字。若犯徒流者，决杖一百，余罪收赎。

按：此律与上“天文生有犯”，《明律》本系一条，雍正三年分作两门，并将此律删改，其小注系顺治三年增修，雍正三年删定。《唐律》：“诸工、乐、杂户及太常音声人，犯流者，二千里决杖一百，一等加三十，留住，俱役三年。其妇人犯流者，亦留住，流二千里决杖六十，一等加二十，俱役三年；若夫、子犯流配者，听随之至配所，免居作”云云。此律工、乐户犯徒者决杖留住拘役而未及犯流决杖之法，则与《唐律》不同，且《唐律》惟妇人犯流则决杖免配，仍使应役，并无妇人犯徒免役收赎之法。此律妇女犯徒亦准收赎，盖非古法矣。匠者，工部所隶之匠人，乐户者，教坊所辖之乐人，皆系在官应役之人，若犯徒罪发配，转令得脱职役，是以决杖留住，仍令在本衙门应役。上条天文生有犯，兼军流而言，此专言五徒，则军流即应发配，而斗殴伤人及窃盗等项亦不在留住之限。至于妇人犯奸，廉耻已丧，故去单衣加刑，余罪连单衣受刑者，所以养其羞恶之心也。若军流则远出异地，非妇人所宜，即徒罪供役亦非妇人能胜，故定为收赎之法，满徒仅收赎银二钱五分五厘，满流仅收赎银三钱七分五厘，即杂斩绞亦止赎银四钱五分，原以略示薄惩，使知愧悔，并非利其赎金以佐公家之用，立法极为仁恕。无如行之日久，流弊滋生，而刁恶妇女往往恃有赎之一法，故干法纪，故条例定有实发、监禁数项，如妇人挟嫌挟忿、图诈图赖，有意自行翻控者，妇人犯盗发觉致纵容之父母及翁姑自尽者，均不准赎，监禁三年。又，京城奸媒诱奸诱拐应军流者，妇女有犯积匪并窝留盗犯多名及行凶讹诈应拟外遣者，妇女犯奸致纵容之父母翁姑自尽者，妇奸抑媳同陷邪淫致媳自尽者，姑谋杀子妇情节凶残者，妇女殴差哄堂罪应军流者，均实发驻防为奴。又，新章，江苏白马蚁妇女诱拐良家妇女罪应军流者，亦实发驻防为奴，妇女故杀十五岁以下幼媳情节残忍者，监禁三年，不准收赎。以上各条例章皆系严惩刁恶妇以济律法之穷。至妇女有犯笞杖，律义本系无论何人、所犯何罪，均予决杖，并无赎之一说。而例又有妇人犯奸盗、不孝者依律决杖，其余有犯笞杖者，无力决罚，审系有力与命妇、官员正妻，俱准纳赎，笞一十纳赎银一钱，以次递加，至杖一百赎银一两，亦系曲全体面，养其廉耻之意，无如日久，亦有流弊，如妇女故杀子媳流二千里者仅赎银一两三钱，故杀奴婢徒一年者仅赎银一两七分五厘，无怪养成妇女残忍之性，而凌虐折磨致死之案层见迭出，是以上年奏定新章：凡妇女有犯笞杖徒流，惟老幼残废仍照旧律收赎外，其余应实发者改为作工十年，应监禁者亦改作工，其不应实发者，均照新章与男子一体折为罚金，笞五十者罚银二两五钱，以次递加，至杖一百罚银十五两，徒一年罚银二十两，以次递加，至满徒罚银四十两，满流七十两，军罪同于满流。若无力出银，照章折令作工。其旧律、旧例收赎、纳赎之法一概删除，虽系与时变通之意，但矫枉过正，古法全失。将来日久，恐亦有窒碍难行之处，是在司法君子随时补救，泥古固非，而尽废古制，亦恐不能无弊耳！又考之《后汉书》，光武四年诏女徒雇山归家，注：女子犯徒，遣归，家每日出钱雇人于山伐木，名曰雇山。此妇女犯徒办法，《明律》收赎之法即本于此。现章采用西法，废止笞杖，与徒流均改为罚金、作工，此律亦属虚设，因溯其源流，备记于右，以为读律之一助。

徒流人又犯罪

律文：凡犯罪已发（未论决）又犯罪者，从重科断。已徒、已流而又犯罪者，依律再科后犯之罪。（不在从重科断之限）其重犯流者，三流并决杖一百，于配所拘役四年。若（徒而又）犯徒者，依后所犯杖数，该徒年限，（议拟明白，照数）决讫，（仍令）应役（通前）亦总不得过四年。（谓先犯徒三年，已役一年，又犯徒三年者，止加杖一百，徒一年之类，则总徒不得过四年。三流虽并杖一百，俱役四年。若先犯徒年未满者，亦止总役四年）其（徒流人）又犯杖罪以下（者），亦各依（后犯笞杖）数决之，（充军又犯罪，亦准此）其应加杖者亦如之。（谓天文生及妇人犯奸，亦依律科之。）

按：此系《明律》，其小注系国初修改，言犯罪已发已决而又犯罪之通例也。《唐律》：“**诸犯罪已发及已配而更为罪者，各重其事。即重犯流者，依留住法决杖，于配所役三年。若已至配所而更犯者，亦准此。而累流、徒应役者，不得过四年。其杖罪以下，亦各依数决之，累决笞、杖者，不得过二百**”云云，与此律大致相同，惟《唐律》流又犯流止役三年，此役四年。《唐律》杖不得过二百，现律杖一百，则稍有异耳。盖犯罪尚未论决，自应依二罪俱发从重从一之律，若既论决到配复犯他罪，即应再科后犯之罪，不准仍援从重之律，所以恶其怙终也。然重犯虽曰不悛，而立法者宜有限制。如重犯流者，倘再加流，则地过远，故有拘役之法。重犯徒者，如再加徒，则年过久，故有不过四年之法。律文只言流又犯流，徒又犯徒及流徒又犯笞杖，不言流又犯徒及徒又犯流者，已该括于“再科后犯”一句之内，如徒人又犯流者，自应定地决遣，流人又犯徒者，仍于配所拘役，盖律之义例重可该轻，轻不可该重也。再，律止言徒流又犯，例又补出军遣又犯各条，如免死遣犯在配复犯斩绞监候者改为立决，复犯徒罪以上者拟斩监候，复犯笞杖者枷号三个月，鞭一百。平常遣犯在配复犯死罪，仍按律定拟，不必加重复犯，遣罪枷号六个月，复犯军流枷号三个月，复犯徒罪枷号两个月，俱鞭一百，复犯笞杖照数鞭责。又，军犯在配复犯徒罪分别枷号，徒一年者枷号一个月，每徒一等递加五日，复犯军流加等调发，仍加枷号一月，愿系极边烟瘴军罪者，加为发遣新疆种地当差，又发遣为奴人犯在配行窃，初犯枷号一年，再犯枷号二年，三犯枷号三年，四犯永远枷号，遇赦不免云云，皆足补律未备，当并参之。

大清律例讲义卷二

名例律下计二十三门

老小废疾收赎

律文：凡年七十以上，十五以下及废疾（瞎一目，折一肢之类）犯流罪以下，收赎。（其犯死罪及犯谋反、叛逆缘坐应流，若造畜蛊毒、采生折割人、杀一家三人、家口会赦犹流者，不用此律。其余侵损于人一应罪名并听收赎。犯该充军者亦照流罪收赎。）八十以上，十岁以下及笃疾（瞎两目、折两肢之类）犯杀人（谋、故、斗殴）应死（一应斩、绞）者，议拟奏闻，（犯反逆者不用此律），取自上裁；盗及伤人（罪不至死）者亦收赎（谓既侵损于人，故不许全免，亦令其收赎），余皆勿论（谓除杀人应死者上请；盗及伤人者收赎之外，其余有犯皆不坐罪）。九十以上，七岁以下，虽有死罪不加刑（九十以上犯反逆者不用此律）。其有人教令，坐其教令者；若有赃应偿，受赃者偿之。（谓九十以上，七岁以下之人皆少智力，若有救令之者，罪坐教令之人。或盗财物，旁人受而将用，受用者偿之。若老小自用，还着老小之人追征。）

按：此仍《明律》，国初及乾隆五年增入小注，盖恤老慈幼矜不成人之义也。律文全用《唐律》原文，不过稍易数字，《唐律疏议》：笃疾，戆愚之谓。此律注以瞎两目、折两肢为笃疾，则与《唐律》解释不同。考之《周礼》：“七十以上及未龀者并不为奴”，此律首段“七十以上”云云即本于此。又，《周礼》“三赦之法”：一曰幼弱，二曰老耄，三曰戆愚，此律次段“八十以上”云云即本于此。又《礼记》云：“九十曰耄，七岁曰悼，悼与耄，虽有死罪，不加刑”云云，此律三段“九十以上”云云即本于此。律注谓瞎一目，折一肢之类为废疾，而条例又指出瞎一目之人不得以废疾论赎，盖以此等人原与平等人无异也。杀人谓谋故杀、斗杀应抵偿之罪，若杀一家三人、采生折割、造畜蛊毒等项杀人重罪不在此限。应死谓杀人而外一切应斩应绞之罪,此律分作三等。七十以上、十五岁以下及废疾犯流罪收赎,惟反逆缘坐应流及造畜蛊毒等项家口应流者不用此律,凡充军者亦照流罪收赎,此一等也。八十以上、十岁以下及笃疾除杀人应抵者上请、盗及伤人者收赎外,其余皆不坐罪,惟犯反逆者不用此律,此一等也。九十以上、七岁以下虽犯杀人及死罪皆不加刑,而九十以上犯反逆者仍科其罪,盖以力虽不能任事,智犹可以与谋。至七岁以下智与力皆不及此,虽反逆,亦不加刑,此一等也。至坐其教令之人亦有分别,如教小儿殴打父母,坐教令者以殴凡人之罪,不以殴父母论。教老人故杀子孙,坐令教者以杀凡人之罪,不以杀子孙论。此本律注,现已纂为条例。此外,又有数例较律从重,如律文笃疾犯死罪上请,例则仍照本律问拟,毋庸声请,入于秋审,分别实缓,如系缓决,候查办减等时减为军流,再行收赎。又,律文十岁以下杀人上请,例则十岁以下斗殴杀人如死者长于凶犯四岁以上方准依律声请,若所长止三岁以下按例拟绞,不得概行声请。又七十以上、十五以下及废疾犯流准其收赎一次,再犯不准收赎。又老疾之人挟嫌挟忿、图诈图赖、有心翻控之案审系虚诬、罪应军流以上者,即行实发,不准收赎云云。此皆律宽例严,现在问案,有例概不用律,此例应与律文一并参究,是以择要附后。

犯罪时未老疾

律文:凡犯罪时虽未老疾,而事发时老疾者,依老疾论。(谓如六十九以下犯罪,年七十事发;或无疾时犯罪,有废疾后事发,得依老疾收赎。或七十九以下犯死罪,八十事发;或废疾时犯罪,笃疾时事发,得入上请。八十九犯死罪,九十事发,得入勿论之类。)若在徒年限内老疾,亦如之。(谓如六十九以下,徒役三年,役限未满,年入七十;或入徒时无病,徒役年限内成废疾,并听准老疾收赎。以徒一年,三百六十日为率,验该杖徒若干,应赎银若干,俱照例折役收赎。)犯罪时幼小,事发时长大,依幼小论。(谓如七岁犯死罪,八岁事发,勿论。十岁杀人,十一岁事发,仍得上请。十五岁时作贼,十六岁事发,仍以赎论。)

按:此亦《明律》,国初添入小注,与《唐律》原文一字不差,盖承上条恤老慈幼矜不成人之义而更推广之也。依老疾幼小论者,谓或赎、或请、或勿论,俱依老小三等年岁及废疾、笃疾分别拟断,流罪已至配所不能复还,徒罪限内年入七十及成废疾时俱请听赎,若小时犯罪,事发年虽长大,仍以幼小论,盖优老则据其现在发觉之年,矜幼则原其从前犯罪之岁，所以补前律之不及，而国家宽大忠厚之意亦可于言外见之。至于徒罪限内老疾，除役过年月折算收赎，余罪之法另有详例，略举一节可以类推，如杖一百徒三年全赎，应该出银三钱，除已受过杖一百，准去银七分五厘，下剩银二钱二分五厘，以三年一千八十日计算，每日该银二毫零八忽三微三纤零，如已役过一年之三百六十日，准去银七分五厘，未役二年之七百二十日，该赎银一钱五分，此等细微末数，虽不必见诸实事，惟公牍之上丝毫不能含糊，自应照数计算，亦以见读律之家不可不兼明算术也。

给没赃物

律文：凡彼此俱罪之赃（谓犯受财枉法、不枉法，计赃与受同罪者）及犯禁之物（谓如应禁兵器及禁书之类）则入官。若取与不和，用强生事，逼取求索之赃并还主。（谓恐吓，诈欺，强买、卖有余利，科敛及求索之类。）

其犯罪应合籍没财产，赦书到后，罪（人）虽（在赦前）决讫，（而家产）未曾抄劄入官者，并从赦免。其已抄劄入官守掌及犯谋反、叛逆者，（财产与缘坐家口不分已未入官并不赦免。若除谋反、谋叛外）罪未处决，（籍没之）物虽（已）送官（但）未经分配（与人守掌）者犹为未入。其缘坐（应流）人（及本犯）家口虽已入官，（若）罪人（遇赦）得免（罪）者亦从免放。

若以赃入罪，正赃见在者还官、主。（谓官物还官，私物还主。又若本赃是驴，转易得马，及马生驹，羊生羔，畜产蕃息，皆为见在。其赃）已费用者，若犯人身死勿征，（别犯身死者亦同，若不因赃罪而犯别罪，亦有应追财物，如埋葬银两之类。余皆征之。若计雇工赁钱私役弓兵，私借官车船之类）为赃者，（死）亦勿征。

其估赃者，皆据犯处（地方）当时（犯时）中等物价估计定罪。若计雇工钱者，一人一日为银八分五厘五毫，其牛、马、驼、骡、驴、车、船、碾、磨、店舍之类，照依犯时雇工赁值（计算，定罪追还），赁钱虽多，各不得过其本价。（谓船价值银一十两，却不得追赁钱一十一两之类。）

其赃罚金银，并照犯人原供成色从安追征入官给主。若已费用不存者，追征足色。（谓人原盗或取受正赃，金银使用不存者，并追足色。）

按：此系《明律》，国初加入小注，盖于追赃之中仍存矜恤之意也。《唐律》分为三门，一为“彼此俱罪之赃”，一为“以赃入罪”，一为“平赃”者，明合为一章，大致悉依《唐律》原文，惟《唐律》赃费用者死囚配流均勿征，现律删去配流一层，惟死勿征，则较严矣。又《唐律》小注：凡赃皆征，正赃惟盗赃倍备，若盗一尺须征二尺之类，现律无此。再，《唐律》计庸者，每人一日为绢三尺，现律改为银八分五厘，亦与《唐律》不同。通章分五段看，首节言赃物入官给主之法，二节言入官财产赦免不赦免之法，三节言赃物应征勿征之法，四、五节言估赃追赃之法，总之赃物有入官、有给主、有还官，而入官、给主、还官三项中又有赦免者，有勿征者，必罪恶重大而始不赦，如谋反叛逆之事，此外即应遇赦免免矣，必人赃见存而始追征，如其人已死即不必征，或未死而十分赤贫者，亦有量追一半及勘实治罪豁免之例，其中纤细毕具，情与法可谓兼尽矣。至于断付死者之财产遇赦不得免追一项，本系律后总注，现已纂为条例，缘断付死者之家财产系优恤生者以备养赡之用，与应合入官不同，盖入官者可免而优恤死者之家不可免也，当分别观之。此外，又有与律互相发明者，如律称身死勿征，然官员侵盗钱粮入己者，该员身故，仍有将伊子监追之例。又，侵盗应追之赃，著落犯人妻及未分家之子名下追赔，如果家产全无，取结豁免，不得株连亲族。又，应行查抄赀产而兄弟未经分产者，将所有产业按其兄弟人数分股计算，只将本犯名下应得一股入官，其余兄弟名下应得者概行给予。又，官员应追因公核灭及分赔代赔之项，查明家产尽绝者，照例题豁，毋庸再于同案各员摊追，亦不追其妻子。又抢窃之赃定案时严行比追，如果力不能完，即将本犯治罪，取结豁免。又，命案内减等发落应追埋葬银两，勒限一个月追完，如系十分贫难者，量追一半，如限满勘实力不能完，取结豁免。又，应该偿命罪囚遇赦宥免，追银二十两给其家属，赤贫量追一半。又强盗赃不足原失之数，将无主赃物赔补，如仍不足，将盗犯家产变价赔偿。又监守侵盗仓库有限四个月、八个月、十二月监追及一年、二年、三年监追之条，以上数例散见各门，皆与此律互相牵涉，宜一并参考。再，给没一法，外国均有，日本谓之征偿没收，其没收之法分为三项，一为法律禁制之物，二为供犯罪所用之物，三为因犯罪而得之物。征偿之法，如犯人放免，若被害者请求应还给赃物及赔偿损害，仍不得免。若赃物尚在犯人之手，虽无请求，即还给之云云，与中律大意相同，特文法与细则略有变通耳。诸学友现习《日本刑法》，故将中律与日法符合之处附录于后，以为好学者深思之一助。

六赃细数比较

监守盗。（监守者有管掌仓库钱粮之责，非但官吏，凡经管之人如经纪车户、船户之类均是，盗者不分首从，并赃论罪。）

一两以下（杖八十），一两至二两五钱（九十），五两（一百），七两五钱（杖六十徒一年），十两（杖七十徒一年半），十二两五钱（杖八十徒二年），十五两（杖九十徒二年半），十七两五钱（杖一百徒三年），二十两（杖一百流二千里），二十五两（流二千五百里），三十两（流三千里），四十两（斩）。

以上流罪斩罪均系杂犯，杂犯三流总徒四年，杂犯斩绞准徒五年，现例一一千两以上实拟斩候，一百两以上分别实拟流罪。

常人盗。（常人对监守者而言，无论军民官吏，凡无监守之责者均是，若盗仓库钱粮亦不分首从，并赃论罪。）

一两以下（杖七十），一两至五两（八十），十两（九十），十五两（一百），二十两（杖六十徒一年），二十五两（杖七十徒一年半），三十两（杖八十徒二年），三十五两（杖九十徒二年半），四十两（枝一百徒三年），四十五两（杖一百流二千里），五十两（流二千五百里），五十五两（流三千里），八十两绞。

以上流绞亦系杂犯，现例从重，一百两以下不分多寡，首犯发烟瘴充军，一百两以上实拟绞候，为从减等。

窃盗。（以一主为重，并赃论罪，为从减一等，掏摸者罪同。）

一两以下（杖六十），一两以上二十两以下（七十），二十两（八十），三十两（九十），四十两（一百），五十两（杖六十徒一年），六十两（杖七十徒一年半），七十两（杖八十徒二年），八十两（杖九十徒二年半），九十两（杖一百徒三年），一百两（杖一百流二千里），一百一十两（流二千五百里），一百二十两（泫三千里），一百二十两以上绞监候。

枉法赃。（谓受有事人财而曲法处断者，通算全科，无禄人减一等，一百二十两绞监候。）

一两以下杖七十，至八十两实拟绞监候，计数之法与常人盗相同，但彼流、绞系杂犯，此是实流实绞耳。

不枉法赃。（虽受有事人财而判断并未曲法者，各主者通算，折半科罪，一主亦折半科罪，无禄人减一等，罪止流三千里。）

一两以下杖六十，至一百二十两以上绞监候，计数之法与窃盗同。

坐赃致罪。（凡官吏人等非因事而受财，如餽送庆贺，或私借所部内牛马衣物之类，又如被人盗财赔偿之外多受人财，或科敛财物，多收斛面而不入己者，或造作虚费人工物料之类，非赃而分不应受，无赃而罪不能免，故不曰计赃而曰坐赃，在凡人为交际之常，在官吏即为坐赃，所以杜贪污之渐也。此六赃之最轻者。）

一两以下（笞二十），一两以上二十两以下（三十），二十两（四十），三十两（五十），四十两（杖六十），五十两（七十），六十两（八十），七十两（九十），八十两（一百），一百两（杖六十徒一年），二百两（杖七十徒一年半），三百两（杖八十徒两年），四百两（杖九十徒二年半），五百两（罪止杖一百徒三年）。

六赃而外，又有挪移出纳一项，虽非监守自盗，亦有应得之罪。律系计赃，准监守自盗论，罪止满流，例则分别五千两以下者照律拟杂犯，五千两以上者实流三千里，一万两以上发近边充军，二万两以上斩监候，仍勒限一年、二年、三年追完，分别减免。

犯罪自首

律文：凡犯罪未发而自首者，免其罪，（若有赃者，其罪虽免）犹征正赃。（谓如枉法、不枉法赃，征入官。用强生事，逼取诈欺，科敛求索之类及强、窃盗赃，征给主。）其轻罪虽发，因首重罪者，免其重罪。（谓如窃盗事发，自首又曾私铸铜钱，得免铸钱之罪，止科窃盗罪。）若因问被告之事，而别言余罪者，亦如（上科）之（止科见问罪名，免其余罪，谓因犯私盐事发被问，不加拷汛，又自别言曾窃盗牛、又曾诈欺人财物，止科私盐之罪，余罪俱得免之类）。

其（犯人虽不自首）遣人代首，若于法得相容隐者（之亲属）为（之）首及（彼此讦发，互）相告言，各听如罪人身自首法（皆得免罪，其遣人代首者，谓如甲犯罪，遣乙代首，不限亲疏，亦同自首免罪。若于法得兼容隐者为首，谓同居及大功以上亲，若奴婢、雇工人为家长首及相告言者，皆与罪人同得免罪。卑幼告言尊长，尊长依自首律免罪，卑幼依干犯名义律科断）。若自首不实及不尽者，（重情首作轻情，多赃首作少赃）以不实不尽之罪罪之；（自首赃数不尽者，止计不尽者科之），至死者，听减一等。其知人欲告及逃（如逃避山泽之类）、叛（是叛去本国之类）而自首者，减罪二等坐之。其逃叛者，虽不自首，能还归本所者，减罪二等。

其损伤于人（因犯杀伤于人而自首者，得免所因之罪，仍从本杀伤法。本过失者，听从本法，损伤）于物不可赔偿（谓如弃毁印信、官文书、应禁兵器及禁书之类，私家既不合有，是不可偿之物，不准首。若本物见在，首者听同前法免罪）。事发在逃（已被囚禁越狱在逃者，虽不得首所犯之罪，但既出首，得减逃走之罪二等，正罪不减。若逃在未经到官之先者，本无加罪，仍得减本罪二等），若私越度关及奸者，并不在自首之律。

若强、窃盗，诈欺取人财物而于事主处首服，及受人枉法、不枉法赃，悔过回付还主者，与经官司自首同，皆得免罪。若知人欲告，而于财主处首还者，亦得减罪二等。其强、窃盗若能捕获同伴解官者，亦得免罪，又依常人一体给赏。（强、窃盗自首免罪后再犯者，不准首。）

按：此乃《明律》，国初及乾隆五年增入小注，大致与《唐律》相同而稍有增删，《唐律》私习天文者亦在不准首之列，现律删去此句，其末后一段，《唐律》谓之盗、诈取人财物，另列一门，现律合为一篇。自首者将己身所犯之罪自作词状而首告于官，必在事未发觉、人未到官之先，方见悔过畏法出于本心，故律准免罪，所以重改过也。然情必实，赃必尽，事必不由人告发，方得全免其罪。若稍有不实、不尽及知人欲告而首，均不全免其罪。即全免其罪者，犹必追取其赃以给主还官。通篇分为四节：首、二节言犯罪准自首，所以开人自新之路，三节分别不准免，所以绝人倖免之心，末节推广自首之法，使人知免于罪，而获同伴者既免本身之罪，仍赏获盗之功，弭盗微权并寓于是。此为律文最长之篇，意思委曲详尽，而文法仍简老该括，其中一句一字均有精义，读者宜详味之。至于现行条例有足补律未备及与律互相发明者，如律云大功以上亲首告得免其罪，例又补出小功缌麻一项，如小功缌麻亲首告，正犯虽不得全免，其罪得减本罪三等，无服之亲首告减一等，其谋反叛逆未行而亲属首告，正犯同自首律免罪，若已行者，正犯不免，其余缘坐人俱免。又律云知人欲告而首，减罪二等，例又补出闻拿投首之犯于本罪上减一等科断云云，诚以闻拿投首与知人欲告而首，虽均无悔罪之真心，而情节稍有缓急之分，故此准减一等，彼准减二等也。又律云逃叛而首得减二等，例又有被掳从贼、不忘故土乘间来归免罪之条，盖以被掳从贼与有心逃走不同，故全免其罪，不仅如律得从末减也。又如律云越狱在逃者不免本罪，仅免逃罪，例又补出越狱半年投首者仍照原拟罪名，如同伙越狱有一人于限内投首供出同伙于半年内尽行拿获者,减原罪一等。又监犯因变逸出投归者,除反逆外,余但减原罪一等,拿获者不减云云,盖因变而逸,与自行越狱不同,故此得减等而彼仍不免也。又诱拐之案,已被奸污者不准自首,若未被奸污分别到案远近减一等、减二等拟罪。至于强盗自首,律本从轻,悔过还主者免罪,知人欲告而于财主处首还者减二等,捕获同伴者又准给赏,现例从严,立有专条,除杀人放火、奸人妻女、殴事主折伤以上不准免外,其未伤人并伤轻平复之强盗,以事未发而自首与闻拿投首分别量减。又伙盗指获同伴者,以五日内外拿获分别量减。近来例外又有伙盗共获首盗及首盗伙盗供获伙盗于四个月内拿获分别减等章程,皆较律文加严,而其中区分亦过于烦琐,远不如律文之简易可行。惟《功令》所垂,现俱遵照办理,学者须将律与例异同之处并例与章程轻重之别苦心分明,考其沿革之原,察其创制之意,临事方有把握,不致无所依据,授人指驳之具。再,自首之法,外国亦设此例。《日本刑法》,凡犯罪,除谋故杀外,于事未发觉以前首官者减一等,犯财产罪自首而还给赃物、赔偿损害者,于自首减等外仍照本刑减二等,其偿还不及全数而在半数以上者减一等。又犯财产罪而向被害人首者,与首于官同,此与中律大意相同而办法略异。损伤于人者不准首,此则除谋故杀外均准首,可见斗杀、斗伤、奸罪均准首矣,此较中律界限为宽。而中律事未发觉,首者全免其罪,此则仅减一等、二等,又较中律稍严。再,中律必给还赃物方准自首免减,若赃物未追偿即不准首,此则全偿赃物者通减三等,还半者减二等,可见未偿还而首者仍准减一等矣,此又较中律为宽。总之,刑法因时因地因人而异,一国有一国之风俗,法制即因此而立,或宽或严,其中各有作用,无论殷监于夏,周监于殷,秦汉唐明各有损益,不能强同,现在之例如直奉川陕亦各有专条,不能尽合,况乎五洲之大,地隔数万里,人分数十类,风俗嗜好种种殊异,而醉心欧化,辄欲吐弃中国一切法律,尽改换面目以效他人,不但削足就屦,未适于用,即揆诸言,称先职乐操土风之道,毋乃非仁人君子之用心乎?愿我学友深表同情,共保国粹,或者障百川而回狂澜,于世道人心不无小补也夫!

二罪俱发以重论

律文:凡二罪以上俱发,以重者论。罪各等者,从一科断。若一罪先发已经论决,余罪后发,其轻若等,勿论。重者,更论之,通计前(所论决之)罪,以充后(发之)数。(谓如二次犯窃,一次先发,计赃一十两,该杖七十;一次后发,计赃四十两,该杖一百,合贴杖三十。如有禄人节次受人枉法赃四十两,内二十两先发,已杖六十、徒一年;二十两后发,合并取前赃通计四十两,更科全罪徒三年。不枉法赃及坐赃,不通计全科。)其应(赃)入官(物)、赔偿、(盗)刺字、(官)罢职罪止者,(罪虽勿论,或重科,或从一,仍)各尽本法。(谓一人犯数罪,如枉法、不枉法赃,合入官;毁伤器物,合赔做;窃盗,合刺字;职官私罪杖一百以上,合罢职;无禄人不枉法赃一百二十两以上,罪止杖一百流三千里之类,各尽本法拟断。)

按:此仍《明律》,国初添入小注,乾隆五年删改,盖拟断数罪俱发之通例也。与前徒流人又犯罪不同,彼谓一罪已决而日后又犯,此谓平时曾犯数罪或一时俱发,或先后并发,一曰又犯,一曰俱发,“犯”字“发”字用义各别,故彼则重科后犯,此则通计前罪也。盖罪不再科,既不失于严,仍尽本法,又不流于纵,此正用法之权衡。然其中亦有涉于轻纵致滋流弊者,如人命之案,一命与数命同一拟罪,并不加重,岂不启凶徒多杀之机,是以此外又有杀一家三人加重之律,而例内斗杀三命及杀一家二命均拟加重。又,人命案件律不应抵罪止军流徒之犯如至三命以上俱按人数以次递加,罪止发遣新疆为止,至过失杀数命者按死者名数各追银十二两四钱二分给各亲属云云,此皆变通律法而补律所未备,须彼此合参方无挂漏之弊。

又按:此律虽本《唐律》原文,而较《唐律》为轻,《唐律》此外尚有以赃致罪者累科,若罪法不等,以重赃并满、轻赃各倍论之语,倍者谓二尺为一尺,如三处受绢一十八疋,倍为九疋件科断。现律删去此层,是止有从一从重之法,而无累科之法,殊失古意。考之日本现行法,所载一罪先发,已经论决,余罪后发,其轻或相等者不论,其重者更论之,以先发之刑通算,后发之刑但没收、征偿、处分各从本法云云,不但与中律用意相合而文法亦复相同,当是采用唐明律意而仍其原文者,但《改正刑法草案》已变其宗旨,谓从一处断之规是犯一数与犯数罪受刑相同,自犯人计之,犯一罪不若犯数罪之利益矣。刑法之目的本为预防犯罪,而此法却有奖励犯罪之趋向,是与刑法之本旨相背矣。复采《德意志刑法》并科主义,除死罪及无期惩役、禁锢不科他刑外,余俱于并合罪中加其刑期之半,盖其改正之法虽较现行律从严,实与《唐律》用意吻合,且切中近今情弊,附记于此以备参考,即此可见外国立法不惮再四推勘,精益求精,其所长人者在此,其可取法者亦在此,独怪新学之家仅于文法名词之间袭其皮毛,讵非买椟还珠乎?

犯罪共逃

律文:凡犯罪共逃亡,其轻罪囚能捕获重罪囚而首告,及轻重罪相等但获一半以上首告者,皆免罪。(以上指自犯者言,谓同犯私事发,或各犯罪事发而共逃者,若流罪囚能捕死罪囚,徒罪囚能捕流罪囚首告。又如五人共犯罪在逃,内一人能捕二人而首告之类,皆得免罪。若损伤人及奸者不免,仍依常法。)其因(他)人犯罪连累致罪而(正犯)罪人自死者,(连累人)听减本罪二等。(以下指因人连累而言,谓因别人犯罪连累以得罪者,如藏匿引送资给罪人,及保勘供证不实,或失觉察关防、钤束听使之类,其罪人非被刑杀而自死者,又听减罪二等。)若罪人自首告(得免)及遇赦原免,或蒙特恩减罪、收赎者,(连累人)亦准罪人原免减等赎罪法。(谓因罪人连累以得罪,若罪人在后自首告,或遇恩赦全免,或蒙特恩减一等、二等,或罚赎之类,被累人本罪亦各依法全免,减等,收赎。)

按:此仍《明律》,其小注系乾隆五年修改,与《唐律》大致相同,盖即古者以功赎罪之义。前自首律内犯在逃者,不准首免。此又推广在逃之囚有捕首逃亡者,亦准免罪也。分二节看,上是自犯罪者,下是因人连累致罪者。自犯罪者既能服罪,又能除恶,故得全免。因人连累者,一则正犯既死,则首恶已除,一则首恶既恕,则余可矜悯,故得分别减免收赎也。但必轻罪捕获重罪及罪相等者捕获一半以上方准免罪,若捕获不及一半及重罪捕获轻罪,律无明文,应同损伤于人及奸者不免本罪,得免在逃之罪,盖于赏功之中仍防倖免之弊,此与自首门内捕获同伴解官相同,而彼兼给赏此仅免罪者,彼尚未到官原无在逃之罪,此已被禁兼有在逃之罪,故彼给赏而此止免罪也。律文细若毫发,参观详绎,方知字字均有精义,不但文法奥妙也。

同僚犯公罪

律文:凡同僚犯公罪者(谓同僚官吏连署文案,判断公事差错,而无私曲者),并以吏典为首,首领官减吏典一等,佐贰官减首领官一等,长官减佐贰官一等。(官内如有缺员,亦依四等递减科罪。本衙门所设官吏无四等者,止准见设员数递减。)若同僚官一人有私,自依故出入人罪(私罪)论,其余不知情者,止依失出入人罪(公罪)论。(谓如同僚联署文案官吏五人,若一人有私,自依故出入人罪论,其余四人虽联署文案,不知有私者,止依失出入人罪论,仍依四等递减科罪。)

若（下司）申上司，（事有差误，上司）不觉失错准行者，各递减下司官吏罪二等。（谓如县申州，州申府，府申布政司之类。）若上司行下，（事有差误，而）所属依错施行者，各递减上司官吏罪三等。（谓如布政司行府，府行州，州行县之类。）亦各以吏典为首。（首领、佐贰、长官，依上减之。）

按：此仍《明律》，其小注系国初修改，与《唐律》大致相同而稍有删易。《唐律》亦分四等，各以所由为首，与现律统以吏典为首者不同，盖言同官犯罪，其轻重各有差等也。公罪即下"失出入人罪"之类，分两节看，首节言同僚共犯，以吏典、首领、佐贰、长官分为四等递减科罪，官内如有缺员，亦以四等递减，其本衙门所设官吏无四等者，只准见设员数递减，若同僚四人连署文案内中一人有私，故出入人罪，其余三人不知有私，则一人以故出入人罪论，余俱以失出入论罪，仍依上递减。如失出应减五等，吏典为首减以五等，以次递减，至长官则应减八等也。后节言下司申上司，止减二等，而下司得减三等者，盖上临下得以专制，故议罪稍重，所以责上司之怠忽，而下奉上难以拒违，故议罪略轻，所以原下司之受制也。各递减云者，所谓官减官而吏减吏，如县吏为首，州吏减县吏二等，府吏减州吏二等，通减四等，司吏又减府吏二等，通减六等之类。官亦类是，递者依次挨推，各者彼此分承，一竖一横，用意各殊，故上节止是递减之法而下节加一各字，则大有区别，律法之细如此，读者不可忽过。

公事失错

律文：凡（官吏）公事失错，自觉举者免罪；其同僚官吏同署文案，法应连坐者，一人自觉举，余人皆免罪。（谓缘公事致罪而无私曲者，事若未发露，但同僚判署文案，官吏一人能检举改正者，彼此俱无罪责。）

其断罪失错（于人）已行论决者，（仍从失入人罪论，）不用此律。（谓死罪及笞杖已决讫，流罪已至配所，徒罪已应役，此等并为已行论决。官司虽自检举，皆不免罪，各依失入人罪律减三等，及官吏等级递减科之，故云不用此律。其失出人罪，虽已决放，若未发露，能自检举贴断者，皆得免其失错之罪。）其官文书稽程（罪）应连坐者，一人自觉举，余人亦免罪。（承行）主典（之吏）不免。（谓文案，小事五日程；中事，十日程；大事，二十日程；此外，不了是名稽程。罪人自检举者，并得全免。惟当该吏典不免。）若主典自举者，并减二等。（谓当该吏典自检举者，皆得减罪二等，余全免。）

按:此仍《明律》,其小注系国初修改,文义一本《唐律》而字法稍有改易,盖承上条而言同僚犯公罪,虽共有处分而能检举即得免罪,即上条自首免罪之意,同僚一人检举,余人俱免,亦即上条亲属代首之意,彼以情当相隐,此以义当相纠,故同得免罪也。若失错论决,则死者不可复生,刑者不可反挽,犹上条损伤于人不可赔偿之意,故不准免,仍科以失入之罪,若失于出者,或其人脱逃不能贴断,仍难免罪。若放决之后,检举贴断,则事可挽回,故注云准其免罪,所以补律之未备也。至文书稽程觉举,主典不免罪者,以承行文书是其专责,而稽程之罪亦多由于主典,若概免罪,是开怠忽之门矣,故止减二等坐之,而官仍得免,是亦严于吏而宽于官之意。

共犯罪分首从

律文:凡共犯罪者,以(先)造意一人为首,(依律断拟)随从者,减一等。

若一家人共犯,止坐尊长。若尊长年八十以上及笃疾,归罪于共犯罪以次尊长。(如无以次尊长,方坐卑幼。谓如尊长与卑幼共犯罪,不论造意,独坐尊长,卑幼无罪,以尊长有专制之义也。如尊长年八十以上及笃疾,于例不坐罪,即以共犯罪次长者当罪。又如妇人尊长与男夫卑幼同犯,虽妇人为首,仍独坐男夫。)侵损于人者,以凡人首从论。(造意为首,随从为从。侵谓窃盗官物,损谓斗殴杀伤之类,如父子合家同犯,并依凡人首从之法,为其侵损于人,是以不独坐尊长。)若共犯罪而首从本罪各别者,各依本律首从论。(仍以一人坐以首罪,余人坐以从罪,谓如甲引他人共殴亲兄,甲依弟殴兄,杖九十、徒二年半,他人依凡人斗殴论,笞二十。又如卑幼引外人盗己家财物一十两,卑幼以私擅用财加二等笞四十,外人依凡盗从论,杖六十之类。)

若本条言皆者,罪无首从,不言皆者,依首从法。其(同)犯擅入皇城宫殿等门及(同)私越度关,若(同)避役在逃及(同)犯奸者,(律虽不言皆)亦无首从。(谓各自身犯,是以亦无首从,皆以正犯科罪。)

按:此仍《明律》,其小注系国初及乾隆五年修改,大致与《唐律》相同而稍有删节,《唐律》分作两条,此合为一。《唐律》强盗及略人者亦无首从,若共监临主守为犯,虽造意仍以监主为首,凡人以常从论。现律删此数语,未免阙略,盖此律之意详言断罪首从各有不同也。造意为首,随从共谋之人为从,此法之常也。然有不可概论者,如一家共犯,虽系卑幼造意,而尊长有专制之责,不可以常法首从论,应以尊长,或以次尊长为首矣。小注所谓罪坐男夫,又推广律文所未尽,盖妇人虽系尊长,而不能在外专制，故独坐男夫之卑幼者，则不可以尊长为首也。然此就户婚、田土等事而言，若侵损于人，如盗窃殴伤之类，不论尊幼长幼，仍以造意为首，随从者为从，则又不拘一家共犯罪坐尊长之法也。如一家同他人犯罪，各有本条应得罪名者，或轻或重，各依本律，往往有首犯之罪反轻于从犯而从犯反重于首犯者，此又特别之法，非首从之常例所可拘也。至于律言皆者，无首从不言皆者依首从法，本属律之通例，然亦有律不言皆而仍无首从者，如擅入皇城、越关、犯奸等项，此又出乎通例之外，不可以常律论矣。总之，律者有定而无定，无定而有定，详绎此条文义，往复回环，层层衔接，笔笔转换，百余字中具有千变万化之观，非特义蕴宏深，即以文章论，亦当与《史》《汉》并传，非魏晋以下所可及矣。当此欧学醉人、国文堕落之会，此等文字实为国粹攸寄，学者作律文读可也，即作古文论亦无不可也。

再，律言损伤于人，以凡人首从论，例又补出一家共犯奸盗杀伤等案，如子弟起意而父兄同行助势，仍于为从本罪上加一等，不得引用为从字样。又律文造意为首而同谋共殴杀人之案，则以下手伤重者抵命，原谋减一等，此皆补律之未尽，不能以常律拘者。又例载妇人犯罪，罪坐夫男。若夫男不知情及无夫男者，仍坐本妇云云，与此律小注互相发明，但彼曰夫男，此曰男夫，颠倒之下用意即大不同。男夫犹言男子也，夫男者二人之称，男夫者一人之称，即此一端可见律文字法之细，而国文之精妙不可及处亦在于是，自此以后，斯道如《广陵散》矣。

再者，首从之法，外国刑法亦有此说，而范围不同。如日本之法，二人以上共同实行犯罪者皆为正犯，教唆犯罪者亦为正犯，知人犯罪而给与器具，或诱导、指示帮助正犯者为从犯，减正犯刑一等云云，推其治罪之法与中律同而办法迥异，中律数人共犯，只以一人为首，除律言皆者无首从外，此外从无一案办数人为首之法，彼以二人以上皆为正犯，则是一案中有无数首犯矣。又，中律教唆者虽与正犯同罪，至死减一等，仍以从论，彼以教唆犯罪者为正犯，与中律至死减等者异矣。至于为从之法，中律凡同行犯罪除造意一人为首外，其余均为从犯，至于给予器物或诱导指示之人若未同行，中律并不以为从论，彼概以此等各项为从，亦较中律为严。总之，中国刑法斩绞错出，罪名虽重而办法实宽，日本刑法有绞无斩，罪名虽轻而办法甚严，且中律死刑虽多于外国，而外国生刑实重于中国，若概谓中刑重而外刑轻，是犹皮相之见耳！此皆读律者所当知也，故附及之。

犯罪事发在逃

律文：凡二人共犯罪而有一人在逃，现获者称逃者为首，更无（人）证佐，则（但据其所称）决其从罪。后获逃者称前（获之）人为首，鞫问是实，还（将前人）依首论，通计前（决之）罪，以充后（问之）数。若犯罪事发而在逃者，众证明白，（或系为首，或系为从）即同狱成，（将来照提到官，止以原招决之）不须对问。（仍加逃罪二等，逃在未经到官之先者，不坐。）

按：此仍《明律》，乾隆五年增添小注，上段原本《唐律》而略为删减，下“众证明白即同狱成”一段，《唐律》不载，全系明代所纂，本律之义盖承上条而分别在逃与现获者办理之法也。上条言共犯罪分首从，此言共犯中有在逃者，先定现获人首从之法。证佐谓亲见亲闻之人及现获赃物可以为证者，前段言更无证佐，后段言众证明白，可见证佐二字是两段关键之处。上段言别无证佐，若止据见获而悬坐为首，恐后日难以复改，故不嫌于少宽。下段言众证已明，若不同狱成而停囚对待，恐日久或多避脱，故又不嫌于果决。总是罪疑惟轻、不准迁延之意，律言先决罪，例又补出监候待质之法。律文无证佐者先决从罪，例则必众供确凿指证有据方准先决从罪，若无事主尸亲证佐指认其现获之犯，除斩绞死罪无庸监候待质外，余俱按例拟罪监候待质。若正犯日久无获，即将待质之犯分别发配保释，内中惟强盗人犯不应宽释，其余人命等案原拟遣军流罪已过十年、徒罪已过五年、杖罪已过三年未定罪名之人，已过二年者遣军流即行发配，杖罪与未定罪之人取保释放，俟缉获正犯再行质审云云，此变通律意而为问案者开一方便之门，虽非古法，然近来俱照此例办理，而律文反成虚设矣。长安薛氏称为刑典中为一大关键，洵为过来人语。再，监候待质而外，又有咨部展限一节更拖累无穷，监候待质业已拟定罪名年限，满日尚可出狱，展限之犯未定罪名，证佐一日未到，犯人常此羁禁，势必瘐毙后已。近来虽有遇赦查办之法，然例内不载，办理诸多参差，此亦断狱中一大弊政，故附记之。

又律云：事发在逃者，众证明白即同狱成，现例又补出未逃办法，必须取有输服供词，毋得节引众证明白即同狱成之律，如有实在刁健不招者，徒罪以上仍具众证情状奏请定夺，笞杖以下分别奏咨完结云云，虽系慎重之意，但与律意不符，此律据证定罪，犯在逃者尚可定拟完结，其未逃者即可以此类推，若舍律遵例，必取输服供词，则是众证不足为据，而酷刑拷掠畏罪诬服之弊从此生矣。《唐律》云：若赃状露验，理不可疑，虽不承引即据状断之。《疏议》谓计赃者现获真赃，杀人者验得实状也，此律“众证明白即同狱成”之论即本于此。现查东西各国虑囚之法，均系重证而不重供，深得唐明律意。长安薛氏谓案情以众证为凭，固已十得八九，舍众证而信犯供，供亦未可尽信，亦是此意，是以上年修年大臣议覆江广总督变法折内，奏请嗣后断案，除死罪须取输服供词外，徒流以下本犯狡不承认，果系众证确凿，即按律定拟，本年奏定《民刑诉讼法》第七十五条亦有被告如无自认供词，而众证明白确凿无疑，即将被告按律定拟云云，可见据证定罪之法，古今中外同此机括，而现例必取输服供词一节，刻下虽尚通行，日久必在所废矣，此亦刑典中一大关键，附录于后，以备参考。

再，律注加逃罪二等，逃在未经到官之先者不加，可见逃罪之加与不加总以是否到官为断，而现例则有人命重案脱逃二三年后就获应监候者改为立决一条，共分六十八项，则是不论是否到官，但脱逃逾二三年者即按例加重办法较律加严矣。凡律法罪至死者无可复加，此由监候加为立决，亦为特别之例，与通例不合，当以此法比较外国，更有大相反对者。查《日本刑法》有“期满免除”一节：凡死罪脱逃过三十年，无期徒流过二十五年，有期徒流过二十年，重惩役禁狱过十五年，轻惩役禁狱过十年，禁锢罚金过七年，拘留科过一年者，均免其刑云云。其办法与中律大不相同，中律脱逃年限愈多，拿获时治罪愈重，日本法脱逃多年者，拿获不但不为加重，反为全免其刑，一是恶其倖稽显戮，不容再为轻纵，一是因其犯事年久，证据湮没，被害之人渐忘其仇，且日久再未续犯，或本人已有改悔之意，故从宽免除其罪，二者各有命意，未可厚非，但较其利弊，中例加重之法固涉刻苛而日法免除一节更觉弊多利少，大凡越狱脱逃，多系强悍梗顽之徒，而安分守法之人罕有其事，今未脱者照例治罪，而已逃者日久免除，是安分守法者不得稍从宽宥，而强梗不率之徒反得逍遥法外，卒免重戮，不但非法之平，而立法之意反有纵之使逃之机。现值去旧谋新之时，应有折中採择之法，若一律舍己从人，诚恐诸多窒碍，而此律其尤甚者耳，似宜删去。现例二三年后被获加重或脱逃加二等治罪之条，无论到官未到官，凡犯罪脱逃后拿获者，不分年月久近，均照原拟定罪，既不须加重，亦未便免除，似得情法之中，附记于此，以备修律采择。诸学友不乏识时通律之人，未知以此论为然否？

亲属相为容隐

律文：凡同居，（同谓同财共居亲圃，不限籍之同具，虽无服者亦是）若大功以上亲(谓另居大功以上亲属,系服重)及外祖父母、外孙、妻之父母、女婿,若孙之妇、夫之兄弟,及兄弟妻,(系恩重)有罪,(彼此得)相为容隐;奴婢、雇工人(义重)为家长隐者,皆勿论。(家长不得为奴婢、雇工人隐者,义当治其罪也。)若漏泄其事,及通报消息,致令罪人隐匿逃避者,(以其于法得相容隐)亦不坐。(谓有得兼容隐之亲属犯罪,官司追捕,因而漏泄其事,及暗地通报消息与罪人,使令隐避逃走,故亦不坐。)其小功以下相容隐,及漏泄其事者,减凡人三等,无服之亲减一等。(谓另居小功以下亲属。)若犯谋叛以上者,不用此律。(谓虽有服亲属,犯谋反、谋大逆、谋叛,但容隐不首者,依律科罪。故云不用此律。)

按:此仍《明律》,国初增添小注,大致与《唐律》相同而稍有修改。"妻之父母、女婿及无服之亲减一等"数语,《唐律》不载,均系明所增添,本律之义是寓情于法,使恩义不相妨也。凡人知情藏匿罪人及容隐漏泄、指引、给赀致罪人逃避者减罪人一等治罪,此则亲属容隐皆得免罪,所以重人伦厚风俗也。同居共财之亲属,情之最亲者也。大功以上之亲属,服之最重者也。外祖父母等服虽轻而情亲者也,至奴婢雇工于家长,则以恩义睽属,又不论同居另居,皆可为之容隐,家长不可为奴婢、雇工隐者,以义相临,当治其罪。《唐律》所谓部曲奴婢主不为隐,听为主隐是也。此皆指事未发觉之先而言,即事发之后官司拘捕而漏泄通报致令逃避者亦不坐罪。至于小功以下,恩义渐杀,有容隐者虽不全免其罪,然亦得分别减等,此皆权恩义之中而教人以亲睦之道,若谋反谋叛则大义灭亲,理当举发,又不得拘于此律矣。以上各节皆言亲属犯罪官司未经拘执入禁,故设此容隐之法,使得以恩掩义,若拘执到官,即当以义断恩,故刑律又有窃放囚徒,亲属与常人同科,即与囚金刃解脱,子孙奴雇止减狱卒一等治罪之条,两比合参,自知义各有当也。

再者,此律与干名犯义犯罪留养各律均系扶植纲纪、敦叙伦常之精义,刑罚之可弼教化者在此,中律之所以为国粹者亦在此,检查东西各国刑法均无此条,亦可知其好尚之所在矣!夫证父攘羊,群称为直,以方城汉水之名区,民望如岁之慈父,尚不解此道理,而何论于异俗异教之人乎?现奉明诏尊孔,此即孔教之精粹,而由父子推及亲属更为周密无遗,朱子以为天理人情之至,足见律义经义、法学理学,其道一而已矣。此外又有与律互相发明者,如奴婢可为家长隐系指奴婢在家或放出为良者而言,若将奴婢转卖与人则恩义已绝,当以凡论,不得援此律容隐矣。又女婿、妻父母得相容隐,若翁壻义绝如逐壻嫁女、纵女犯奸及以妻为妾、殴妻折伤之类,则亦不得容隐矣。又如亲属行强窃盗，其被盗之亲属得相告发，亦不在容隐之例。又亲属犯军流罪而逃回者，惟祖父子孙夫妻奴仆得相容隐，其余亲属均不得援引此律容隐。又此项亲属非但得相容隐也，若代为自首则有免罪之律，到官以后更有不许为证之律，详见各门，足资参考。

又，此律后又有一例，父为母杀，其子隐忍者分别拟杖，若母为父杀，其子准其依律容隐云云。又考之史鉴，东魏时颁《麟趾新例》有母杀其父，子不得告，告者死一条，时窦瑗上议，谓如有此事，可临时议罪，无庸豫制斯条云云，二者议论不同而此例现已删除，惟其事甚奇，录之以备参考。《唐律疏议》云：有五服内亲自相杀者，疏杀亲合告，亲杀疏不合告，亲疏等者，卑幼杀尊长得告，尊长杀卑幼不得告，其应相隐者，疏杀亲，义服杀正服，卑幼杀尊长，亦得论告，其不告者亦无罪云云，此皆伦常之变，律虽不设专条，然亦事所或有，备录于后，当亦研究律学者所愿闻也。

处决叛军

律文：凡边境（重地）城池，若有军人谋叛，守御官捕获到官，显迹证佐明白，鞫问招承，申报督抚提镇审问无冤，即依律处治，具由奏闻。如在军前（有谋叛，能）临阵擒杀者，（事既显明，机系呼吸）不在此（委审公审之）限。（事后亦须奏闻。）

按：此仍《大明律》，国朝[初]及雍正三年修改，原系鞫问承招行移都指挥司委官审问无冤，依律处治，具由申达五军都督府奏闻，若有布政司、按察司处公同审问处治，此改为申报督抚提镇审问，无冤依律处法，具由奏闻，以本朝权归督抚统辖文武，武职并无指挥司、都督府等官，而文职布按二司亦归督抚节制，官制不同，故办法稍异。此外又有吏卒犯死罪并杀害军人及在京犯罪军民三条，凡各衙门吏典禁子有犯死罪，从各衙门长官鞫问，不须禀申，依律处决，死后申报上司转达刑部。又，杀死军人者依律处死，仍将正犯人余丁抵数充军。又，在京军民若共犯杖八十以上者，军发外卫充军，民发别郡为民云云。本朝军民无甚分别，犯罪一同问拟，吏典虽有加等治罪之例，而死罪亦不区分，故现律删去前后三条，止留此处决叛军一条，其实此条现亦虚设，近来督抚权重，动即就地正法，而依律处治具由奏闻者盖寥寥矣。此律之意盖言边城重地，当用军法以申国法也，边方军叛事系安危，机贵神速，若待请命而后处治，恐有外援内应，迟留生变，故即依律处治，具由奏闻，所谓先斩后奏，不必如寻常之命盗重案，必待奏请、交议、核准，然后行刑，亦须委审覆审，招承无冤方可处治者，恐有擅杀也。至军前对敌，如有谋叛之人，机系呼吸，更宜迅速擒杀，则可不拘委审公审之限，然亦必事后奏闻，防其滥杀也。均系慎重人命之意，东西各国普通刑法而外，另有陆海军刑法别于普通刑法，亦较普通法稍严，中国虽有《兵律》而简略不完，且夹杂普通律内，未有专书，似属缺点，现在陆海军设立专部，应即仿照修订，俾昭完备，是亦整军经武之要旨也。

化外人有犯

律文：凡化外（来降）人犯罪者，并依律拟断。隶理藩院者，仍照原定《蒙古例》。

按：此仍《明律》，国初及雍正三年增修添入隶理藩院者，照《蒙古例》一层，《唐律》系化外人相犯："凡化外人同类自相犯者，各依本俗法；异类相犯者，以法律论。"此律言化外之人既来归降，是即王民，若有犯罪，一律科断，不得另为问拟，所以示王者无外之意，而法令须昭平也，惟隶理藩院者如内外及青海各蒙古部落风俗不同，嗜欲不通，若照口内地方一律问拟，未免窒碍实多，是以另设《蒙古条例》以示因地制宜之意。但律只浑言照《蒙古例》办理，例则条分缕析，如蒙古与民人交涉之案，地方官与旗员会讯，如蒙古在内地犯事者，照刑律办理，民人在蒙古地方犯事者照《蒙古例》办理。又，蒙古地方抢劫案件俱系蒙古人，专用《蒙古例》，俱系民人专用刑律。如蒙古与民人伙抢，核其罪名，《蒙古例》重者俱照《蒙古例》，刑律重者俱照刑律。又热河地方抢案，如事主系蒙古人，不论贼犯是蒙古是民人，专用《蒙古例》；事主是民人，不论贼犯是蒙古是民人，专用刑律。倘有同时并发之案，事主一系蒙古，一系民人，即计所失之赃，蒙古所失赃重照《蒙古例》，民人所失赃重照刑律。又蒙古案件送刑部审理者，理藩院须派通晓蒙语一员赴部公同会审，仍分别内地蒙古及外藩蒙古，依律及《蒙古例》科断云云。此皆补律所未备，宜并研究。再，化外人所包甚广，本门止言蒙古一项，此外苗族土蛮各种均属化外之人，犯罪有照此律一体拟断者，亦有独设专条者，散见各门参差不齐，必须参合比较，临事方免歧误。兹将散见各门条例附录于左：

一，土蛮猺獞有犯雠杀劫虏凶惨已甚者，死罪正法，家口迁徙六百里外安插。如犯军流，本犯折枷，同家口一并迁徙。其凶恶未甚，初犯枷责，姑免迁徙。该头目犯法必须根究，引诱之人照诱人犯法律加等治罪。

一，云贵苗人犯该徒流军遣，仍照例折枷。其情节较重，或再犯者折枷后同其家口一并迁徙。至苗人有薙发、衣冠与民人同者有犯，悉照民例治罪。

一，苗疆地方有民人捏称土苗，犯罪希图折枷免徙者，除照本律治罪外，加枷号一月。以上见《名例·徒流迁徙地方门》。

一，土官土人私出外省，土官革职，土人拟杖八十。如在外为匪，除死罪外，徒罪以上不分首从充军，照例枷责，同家口一并迁徙。见《兵律·私越冒渡门》。

一，苗猓蛮户带刀出入及藏违禁等物者，照民间私有军器律治罪。一件杖八十，每件加一等，罪止满流。见《兵律·私藏军器门》。

一，苗人伏草捉人勒赎，初犯，为首斩监候，为从枷号三日。再犯，不分首从，俱斩立决。见《刑律·恐吓取财门》。

一，苗人犯死罪，按律治罪具题不准，外结亦不准，以牛马银两抵偿。一切苗人与苗人争讼，俱照《苗例》归结，不必绝以官法。见《刑律·断罪不当门》。

一，蒙古发内地驿站人犯脱逃，分别次数改调加枷。见《刑律·徒流人逃门》。

此外，如回民旗人犯罪，亦有特别之例，与民人多半不同，以其均非化外之人，故不录入此门。统观以上律例，足徵刑法因人因地而异，风俗不同，嗜好各殊，若概治以普通之法，必多扞格不入，非但中国立法如此，即考之泰西各国，如德之刑法，帝京柏林即与各联邦少异，英之伦敦三岛即与印度少异，俄之欧洲地方即与西比利亚少异，甚则各省自为一法，不必尽同。惟东瀛三岛地势狭小，现行刑法整齐划一，然新属之台湾，其治法亦有与本岛不同之处，此可见因利而利，以人治人，修其教不易其俗，齐其政不易其宜，法律所垂，悉本经传遗义，即外国法律日新月异，矜言改良，然亦不外此因地制宜之道，期于变通宜民而已。今日墨守旧法者无足论矣，而新学变法，则又尽弃所学，依样葫芦，不特离经背本，恐反为外国法学家所窃笑矣。总之，形下之器，我固不如彼巧，而形上之道，彼实不如我精。**法律之学固形而上者之道，非形而下之器也。中律义理精深，文词简奥，实足包含万象，彼法所刺刺不休、矜为创获者，皆我律所吐弃之、删除之而不屑载诸简册也，世有知律之士窃愿以此说证之。**

再者，此律所言化外人系指向化归附，地方已属于我，故可操纵由己。若列强并峙，势均力敌，彼此人民交涉相犯之案即不可骤以此律相加，然现在各强国逞其势力，均援此律之意悉使外国人民受其范围，其法惟德国最详，日本仿之，采入《改正刑法》，名为关国交罪，缘非此则主权不伸，不可列于同等之国，故刑法以此项冠于篇首，良有深意，中国各埠外国领事裁判有权，彼法可加我民，我法不能施于彼族，以致民人受负，酿成交涉，论其表面，均藉口中法严重不受约束，现拟改轻刑法，拒回各国领事治外法权，未知能否如愿以偿，拭目俟之。

本条别有罪名

律文：凡本条自有罪名，与名例罪不同者，依本条科断。若本条虽有罪名，其（心）有所规避罪重者，（又不限于本条）自从（所规避之）重（罪）论。其本应罪重，而犯时不知者，依凡人论；（谓如叔侄别处生长，素不相识，侄打叔伤，官司推问，始知是叔，止依凡人斗法。又如别处窃盗，偷得大祀神御之物。如此之类，并是犯时不知，止依凡论，同常盗之律。）本应轻者，听从本法。（谓如父不识子，殴打之后，方始得知，止依打子之法，不可以凡殴论。）

按：此仍《明律》，其小注顺治三年增修，与《唐律》大意相同，惟字句略有修改，盖惟断狱者明其引律之法也。《名例》虽为诸律纲领，而文义简要，不能尽为赅括，亦有自见于各条者，故本条自有罪名，即当依本条科断，不得拘用名例，如《名例》逃叛自首者减罪二等，而《兵律》官军在逃一百日内能自出官首告者免罪，此本条较《名例》为轻，则当用《兵律》也。又《名例》犯罪以造意为首，而《刑律》同谋共殴下手伤重者绞，原谋减一等，此本条与《名例》首从办法不同，则当用刑律之类是也。如本条虽有罪名而有规避求脱之情重于本罪，则当从重科断，又不拘于本律。如越府城者本罪杖一百，但因避窃盗赃重而逃，则当坐窃盗赃重之罪，不得仅论越城之轻罪。又如漏报文卷一宗，本罪笞二十，但因避侵欺库银而漏报，则当坐监守自盗之罪，不得仅论漏报轻罪之类是也。其本犯罪重而犯时不知，依凡人论，如叔侄别处生长，素不相识，侄打叔伤，官司推问，始知是叔，止依凡人斗法。又如别处窃得大祀神御之物，止依凡论，同常盗法之类是也。若本应轻罪而犯时不知，仍听从轻罪本法，如父子不识子，殴打之后方始得知，止依打子之法，不可以凡殴论之类是也。此皆权事情之轻重而务得其中，盖人之情伪百出，故律之权衡亦异，引律者必须知此活动之法而诛心定案，然后奸人乃无所逃于法矣。查《日本刑法》载有“刑法上无正条，而于他法律规则有刑名者，各从其法律规则。若于他法律别无总则者，从此刑法总则”云云，与中律用意相合，可见此系古今中外通行之法，读者更宜留意。

加减罪例

律文：凡称“加”者，就本罪上加重。（谓如人犯笞四十，加一等，即坐笞五十。或犯杖一百，加一等，则加徒减杖，即坐杖六十徒一年。或犯杖六十徒一年，加一等，即坐杖七十徒一年半。或犯杖一百徒三年，加一等，即坐杖一百流二千里。或犯杖一百流二千里，加一等，即坐杖一百流二千五百里之类。）称“减”者，就本罪上减轻。（谓如人犯笞五十，减一等，即坐笞四十。或犯杖六十徒一年，减一等，即坐杖一百。或犯杖一百徒三年，减一等，即坐杖九十徒二年半之类。）惟二死、三流，各同为一减。（二死谓绞、斩，三流谓流二千里、二千五百里、三千里，各同为一减，如犯死罪减一等，即坐流三千里；减二等，即坐徒三年。犯流三千里，减一等，亦坐徒三年。）加者，数满乃坐。（谓如赃加至四十两，纵至三十九两九钱九分，虽少一分，亦不得科四十两之罪之类。）又加罪止于杖一百流三千里，不得加至于死；本条加入死者，依本条。（加入绞者，不加至斩。）

按：此仍《明律》，其小注国初修改，亦即《唐律》原文，惟删去篇末数语耳。盖总括各律言加言减之通例也。二死三流各同一减者，二死不分绞斩，皆减满流。三流不分远近，皆减满徒。若至于徒，则依五徒年分逐层递减，不得同减为杖，杖罪亦由五等递减，不得同减为笞。盖死流罪重，故可同为一减，徒杖罪轻，必须层累而下，既不失之于刻，亦不失之于纵。至于加罪，由徒至死分作四等，而减罪止作二等者，显开宽厚之门而隐杜深刻之渐，圣王仁恤之怀毕露于斯。然亦有本条加入死罪者，如《刑律·斗殴门》奴婢殴家长缌麻亲至笃疾，妾殴夫及正妻至废疾者，皆得加入于绞，所谓本条自有罪名者依本条科之，不得以《名例》为拘。再，律文加罪止于满流，而例文又有由满流加军，由军加遣之法。律文二死一同减流，而例文又有由凌迟改为立决，由立决减为监候，由斩绞监候减遣减军之法，此皆变通律法，不得以律为拘也。又例载审拟罪名，除奉特旨发遣新疆外，其余军流徒杖人犯悉照本条律例问拟，不得用不足蔽辜、无以示惩、从重加等及加数等字样，擅拟改发新疆等处，或实在案情重大，罪浮于法，仍按本律例拟罪，均于疏内声明，恭候圣裁云云。盖律之不加于死，固系慎重人命之意，而例不准擅加发遣，尤见钦恤惟刑之心。近来督抚跋扈，凡参革职官，动辄发遣新疆，若不知有此例者，以至[致]良法仁政视同具文，是以上年二月经刑部奏请申明此例，凡官犯军流应改发新疆效力赎罪者，仍恭候钦定，其罪应革职及杖徒之犯，不准以不足蔽辜等词率请从重发遣新疆云云，经此次通行之后，此例或不至虚设矣。

再者，加减罪例，东西各国均有此法，而日本更为详备。日本之刑分违警罪、轻罪、重罪三等。违警罪，拘留科料之刑，止得由十日加至十二日，由二圆加至二圆四十钱，不得加入轻罪。轻罪禁锢之刑止得由五年加至七年，不得加入重罪。无论轻重罪，不得加入死刑。其减法，则死刑一减为无期徒流，无期徒流一减为有期徒流，有期徒流一减为重惩役、重禁狱，[重惩役]重禁狱一减为轻罪禁锢罚金之刑，禁锢、罚金之刑得递减为违警罪拘留科料之刑，而禁锢罚金应加应减者以本条所载刑期金额四分之一为一等，如应禁锢五年者，减一等只禁锢三年九个月，应罚金一百圆者减一等只罚七十五圆之类。《现行刑法》又改四分之一为二分之一，则更轻简。总皆减法从略，加法从详，易于减而难于加，与中律节目虽殊，要皆同此钦恤宽厚之意。诸君现习东法，故详释此节于后，以备参证。

称乘舆车驾

律文：凡（律中所）称“乘舆”、“车驾”及“御”者，（如御物、御膳所、御在所之类，自天子言之，而）太皇太后、皇太后、皇后并同。称“制”者，（自圣旨言之，而）太皇太后、皇太后、皇太子“令”并同。（有犯毁失制书、盗及诈为制书、擅入宫殿门之类，皆当一体科罪。）

按：此仍《明律》，顺治三年加入小注，雍正三年修改。上半与《唐律》同，下半称制一层，《唐律》太皇太后、皇太后、皇后、皇太子令减一等，此则并同。又，《唐律》称制有皇后一项，此则称乘舆车驾有皇后，而称制内无之，亦有深意，或者鉴唐时武后、韦后之专政而酿为乱阶，故稍抑其权而不使与天子同尊也。天子所临曰御，律称御者如擅入御膳所、御在所之类。天子所言曰制，律称制者，如制书有违之类。盖臣下事上，尊同则敬同。凡律称乘舆服御物之类，自天子言之，而太皇太后、皇太后至尊，皇后齐体，一并同论。如擅入御膳所绞监候，车驾行处，军民冲突仪仗者杂犯绞罪，而擅入三后住所及冲突三后仪仗者亦同上拟绞也。制书自天子言之，而太皇太后、皇太后懿旨、皇太子令旨并同，如有违制书者，杖一百。诈为制书者，斩监候，而违犯及诈为两宫、皇太子令旨亦同上拟杖拟斩也。

称期亲祖父母

律文：凡（律）称“期亲”及称“祖父母”者，曾、高同。称“孙”者，曾、元同。嫡孙承祖，与父母同。（缘坐者，各从祖孙本法。）其嫡母、继母、慈母、养母，（皆服三年丧，有犯）与亲母（律）同。（改嫁义绝及殴杀子孙，不与亲母同。）称“子”者，男女同。（缘坐者，女不同。）

按：此仍《明律》，其小注系顺治三年及乾隆五年增修。大致与《唐律》相同，惟删去《唐律》篇末数语耳。盖言亲属之情义相等者有犯，皆同科也。一年之丧曰期，如伯叔兄弟及在室之姊妹，至祖父母皆服期年，曾祖止服齐衰五月，高祖三月，虽无期年之服，而皆天亲伦理之重，有犯依期亲及祖父母，与其他五月、三月之服不同，如谋杀祖父母及期亲尊长皆凌迟处死，犯高曾者亦同。闻期亲尊长丧匿不举哀杖八十，高曾亦同之类是也。祖为嫡孙服期年，众孙大功，曾孙、元孙缌麻，服虽有降，然既统称曰孙，则曾高祖有犯曾元孙者，仍依祖孙本法，与其他缌麻服亦不同。如故杀亲孙者杖六十徒一年，故杀缌麻姪孙者绞监候。若高曾祖故杀曾元孙，则依亲孙拟徒，不依缌麻拟绞之类是也。至于长子死而嫡孙承重者，一切干犯祖父母则依犯父母律科断。惟缘坐之罪仍从祖孙本法，如犯交结近侍官员，其子当流，不得因子死而以承重孙代之也。若妾子谓正妻曰嫡母，母死、父后娶之妻曰继母，所生母死、父令他妾抚养曰慈母，自幼过房与人曰养母，此四者虽非亲母，然礼皆服三年之丧。若未改嫁及非殴杀子孙，其余一切有犯皆与亲母同论。惟亲母改嫁及被出者，其子降服期年，而嫡继慈养母改嫁被出，则无服。亲母殴杀子，杖一百，而嫡继慈养杀者加一等，致令绝嗣者绞监候。例又有嫡母、继母之分，如因奸杀子，嫡母拟绞监候，继母慈母拟斩监候，则较律注更细矣。凡称子者，包装男女而言，惟缘坐之罪，言子者专指男子，女不在缘坐之列也。盖律文断罪之例，本以服制分别轻重，惟此数项恩义名分至重，不以服制为拘，故设此专条以示变例。惟其间异中有同，同中又有异，须统小注读之，不可专执律文也。又养母一项，此律及服图均注三年之丧，道光四年经大学士、九卿奏明改为齐衰期服，与现在律注已有不同，亦所当知。

再者，服制一项，历代相传，虽少有变易，而大纲严正，乃中华国粹所存，西法诸多精细，惟此从略。《日本刑法》虽有亲属一条，亦与中律诸多不合，如谓高曾祖父母、外祖父母均称祖父母，继父母、嫡母均称父母，庶子、曾元孙、外孙均称子孙，异父异母之兄弟姐妹均称兄弟姊妹云云。夫高曾父母均称祖父母，继母、嫡母均称父母，庶子、曾元孙均称子孙，此尚与中律不差。若外祖父一项，虽较寻常小功服为重，中律有犯，比之期亲已觉尊严。若统与本宗祖父母并论，未免无外内之分矣。至于异父异母之兄弟姊妹，中律大有分别，异母之兄弟姊妹固可与同胞兄弟姊妹并论，若异父之兄弟姊妹，则系异姓，不同一宗，并无服制。中律虽有犯奸较凡加重之文，然究与同父兄弟[姊]妹轻重悬绝，彼则相提并论，不但无内外之别，并无同姓异姓之分矣。再彼法所称配偶者之兄弟姐妹之子，是即中国之妻姪也，配偶者之父母之兄弟，是即中国之叔岳也，在中律有亲无服，有犯均以凡论，而彼均列亲属之中，亦与中律不合。若以中学论之，殊觉骇人听闻矣。现在变法，诸倣东律，此等恐不易行。因论期亲之文而纵言及此，仍未脱平日守旧积习，恐不值新学高明家一噱也。

称与同罪

律文：凡（律）称"与同罪"者，（谓被累人与正犯同罪，其情轻）止坐其罪。（正犯）至死者，（同罪者）减一等，罪止杖一百流三千里。（正犯应刺，同罪者免刺，故曰）不在刺字、绞、斩之律。若受财故纵与同罪者，（其情重）全科。（至死者绞。）其故纵谋反、叛逆者，皆依本律斩、绞。凡称"同罪"者，至死减一等；称"罪同"者，至死不减等。称"准枉法论"、"准盗论"之类，（事相类，而情轻）但准其罪，亦罪止杖一百流三千里，并免刺字。称"以枉法论"及"以盗论"之类，（事相等而情并重）皆与正犯同，刺字、绞、斩皆依本律科断。（然所得同者律耳，若律外引例充军为民等项，则又不得而同焉。）

按：此仍《明律》，其小注系顺治三年、雍正三年增修。下二节与《唐律》大致相同，只添"刺字"二句。上节稍有变易。《唐律》：**称"与同罪"者，止坐其罪；死者，止绞而已。**今律罪止流三千里，又添受财故纵数语，则可见惟受财故纵一项，与同罪去始坐以绞，此外与同罪者均止于流，并无死罪，较《唐律》界限为宽。首节言称同罪与罪同之异。后二节言称准、称以之异。同罪者，此之所犯即照彼罪名科之，而犯罪之因则异。罪同者，谓推其过恶，情与相类，权其轻重，实与相等。同罪系被相累之人与正犯有别，故止坐其罪而不尽本法，如正犯系窃盗应刺字，同罪者止坐窃盗之罪而不刺字，正犯系斩绞之罪，同罪者减一等，止流三千里也。此皆指不受财言之。若正犯之罪应死，受其财而故纵，则又不拘罪止满流之例，亦与正犯同科死罪。但虽科死罪，仍止于绞，不坐以斩，此同罪之中有不同者如此也。其故纵谋反大逆者，又与寻常故纵不同，不问受财与否，则依本律坐以斩绞。虽非受财故纵而科斩绞之罪，此又故纵之中有不同者如此也。至于称准称以，读律八字分析已明，称准即同罪之义，称以即（同罪）[罪同]之义。盖律定在前，例增在后，凡引例者不得援《名例律》同论，故注曰：律外引例，又不得而同焉。此等精细文法，乃中学擅长之处，亦即国粹所存，读者宜细玩之。

称监临主守

律文：凡（律）称"监临"者，内外诸司统摄所属，有文案相关涉及（别处驻扎衙门带管兵粮水利之类）虽非所管百姓，但有事在手者即为监临。称"主守"者，（内外各衙门）该管文案吏典专主掌其事及守掌仓库、狱囚、杂物之类，官吏、库子、斗级、攒拦、禁子并为主守。其职虽非统属，但临时差遣管领提调者，亦是监临主守。

按：此仍《明律》，其小注系顺治三年增入。大意本之《唐律》而名色字句较为充畅完备。监临专指官言，主守兼官役言。库子掌库藏，斗级掌仓廒，攒谓攒典，拦谓巡拦，禁子，守狱囚之人。监临谓监察而临莅也，以上下统摄言。主守谓主掌而看守也，以经费责任言。监临之官分得自专，势可相制，统摄之权至重。主守之人收掌在己，出入自由，经管之责至重。文案相关涉，谓于所属下司有申呈劄帖文书往来之类。律内称监临者，如监临官吏盗钱粮及娶为事人妻女并中盐放债、嘱托求索、借贷财物之类。称主守者，如主守盗仓库、损坏财物及不觉失囚、故纵、教囚反异之类。以其事权财物在己，故犯罪较凡人为重。至于虽非统摄而既奉差遣，即有管领提调之责，则权势可行，亦是监临守掌其事，亦是主守。故上节是当[常]时之监临主守，下节是暂时之监临主守。东律虽无此项名目，而官吏不守法律规则，犯罪者亦较凡人加重，即是此意。

称日者以百刻

律文：凡（律）称"一日"者以百刻（犯罪违律，计数满乃坐）。计工者，从朝至暮（不以百刻为限）。称"一年"者，以三百六十日。（如秋粮违限，虽三百五十九日，亦不得为一年。）称"人年"者，以籍为定（谓称人年纪，以附籍年甲为准）。称"众"者，三人以上。称"谋"者，二人以上（谋状显迹明白者，虽一人同二人之法）。

按：此仍《明律》，亦即《唐律》原文。顺治三年增修小注。盖解律中称日称年称人之义，使断罪不致错误也。称日百刻，乃沿律之旧文，明历十二时，[每时]八刻，子、午二时十刻，合为一日百刻。今时宪书子午亦八刻，每日共九十六刻，与此稍有不同。计日论罪，如人命保辜之类，不满刻者不得以限满论。如初一日辰时伤人，保辜二十日者，必至二十一日辰时方为限外，卯时犹为限内也。至于计工，则夜无役理，止今朝作暮息，不得以刻为论。计年论者，如追赃缉盗之类，不满三百六十日，不得以限满论。小建之月，则增算遇闰之年，亦扣算也。计年论罪者，如老幼收赎、存留养亲之类，恐其增减捏报，故以附籍入册之年数为准。众者，人多之词，如聚众打夺、斗殴之类，不及三人不可谓众。谋者，共为之事，如同谋共殴、共谋为盗之类，若止一人，不可谓谋。惟谋杀律内，独谋诸心，虽一人亦称曰谋，故注云：同二人之法。律义如此，惟现在成案办法亦有不尽遵此者，如计算工料钱粮者，照律扣小建、增闰月。若限年承追承催之案，则今年二月初一日起至明年正月三十日即为一年限满，不照三百六十日计算。又丁忧俸银，俱不计闰，而徒犯著役及承审等项仍计闰月，亦不照三百六十日之律也。又嘉庆十六年上谕：凡以年定罪之案，如谋杀十岁幼孩及奸十二岁以下幼女之类，罪名出入甚巨，遇有此等，只应核其现在年岁为定。若照生年月日核算，恐犯供有心欺饰，反开官吏挪移高下之弊云云，皆足补律未备，当并参之。至于称年以籍，现在户籍淆乱，无可查究，办案并不依此。凡关犯人年岁者，只取具亲族邻里甘结，并不关查户籍，是亦变通办理之法。若日本刑期计算，凡称一日者，以二十四点钟计。称一月者，以三十日计。称年者从历云云。与中律小有参差，中律无称月一层，而现定《诉讼法》第七条：称时者，即时起算。称日者，二十四小钟。称月者，三十日。称年者，三百六十日。是称年仍遵用中律而称日称月则参用东律也。

称道士女冠

律文：凡（律）称"道士"、"女冠"者，僧、尼同。（如道士、女冠犯奸，加凡人罪二等，僧、尼亦然。）若于其受业师，与伯叔父母同。（如俗人骂伯叔父母，杖六十徒一年；道、冠、僧、尼骂师，罪同。受业师谓于寺观之内，亲承经教合为师主者。）其于弟子，与兄弟之子同。（如俗人殴杀兄弟之子，杖一百徒三年；道、冠、僧、尼殴杀弟子，同罪。）

按：此仍《明律》，其小注系顺治三年增修，亦即《唐律》原文，惟删去末节数语。

凡出家之人,教而兼养,衣钵相传,师弟之恩义最重。道士、女冠与僧尼虽不同,而皆系出家之人,故犯罪同论。如道士、女冠犯奸,加凡人罪二等,僧、尼亦然。犯受业师者,同伯叔父母,如俗人骂伯叔父母杖六十徒一年。道冠僧尼骂师亦然。其于弟子,与兄弟之子同。如俗人殴杀胞侄杖一百徒三年,道冠、僧尼殴杀弟子亦然。若同师僧道并无尊卑长幼之分,相犯者仍照常人论。此皆指亲承经教者而言。如未经受教,止依雇工人或乞养子孙论。又如年未四十,违例招徒,或避役或私自簪剃投拜者,皆系例应还俗之人,有犯均照凡人科断,不得援此为例。又例载弟子谋故殴杀殴伤业师者,业儒弟子照期亲卑幼论,道冠僧尼及匠人照大功卑幼论。如因弟子违犯教令以理殴责死者,儒师照期亲尊长拟徒,道冠僧尼及匠人照[大功]服尊长拟绞。若因奸盗别情谋杀弟子及挟嫌故杀弟子并持金刃非理殴杀弟子者,均照凡人拟罪云云,见《刑律·斗殴门》,与此律互相发明,足补律所未备,须合参之。外国并无簪剃之事,亦无道士女冠名目,故不设专律。

断罪依新颁律

律文:凡律自颁降日为始,若犯在以前者,并依新律拟断。(如事犯在未经定例之先,仍依律及已行之例定拟。其定例内有限以年月者,俱以限定年月为断。若例应轻者,照新律[例]遵行。)

按:此仍《明律》,乾隆五年添入小注,《唐律》无此一条,当系明代所纂,盖律设大法,历代不易,而斟酌损益,又必因时制宜,故事犯未经结案,即当依新颁之律科断,又得仍泥旧文。注云:新律轻者,照新律遵行,可见此言新颁之例较旧例为轻,故当从轻照新例科断。若新例重者,其犯在例前,仍当遵照旧例,不得拘泥此条仍以新律处断,致涉苛刻,此与犯罪未老疾律同一宽恤之意。又例载:律例颁布之后,问刑衙门敢有恣任喜怒引拟失当,或移情就例故入人罪,刻苛显著者,各依故失出入人罪论云云,与此律相辅而行,均系恐人拟罪游移不引本律,故律后明设条例以示警诫。又,《日本刑法》第三条云:法律不得及于颁布以前之犯罪,若所犯在颁布以前未经决判者,比照新旧法从轻处断云云,与中律用意正相符合,而文义亦极简明,当并参之。

断罪无正条

律文:凡律令该载不尽事理,若断罪无正条者,(援)引(他)律比附应加、应减定拟罪名，(申该上司)议定奏闻。若辄断决，致罪有出入，以故失论。

按：此仍《明律》，雍正三年删定，易"转达刑部"四字为"申该上司"，其小注系顺治三年增入。《唐律》亦有此目，而文稍不同。《唐律》云："**诸断罪而无正条，其应出罪者，则举重以明轻；其应入罪者，则举轻以明重**"云云，虽未明言比附而举此明彼即隐寓比附加减之意，盖天下之事变无穷而律例之所载有限，若不比照加减则高下出入无所准绳，故承审官临时裁酌，务祈平允，申该上司议定奏闻，不得以律无正条辄任一时之臆见迳自决断，致罪有出入也。又引用律例，如律内数事共一条，全引恐有不合者，许其指引所犯本罪，若一条只断一事，不得任意删减以致罪有出入。其律例无可引用，援引他条比附者，刑部会同三法司公同议定罪名，于疏内声明律无正条，今比照某律某例科断，或比照某律某例加一等、减一等科断，详细奏明，恭候谕旨遵行。如律例本有正条，承审官任意删减以致情罪不符及故意出入人罪，不行引用正条，比照别条以致可轻可重者，查出指明题参，书吏严拿治罪云云，较律文更为详晰，总系戒其深刻、示以慎重之意，凡有司法之责者均宜书绅。

再者，比附之法由来已久，《书》云"上下比附"，《礼》云"比以成之"，汉尚书有《决事比》，公府有《辞讼比》，《刑法志》云：比者，例也。三千之律不能尽天下之罪，不免上下以求其比，可见事变无穷，法制有限，全在比附酌量以适于中，故律后有"比引律条"一门，而刑部亦称为比部，即此意也。现在泰西各国刑法，惟《俄律》尚有比例一法，其余各国均无此例，日本采用法德二国刑制，凡法律上无正条者，无论何种所为不得处罚。现在修订《民刑诉讼法》第七十六条采用其意，亦有"律无正条，不论何项行为不得判为有罪"之语，此法若行，则此律即应议废。惟中国情形不同，比附一法恐不能骤除，现在外省亦有顶驳者，将来能否行之无弊，尚难预决也。

《名例》上下共四十六条，其上卷军籍有犯及流囚家属暨流犯在道会赦三条，前以现在变通军流办法，二律均属无用，而军籍有犯一门业经奏准删除，是以不登讲章。其下卷此条律后尚有徒流迁徙地方及充军地方二门，现章军罪俱改为流徒罪，收入本地习艺所作工，流罪亦分别轻重，重者发配，轻者亦改为作工，与徒罪均不发配，迁徙一项迁离乡土一千里外，远近介在徒流之间，且专施之苗蛮，民人并不用。此二项中条例纷繁歧异，与现在办法诸不相合，多属具文，故不列入讲义，不欲以诸学友有用之精力耗于虚牝之地也。阅者谅之！

大清律例讲义卷三

刑律贼盗计二十七门

按：律目次序，《名例》而后，《吏》、《户》、《礼》、《兵》为先，《刑》、《工》次之。现在《名例》讲毕，应即接讲《吏律》。惟念律学馆本为预储裁判人才而设，而任裁判之责者必以《名例》、《刑律》为最要。盖《名例》为各律纲领，《刑律》设治罪专条，此二律不通，裁判即无从下手。至于《吏》、《户》、《礼》、《兵》、《工》诸律，虽与《刑律》互相发明，惟较之《刑律》尚非切要必需。且各部均有《则例》专书，此编所载不过关系罪名各条，并非完全之编，其中参差歧异、无关引用者颇多，似可暂作缓图。今若依次挨讲，似乎先其所缓、后其所急。是以此次讲义即从《刑律》接讲，一俟《刑律》讲毕，然后再及他律，是亦当务为急之道也。

盗贼

《笺释》：贼者，害也。又《辑注》：杀人曰贼，窃物曰盗。盖害及生民，流毒天下，故曰贼。盗则止于一身一家而已。李悝《法经》六篇：一《盗法》，一《贼法》。汉魏改为《贼律》、《盗律》，后周易作《贼叛律》、《劫盗律》。贼盗本分两门，隋合为一，名曰《贼盗律》；唐宋以来至今不改。此篇惟首三门《谋反》、《谋叛》、《造妖书妖言》系贼，其余皆盗也。

谋反大逆

律文：凡谋反（不利于国，谓谋危社稷）及大逆（不利于君，谓谋毁宗庙、山陵及宫阙），但共谋者，不分首从（已未行），皆凌迟处死。（正犯之）祖父、父子、孙、兄弟及同居之人（如本族无服亲属及外祖父、妻父、女婿之类）不分异姓及（正犯之期亲）伯叔父、兄弟之子不限（已、未析居）籍之同异，（男）年十六以上，不论笃疾、废疾，皆斩。其（男）十五以下及（正犯之）母女、妻妾、姊妹，若子之妻妾，给付功臣之家为奴。（正犯）财产入官。若女（兼姊妹）许嫁已定，归其夫。（正犯）子孙过房与人及（正犯之）聘妻未成者，俱不追坐。（上止坐正犯兄弟之子，不及其孙。余律文不载，并不得株连。）知情故纵、隐藏者斩。有能捕获（正犯）者，民授以民官，军授以军职。（量功授职。）仍将犯人财产全给充赏。知而首告，官为捕获者，止给财产。（虽无故纵，但）不首者，杖一百流三千里。（未行，而亲属告捕到官，正犯与缘坐人俱同自首，免。已行，惟正犯不免，余免。非亲属首捕，虽未行，仍依律坐。）

按：此仍《明律》。其小注系顺治三年增修，雍正六年删定。较《唐律》治罪为严，《唐律》无凌迟，正犯罪止于斩，缘坐之父子年十六以上皆绞，十五以下及母女妻妾、祖孙、兄弟姊妹皆没官。男夫年八十及笃疾，妇人年六十及废疾者并免。伯叔父、兄弟之子皆流三千里。此律沿明之旧，祖父、子孙、兄弟及伯叔父、兄弟之子皆拟决斩，未免过于严厉。嗣后改为监候。嘉庆、道光年间累次修改从轻，现例反逆案内，其子孙实不知情者，无论已未成丁，均交内务府阉割，发往新疆给官兵为奴；十岁以下牢固监禁，俟十一岁再行阉割。其余应缘坐男犯并非逆犯子孙年十六以上者，发往新疆为奴，十五以下俟成丁时再行发遣；缘坐妇女发各省驻防给官兵为奴云云。除正犯外，一概不拟死罪，不但较《明律》为轻，即较《唐律》亦为宽恕。盖反逆之法，汉代最严，《唐律》稍宽，《明律》复严于唐。我朝律文虽沿于明，而条例改从宽典，深仁厚泽已足超越汉唐。上年减轻刑章，凌迟改为斩决，并删去一切缘坐法规。现在反逆之案，除正犯处斩外，其余远近亲属非但不依律处斩，并不依例发遣，深合文王治岐、罪人不孥，帝德好生、罚弗及嗣之道。岂不追踪三代，媲美唐虞？又按：反逆之罪，东西各国均从重典。法国谓之妨害国家安宁之罪；德国谓之大逆谋杀之罪；俄国谓之谋危皇族，谋危社稷之罪；日本谓为关皇室，关内乱之罪。虽处绞处斩各有不同，皆不得贷其一死，此可见天经地义，中外所同，政体虽有专制、立宪、共和之殊，而干犯至尊，即民主之国亦当立置重典。至于凌迟缘坐之法，各国均无，一旦划而除之，宜其为外国称颂也。此为六律中最重之罪，故列于刑律之首。律文设此严法，使人望而知畏，庶可遏恶于初萌，悔悟于未发，亦即火烈民畏之意，未可以现例之宽而訾此例之苛。《周礼》云：新国用轻典，乱国用重典；《书》云：刑罚世轻世重；《传》曰：

宽以济猛，猛以济宽。盖刑罚之轻重各因其时，若一味从宽，则水懦民玩，反贻姑息养奸之祸。此又减轻刑法者不可不知也。

谋叛

律文：凡谋叛（谓谋背本国，潜从他国），但共谋者，不分首从皆斩，妻妾子女给付功臣之家为奴，财产并入官。（姊妹不坐。）女许嫁已定，子孙过房与人，聘妻未成者俱不坐。父母、祖孙、兄弟不限籍之异同，皆流三千里安置。（余俱不坐。）知情故纵、隐藏者绞。有能告捕者，将犯人财产全给充赏。知（已行）而不首者，杖一百流三千里。若谋而未行，为首者绞，为从者（不分多少）皆杖一百流三千里。知（未行）而不首者杖一百徒三年。（未行则事尚隐秘，故不言、故纵隐藏。）若逃避山泽不服追唤者，（或避差，或犯罪，负固不服，非暂逃比）以谋叛未行论（依前分首从）。其拒敌官兵者，以谋叛已行论。（依前不分首从律。以上二条，未行时事属隐秘，须审实乃坐）。

按：此仍《明律》，雍正三年增定，添入"女许嫁已定，子孙过房与人，聘妻未成者俱不坐"数语。其小注系顺治三年修改。正犯与《唐律》罪名不差，而缘坐较严。《唐律》缘坐仅及父母妻子。若率众不及百人，止坐妻子，虽父母亦不缘坐，即缘坐，罪止于流。今律添入妾、女、祖、孙、兄、弟六项，而妻妾、子孙并给为奴，其法似涉严厉。惟现章删除缘坐，正犯应斩决者改为绞决，应绞决者改为绞候，此律已属无用，然又不可不知。盖不先明旧律之严，则不知现章之宽。必合新旧律例而合参之，引用方无错误矣。日本谓之外患罪，凡交结外国以抗本国者，处死刑，即此谋叛之意。此律以后尚有结会结拜条例数则，虽非谋叛，实与谋叛相类，故附于谋叛律后。刻下会匪蠭起，此例较律尤有裨于实用，故择要节录于后，以备参考。其无关引用者不录。

一，凡异姓人但有歃血订盟，焚表结拜弟兄者，照谋叛未行律，为首绞监候，为从减一等。若聚众至二十人以上者，为首绞决，为从烟瘴充军。其无歃血盟誓、焚表情事，止序齿结拜弟兄聚众至四十人以上，为首绞候，四十人以下二十人以上，为首满流。不及二十人，为首杖一百，枷号两月，为从各减一等。若年少居首，并非依齿序列，即属匪党渠魁，聚众四十人以上，为首绞决，为从烟瘴充军。未及四十人，为首绞候，为从满流。其有抗官拒捕，持械格斗等情，无论人数多寡，各按本罪分别首从，拟以斩绞。如为从各犯系良民被胁勉从,并无抗官拒捕者,于为从本罪上再减一等。仅止畏累出钱,未经随同结拜者,杖一百。其闻拿投首及事未发而自首者,分别减免。若免后复犯结拜,不许再首,均于本罪上酌予加等治罪。若结会树党阴作记认,鱼肉乡民,凌弱暴寡者,不论人数多寡,为首极边充军,为从减一等。被诱入伙者杖一百,枷号两月,各衙门兵丁胥役随同结会树党,照为首一体拟军。若止系乡民酬社赛神,偶然洽比事竣即散者,不在此例。

此例分四项看,歃血焚表为一层,序齿结拜为一层,不依齿结拜为一层,结会树党为一层。

一,凡内地汉、回在回疆地方,如有甘心剃发从夷助逆者,照谋叛不分首从律拟斩立决。若系被胁剃发,并无随同焚汎戕官、抗拒官兵情事,后经悔罪投回者,实发烟瘴充军。如有擅娶回妇者,到配加枷号一年。其并未剃发从逆,止于擅娶回妇者,流二千里。所娶回妇离异。

一,凡不逞之徒歃血订盟,为害良民,据乡邻首告,地方官如不准理,又不缉拿,惟图掩饰,或至蠭起为盗,抄掠横行,将地方文武各官革职,从重治罪。其平日失察之后不自隐讳,即能擒捕者免议。至乡保、邻佑知情不首者,亦从重治罪。如旁人确知首告者,酌量给赏。倘借端妄告,仍照诬告律治罪。

造妖书妖言

律文:凡造谶纬、妖书、妖言及传用惑众者,皆斩(监候。被惑人不坐。不及众者流三千里)。若(他人造传)私有妖书,隐藏不送官者,杖一百徒三年。

按:此仍《明律》。其小注系顺治三年修改。较《唐律》拟罪略严,《唐律》止拟绞罪,又有言理无害一项,谓妖书妖言虽说变异,无损于时,若豫言水旱之类,造与传用,只杖一百;私有者杖六十。现律删去此层,添入"谶纬"二字。谶者,符验也;纬者,组织也。谓组织休咎之事,以为将来之符验,如赤伏符、图录之类,或妄谈已往怪诞之事,或妄载未来兴废之征,或假托鬼神作为妖妄不经之语。总系关国家祸福、世道盛衰,意在煽惑人心,图谋不轨。故立重法附于反叛之后,载于《盗贼》之门,与《礼律·禁止师巫邪术》条内左道异端煽惑人民一项似同而实异。彼假托神道,意在诳骗愚民之财;此则奸宄不逞,意在祸乱国家。其用意不同,故拟罪有斩绞之分。又《礼律》私藏天象器物、图谶应禁之书者杖一百,与此隐藏妖书徒三年之律，情事似同而拟罪各异者，虽均系应禁之书，彼是前代流传，原有此书；此则奸人造作，假托以惑众，其实究有不同，故一载《礼律》，一载《刑律》。此中界限甚微，须细参之。《辑注》"惑众"二字，统承上造与传用而言，造原有惑众之心，传用则有惑众之事，造者或自传用，而传用者不必自造。细玩"及"字，其意自见。若将"惑众"二字专承传用，则失律义矣。日本现行法不设此条，《改正刑法》：军人为利敌计，造言飞语者处死刑。《德国刑法》：以大逆之目的，公然张贴陈列及其他隐画公布为挑发者，处十年以下惩役。又《俄律》：编造揭贴书画传播，煽惑人民作乱者，罚作八年以上苦工云云。其情节与此律相似而拟罪不同。德俄均不处死，日本与中国均处死刑，此可见欧亚风俗不同，故刑法各自相合。律后尚有条例数则，辅律而行，节录于下，以备参考：

一，凡妄布邪言，书写张贴，煽惑人心，为首斩立决，为从斩监候。若造谶纬、妖书、妖言，传用惑人不及众者，发回城为奴。至狂妄之徒因事造言，捏成歌曲，沿街唱和及以鄙俚亵嫚之词刊刻传播，实非妖言惑众者，坐以不应重罪。（按：此律[例]末项即《唐律》言理无害之类，故治罪从轻。）

一，凡坊肆市卖一应淫词小说，官弁严禁，务搜板书尽行销毁。有仍行造作刻印者，系官革职，军民杖一百流三千里；市卖者，杖一百徒三年；买看者杖一百。

一，各省钞（居）[房]在京探听事件，捏造言语录报各处者，系官革职。军民杖一百流三千里。其在京大臣家人子弟滥交匪类，有前项事发者，并将不行约束之家主分别议处治罪。

以上三例俱涉严厉，首项妄布邪言，即律传用妖书之事，律分首从拟以绞候满流，已较《唐律》为重，例又改为立决为奴，未免过严。以下二项亦不过寻常不应为之事，此等情事各处都有，亦属办不胜办，概以流徒处之，亦觉太重。无怪现在多置不问，例文反为虚设矣。

盗大祀神御物

律文：凡盗大祀（天曰）神（地曰）祇御用祭器、帷帐等物及盗飨荐玉帛、牲牢、馔具之属者，皆斩。（不分首从，监守常人。谓在殿内及已至祭所而盗者。）其（祭器品物）未进神御及营造未成，若已奉祭讫之物及其余官物（虽大祀所用，非应荐之物）皆杖一百徒三年。若计赃重于本罪（徒三年）者，各加盗罪一等，（谓监守、常人盗者，各加监守、常人盗罪一等。至杂犯绞斩不加）并刺字。

按：此仍《明律》，其小注系顺治三年增修。《唐律》亦有此项，而罪止流二千五百里，若盗玉帛牲牢止徒二年，较此律轻数等矣。此律之意盖在重祀典而严不敬，故载在十恶之内，天地、宗庙、社稷皆为大祀，余则中祀、小祀也。郊社禘尝，典礼森严，故御物不容亵视。祭器帐帷幔等物系神祇所用者，玉帛牲牢馔具系飨荐于神祇者，盗之则为大不敬。然亦有二等，若祭器等物已在殿内，玉帛馔具已在祭所，盗之则亵慢已极，故拟以斩。若以上等物未进神御，及其余官物如釜甑之属，虽大祀所用而不系临时飨荐者，究与盗于祭所有间，故罪止满徒。赃重于本罪加一等者，如计赃轻微，不论多少均拟满徒。若计赃重者，如监守盗寻常官物十七两应徒三年，今盗大祀神物值十七两亦拟满徒，则与寻常监守盗无异，故加一等流二千里；如常人盗官物四十五两，流二千里，今盗大祀神物值四十五两，亦流二千里，则与寻常常人盗无异，故加一等流二千五百里；但加不至死者，《名例通义》注云：至杂犯斩绞不加。可见，此项盗罪虽计赃满贯，止可加至徒五年，不得加入实绞也。去年奉有明诏：孔子升入大祀以后，如盗孔庙祭器等物，应依此律办理。此项罪名，《日本刑法》所无，欧西各国崇尚异教，凡盗及教堂者治罪加严。《德律》：盗礼拜堂内器具及供礼拜神祇之建造物者，处惩役。《俄律》：盗教堂神物，及供奉灯烛杯盏经卷，罚作苦工云云。虽名色各有不同，而其尊敬神道则一也。拟罪均不至死，与中国《唐律》相合，较之现律则轻矣。又嘉庆年间有窃挖关帝神像内所藏银什及像前供器者，比照大祀神物减斩候，秋审入于情实。成案可见此律专指大祀，其中祀、小祀俱不得援引也。

盗制书

律文：凡盗制书者（若非御宝，原止抄行者，以官文书论），皆斩（不分首从）。○盗各衙门官文书者，皆杖一百，刺字。若有所规避者（或侵欺钱粮，或受财买求之类），从重论。事干（系）军机（之）钱粮者，皆绞（监候，不分首从）。

按：此仍《明律》，原文“制书”下有“起马御宝圣旨、起船符验”数字，雍正三年删定，其小注系顺治三年添入。较《唐律》治罪为严。《唐律》盗制书者仅徒二年；重害文书较官文书加一等，拟徒一年。而又有盗纸券及应除文案二项，现律删去下二项，上二项分别以绞决、绞候，而又不分首从，则较《唐律》重六七等矣。此律之意重在制书，而因及官文书也。制书，凡用御者宝皆是，官文书系公事行移。制书，所以诏令天下，关系至重，故盗者不分首从，皆拟斩决。官文书，不过寻常申上行下之事，故罪止满杖。若于事有所规避，各从其重者论之。盗罪重以盗科之，规避罪重以所避罪科之。军机如飞报军情之类，钱粮如申索军需之类，原是两项小注，添一“之”字者，谓此钱粮必关系军机者方是，若寻常钱粮征收支解之类，不得援引此律，亦非谓止军机钱粮一项，而无止干军机一项。若关系军机，虽无钱粮，亦拟绞罪。此中分明甚微，细玩自知。此外，有弃毁制书者斩，弃毁官文书者杖一百，误毁减三等，遗失制书印信者徒二年半，见《吏律·公式门》。又诈为制书及增减者皆斩，传写失误者杖一百，见《刑律·诈伪门》。但彼斩罪俱系监候，此则立决，情节不同，故治罪稍异，须合参之。《日本刑法》有伪造诏书、毁弃诏书处无期徒刑，伪造弃毁官文书处轻惩役二条，而无盗制书及官文书之罪，岂以律无正条不治其罪乎？抑该国并无此项罪犯乎？是当质诸深通东律之人，而不敢妄为臆断也。

盗印信

律文：凡盗各衙门印信者（不分首从），皆斩（监候。又伪造印信、《时宪书》，条例云，钦给关防与印信同）。盗关防印记者，皆杖一百，刺字。

按：此仍《明律》，原文印信下有“夜巡铜牌”四字。雍正三年删定，顺治三年添入小注，乾隆五年修改。《唐律》盗御宝者绞。盗官文书印信者徒二年。余印杖一百。《疏议》：印者，信也。即今印信之谓。现律无盗御宝一层，而盗印信皆斩，亦较《唐律》加重六七等矣。印信，谓一品至九品文武衙门方印，所以传信于四方，颁自朝廷，关系机密重要。钦给关防，系钦差所掌，如督抚、提学、兵备、屯田、水利等官所掌关防，均为钦给，故盗者与印信同科。若下项关防印记或为私刻，或系杂职衙门（条）［戳］记关防，与钦差所掌者不同，故止拟杖。本律专言盗去，与盗用者不同。盗用印信载于《诈伪门》诈伪制书律内，而治罪有斩绞之分者，盖盗用则印用于空纸而印犹存，盗则并印信而窃取之，情节大有不同，故治罪分别轻重。此外，伪造各衙门印信者绞监候；伪造印信及钦给关防，事关军机，冒支钱粮，假冒官职者，斩立决；止图诓骗财物为数多者，斩监候；银不及十两者流三千里，亦见《诈伪门》。又弃毁印信者斩监候；遗失印信者徒二年半；擅用调兵印信者杖一百；文书漏使印信者杖六十；全不用印者杖八十；因而失误军机者斩监候。均见《吏律·公式门》。须与此律互相比较，方见律文准情定罪，因罪用刑，轻重权衡不爽锱铢。又《日本刑法》：伪造御玺、国玺,处无期徒刑;盗用者减一等;伪造官印及使用伪印者处重惩役;伪造私印使用者处重禁锢。俱较中律为轻,而亦无盗印信一项,似属缺点。

盗内府财物

律文:凡盗内府财物者皆斩(杂犯,但盗即坐,不论多寡,不分首从。若财物未进库,止依盗官物论。内府字要详)。

按:此仍《明律》。其小注系顺治三年修改,雍正三年改定。《唐律》盗御宝者绞;乘舆服御物,流二千五百里;其拟供服御及供而废阕,若食将御者徒二年;拟供食御及非服而御者,徒一年半,较现律治罪从轻。而服御食御分作三层,界限亦较明显。《明律》删去盗御宝一层,而统言内府财物,不分服食器具,拟罪维均,似涉缺略。且初拟斩罪,固失之重。而注作杂犯又涉于轻,是以国朝补设条例,以补律所未备。现俱照例办理,此律亦为虚设矣。天子之库曰内府,财物如金银器物及九库、二十四监局、钱粮、光禄寺品物之类,以事关皇城禁地,故治罪从严。初拟斩监候改为杂犯,但有死罪之名而无死罪之实,以其罪难免而情有可矜,故准徒五年以贷之。虽贷其死而不易其名,所以示戒也。外国宫禁不似中国森严,有犯应与凡盗同论,故不另立专条。此项律简例详,律轻例重,审理此等案犯,必须详参条例,兼查成案,未可据律为断。附录条例于下,以备研究:

一,凡盗内府财物,系御宝、乘舆服御物者,俱作实犯死罪,其余银两、钱帛等物分别监守、常人,照盗仓库钱粮各本例定拟。

一,凡偷窃大内及圆明园、避暑山庄、静寄山庄、清漪园、静明园、静宜园、西苑、南苑等处乘舆服物者,照律不分首从拟斩立决;偷窃各省行宫乘舆服物者,为首绞监候,为从发烟瘴充军;其偷窃行宫内该班官员人等财物,仍照偷窃衙署例问拟;若遇翠华临幸之时,有犯偷窃行宫物件者,仍依偷窃大内服物例治罪。

一,行窃紫禁城内该班官员人等财物,不计赃数、人数,照偷窃衙署拟军例上加一等发遣新疆当差,赃重者仍从重论。如临时被拿,拒捕杀人者斩立决。金刃伤人者斩监候。他物伤人及执持金刃未伤人者,拟绞监候。手足伤人并执持器械非金刃未伤人者,发遣新疆为奴。

又《刑案汇览》载例内"乘舆服物"四字,凡大内御用物件及存贮供器等物皆是。嘉庆四年有行窃清漪园帘布钩绳等物一案,道光三年有行窃热河避暑山庄备赏物件一案，均依例拟斩立决，奉旨改为斩监候，秋审入于情实。嘉庆六年有偷窃养心殿天沟内拆卸旧锡片一案，比照窃大内服物斩例，减一等拟流（二）［三］千里。以上三案虽均系盗之禁地，而簾布钩绳并备赏物件究较内库服物稍轻，旧锡片又较簾钩赏物为轻，故分别依例量减，聊举一隅，可见办案引例之法必须详细查核，不可稍涉含混。

盗城门钥

律文：凡盗京城门钥，皆（不分首从）杖一百流三千里。（杂犯）盗府州县、镇、城关门钥，皆杖一百徒三年。盗仓库门（内外各衙门）等钥，皆杖一百并刺字。（盗皇城门钥，律无文，当以盗内府物论。盗监狱门钥，比仓库。）

按：此仍《明律》，顺治三年添入小注，雍正三年以监狱关系甚重，而律文及注未言，因于小注添入比照仓库一层。《唐律》有盗宫殿门符一项，门符与门钥并举，而钥究轻于符，盗宫殿门符流二千里。皇城京城门符徒三年，门钥减三等。盗州、镇及仓厨、厩库、关门等钥，杖一百。县戍等门钥，杖六十。此律止言门钥而无门符，且止言京城门钥，注虽补出紫禁城门钥而无宫殿门钥，《唐律》京城、皇城并举，治罪从同。此律紫禁城比照内府，较京城加重，《唐律》州镇仓库从同，县轻于州，此律州、县、镇从同，而仓库轻于州、县，且《唐律》有戍无府，此有府无戍，而拟罪亦较《唐律》加重三等。其中参差互异之处，良由时代变易、制度不同，故罪名不能强合。观于律法一端，而世道之升降，民俗之盛衰，从可见矣。夫门禁所以防奸，而门必设锁，锁必有钥，以谨启闭而戒不虞。门钥非财物之比，盗者必有窃启为奸之意，京城关系重大，府州县镇次之，然其中均有狱囚、库藏，亦所当严。至于仓库以储官物，盗狱以禁囚犯，均非寻常门钥可比。故以所关之大小，定罪之轻重，律止言盗去，尚未及用也。若用以为奸，或窃取财物，或纵放罪囚，或暗通奸细，自当以所犯之罪从重定拟，不得谨依此律矣。此外，如各处城门，误不下锁者杖八十。非时擅开闭者杖一百，京城门加一等，皇城门误不下锁者，发边远充军。非时擅开闭者，绞监候，见《兵律·宫卫门》。又遗失京城门锁钥，比遗失印信徒两年半，见比引律条，皆与此律互相发明，宜合参之。中国盗律甚细，条例固涉纷繁。然此律以下各门，外国均无专条，亦未免缺略不备矣。

盗军器

凡盗（人关领在家）军器者（如衣甲、枪刀、弓箭之类），计赃以凡盗论。若盗（民间）应禁军器者（如人马甲、傍牌、火筒、火炮、旗纛、号带之类）与（事主已得）私有（之）罪同。若行军之所及宿卫军人相盗入己者，准凡盗论，（若不入己）还充官用者，各减二等。

按：此仍《明律》，顺治三年添入小注，雍正三年修改。《唐律》：盗应禁兵器者，徒二年。甲弩流二千里。若盗罪轻，同私有法，盗余兵器及旌旗旛职者，杖九十。若盗守卫宫殿兵器者，各加一等。即在军及宿卫相盗还充官用者，各减二等云云。军器分作四项：禁兵器一层，甲弩一层，余兵器一层，守卫宫殿兵器一层。盗守卫兵器重于余兵器，而盗应禁兵器更重于守卫兵器，盗甲弩者尤重于禁兵器。此律止分二项，其治罪较《唐律》稍轻，而计赃计件更为详细。盖枪刀弓箭，所以习武防身，用备非常，不在禁限。若人马甲、傍牌、火筒、火炮、旗纛之类，乃战阵所用，私家有之，即不轨之具也，故为应禁军器。凡有弓箭枪刀，必军人关领在家方为军器。若民间自有之弓箭刀枪，自是民间私物，不得谓之军器。注中添出"关领在家"数字最为明显。凡盗此者，计赃以凡盗论。计其军器所值之价以为赃数，如一两，杖六十，以次递加，至一百二十两以上，绞监候。若盗应禁军器，则不计赃科罪，而以件数为断。查《兵律》私藏应禁军器，一件杖八十。每一件加一等，罪止流三千里。民间私有，依此科罪，而盗者罪同，不过有刺字、不刺字之分，盗者仍尽本法刺字耳。至于军人俱系应用军器之人，既与常人不同，而行军之地，宿卫之时，军器原不收藏，又与常时有异。如彼此相盗，其法不妨稍宽，仍分别入己、官用以为轻重，不入己者固得减等，即入己者亦止准凡盗论，罪止满流，与上以凡盗论赃至逾贯即拟死罪者不同。须细观之。此外，如私造军器者加私藏罪一等，又私铸红衣大小炮位及抬枪者斩，私藏者减一等满流。又将领弃毁军器者，一件杖八十，每一件加一等，二十件以上斩监候。遗失及误毁者减三等。又军人私卖军器者杖一百，发遣边远充军。私当者减私卖一等，收当军器者照私有律减一等，止满徒，加倍重利收当者枷号三个月，发极边充军，私买者以私藏私论，俱见《兵律·军政门》，与此互相发明，须合参之。外国凡关军器之案，亦不少贷。《日本刑法》：未受官命制造枪炮火药，处重禁锢二年以下，加罚金。其由外输入者亦同，私贩者处重禁锢一年以下。私有者，罚金百圆以下云云。治罪较中国为轻，且亦有私造、私贩、私有之罪而无盗罪，似亦不如中律完密。

盗园陵树木

律文：凡盗园陵内树木者，皆（不分首从）杖一百徒三年。若盗他人坟茔内树木者，（首）杖八十（从减一等）。若计（入己）赃重于（徒杖）本罪者，各加盗罪一等。（各加监守、常人窃盗罪一等。未驮载，仍以毁论。）

按：此仍《明律》，顺治三年添入小注，雍正三年修改。《唐律》盗园陵内草木者徒二年半。盗他人茔内树木者杖一百。赃重者以凡盗论，加一等。此律盗陵树者徒三年，较《唐律》重一等。而盗他人茔树者杖八十，又较《唐律》轻二等矣。且易草木为树木，其中亦有关系。《三秦记》云：帝王之陵有园，故曰园陵。园陵本属重禁之地，而树木尤为护廕之物。陵树较诸官物为重，茔树亦较别物为重。故盗凡物者皆计赃论罪，此则不论多少，但盗即坐。系陵树即徒三年。系他人坟树，即杖八十。赃重者各加凡盗一等，仍分别监守盗、常人盗、窃盗三项，各按各赃，加等治罪。如寻常监守盗，计赃二十两，流二千里。若盗陵树值二十两，则加一等，流二千五百里。寻常常人盗官物，计赃四十五两，流二千里。若盗陵树值四十五两，加一等流二千五百里。寻常窃盗计赃一百两，流二千里，若盗他人坟树值一百两，加一等流二千五百里。其余仿此。凡计赃在杖八十以上者，即分别监守、常人、窃盗各加一等。此条律文虽较《唐律》少有参差，而浑括简当，自足包扫一切。现在条例纷繁，但有例而不引律，自应律例合参，办理方无歧误。如律止浑言园陵，例于陵内分出红桩、白桩、青桩三层；律止浑言盗砍树木，例又补出开山取土、取石烧窑及在陵寝打牲畜、挖人参数项，且于树木内分出盗砍树枝一项。至于盗砍他人坟树一项，现例分别初犯、再犯，次数、株数，较《唐律》加详而治罪从严。且律止言他人盗砍，例又补出子孙盗卖一层；律止言盗卖之罪，例又补出盗买者之罪。皆为律所未及，为判案者不可不知之端，故逐条节录于下以备研究。

一，陵山各有禁限，如红椿以内盗砍树株、取土取石、开窑烧造、放火烧山者，比照盗大祀神御物律拟斩，为从近边充军。若红椿以外、白椿以内除樵采枝叶并取土不及丈余及砍自种私树一概不禁外，其盗砍官树、开山采石、掘地成濠、开窑烧造、放火烧山者，为首近边充军，为从满徒。如在白椿以外青椿以内者减一等，为首满徒，为从徒二年半。如在青椿以外官山以内者又减一等,计赃重于徒罪者各加一等。弁兵受贿故纵,本犯罪应军徒者,与囚同罪。赃重者计赃以枉法从重论。本犯罪应斩决者,弁兵绞决。其未得贿,潜通信息致逃者,本犯罪应军徒,亦与囚同罪。本犯罪应斩决者,减发烟瘴充军。仅止疏于防范者,兵丁杖一百,官弁议处。

一,私入红椿火道以内偷打牲畜,为首枷号两个月,发烟瘴充军。为从枷号一个月,徒三年。如遗失火种延烧草木者,枷号两个月,发新疆种地当差。为从枷号一个月,徒三年。如延烧殿宇墙垣,为首绞监候,为从流三千里。

一,旗、民在红椿以内偷挖人参至五十两以上,为首比照盗大祀神御物拟斩,为从发新疆为奴。二十两以上,为首发新疆奴,为从流三千里。十两以上,为首发烟瘴充军,为从流二千里。十两以下,为首近边充军,为从徒三年。在红椿以外白椿以内偷挖人参五十两以上者,为首绞监候,为从近边充军。二十两以上,为首发烟瘴充军,为从流二千里。十两以上,为首近边充军。十两以下,为首满流。为从俱徒三年。在白椿以外青椿以内者,照偷挖山场人参例治罪,未得参者减已得一等。知情贩卖者减私挖罪一等。参物入官。弁兵受贿故纵,本犯罪不应死者,与犯人同罪。本犯罪应斩决者,弁兵绞决。本犯应绞候者,弁兵发新疆为奴。失于防范者分别拟杖议处。

一,凡在陵寝围墙以内盗砍树木枝杈者,为首枷号两个月,发近边充军。其无围墙之处,如在红椿以内,即照围墙以内科罪。若在红椿以外白椿以内盗砍者,为首徒三年。白椿以外青椿以内,为首杖一百,均枷号一个月。青椿以外官山以内,为首杖一百。为从俱于首犯罪上各减一等。弁兵受贿故纵及潜通消息致逃避者,各与囚同罪。

一,盗砍他人坟树,初犯杖一百枷号一个月,再犯杖一百枷号三个月,赃重于满杖者,加窃盗罪一等。犯三次者照窃盗三犯例计赃,分别拟以军流绞候。其纠党成群,旬日之间连窃六次以上,而树数又在三十株以上者,照积匪例拟军。六次以下三次以上,树数在三十株以下十株以上,量减拟徒。盗卖他人坟茔之房屋、碑石、砖瓦、木植者,计赃准窃盗论。

一,凡子孙将祖父坟茔前列成行树木及坟旁散树高大株颗私自砍卖者,一株至五株,杖一百枷号一月。六株至十株,杖一百枷号两月。十一株至二十株,杖一百徒三年。赃重者准窃盗加一等,二十株以上,旗人发吉林当差,民人发边远充军。(如坟旁散树并非高大株颗，止问不应重杖。）若系干枯树木，不报官私卖者，照不应重拟杖。看坟人及奴仆盗卖者，罪同。盗卖坟茔之房屋、碑石、砖瓦、木植者，子孙奴仆并准窃盗罪加一等。

一，奸徒知情私买坟树者，系子孙盗卖，减子孙罪一等。若系他人盗卖者，私买人无论株数，已伐者，初犯杖一百枷号一月。再犯杖一百枷号三月。犯至三次者，流三千里。为从减一等。未伐者各减一等。不知情者不坐。私买坟茔之房屋、碑石、砖瓦、木植者，均减盗卖罪一等。树木等物分别入官给主。

以上各例虽较例分别详细，惟其中多涉纷纠，如盗卖他人坟树，既以次数论，又以株数论，后以所犯之数论，诸多参差。子孙砍卖坟树，本非盗也，因其迹近不孝，治罪尚属可通，但究较他人为轻，兹拟计赃，加凡窃一等，未免严矣，然犹可曰坟树有关风水也。至于房屋、砖瓦，较之祖父生前住屋轻重奚若，住房准卖而茔房不准卖，似不近情，且砍一枯木，必责令报官，亦涉烦扰。《读例存疑》驳之谓如有祖父病危，子孙将祖坟树木卖作医药棺椁之费，经人告发，即治以罪，似非情法之平。科条愈多，即有窒碍之处云云，洵为妙论。然条例究属当王之制，有例不准用律。若例文未经奏定删除以前，未可轻言弃取矣。此外如于历代帝王陵寝樵采、牧放畜牲者杖八十。又于天地坛内纵放畜牲者杖一百，枷号一月，均见《礼律》。又毁伐人树木者计赃准窃盗论，官物加二等。误毁官物者减三等。毁人坟茔内碑碣者杖八十。又子孙盗卖祀产至五十亩者发边远充军，不及前数及盗卖义田者，一亩杖七十，每五亩加一等。盗卖历久宗祠一间，杖七十。每三间加一等，罪止徒三年。知情谋买之人与犯人同罪。盗砍近边应禁树木，发烟瘴充军，均见《户律》。盗取坟冢器物砖石者，计赃准窃盗论，见《刑律·发冢门》。与此律例互相发明，宜并参之。外国刑法均无此项名目，想其陵寝之地不似中国尊严也，俟考。

监守自盗仓库钱粮

律文：凡监临主守自盗仓库钱粮等物，不分首从，并赃论罪。（并赃，谓如十人节次共盗官银四十两，并各分四两入己通算作一处。其十人各得四十两罪，皆斩。若十人共盗五两，皆杖一百之类。三犯者绞，问实犯。）并于小臂膊上刺盗（官银官粮官物）三字。

一两以下，杖八十。

一两之上至二两五钱,杖九十。

五两,杖一百。

七两五钱,杖六十徒一年。

一十两,杖七十徒一年半。

一十二两五钱,杖八十徒二年。

一十五两,杖九十,徒二年半。

一十七两五钱,杖一百徒三年。

二十两,杖一百流二千里。

二十五两,杖一百流二千五百里。

三十两,杖一百流三千里。(杂犯三流总徒四年。)

四十两斩。(杂犯徒五年。)

按:此仍《明律》,顺治三年修改。雍正三年增定。《唐律》监临主守自盗及盗所监临财物者,加凡盗二等。三十疋绞。唐以绢之尺疋计赃,凡盗一尺,杖六十。监守加二等,杖八十。一疋加一等。自宋改疋为贯,明因之,国朝以银为主,现俱改贯为两矣。再《唐律》凡盗五十疋加役流,并不拟绞。监守盗三十疋即绞,严于官而宽于民。现律凡盗一百二十两以上问拟实绞,过五百两者秋审即予勾决。而监守盗四十两,只拟杂犯绞罪,则又严于民而宽于官矣。例虽有一千两以上问拟实绞之条,而限内完赃仍得减二等。即三限不完,亦止永远监禁,不实予勾决,名严而实仍宽,刑罚世轻世重,古今不同如是。盖监临有统摄案验之权,主守有管领典守之责,一切仓库钱粮及在官等物皆在掌握之中,若有意为盗,多寡惟其所取,故曰:自盗、凡盗有得财、不得财之分。若监守之人盗监守之物,自无不得之理。故常人盗窃,盗皆有不得财之罪,此则不言,非从略也,此必当下现任监守之责,若已经交卸,或已革职役,或此处库斗而盗别库,即同库之库斗而盗非所管之物,或新役库斗尚未接收与库上宿人为盗,此等俱无监守之权,俱以常人盗论,不得援引此律。此律四十两拟以实绞,本与《唐律》相合,改为杂犯,虽系宽恤之意,其实反多窒碍。四十两拟徒五年,若盗四百两、四千两,亦止于徒,则是平常窃盗一百二十两以上即实犯死罪,而监守盗逾百逾千仅止于徒,是岂情法之平?是以雍正、乾隆年间复定有条例,以补律文之穷。现在赃少者依律,赃多者依例,律例相辅而行,故附录例文于后,务当一并研究。

一,监守盗仓库钱粮,除审非入己者各照挪移律例定拟外,其入己数在一百两以下至四十两者，仍照本律问拟准徒。其自一百两以上至三百三十两，杖一百流二千里。至六百六十两，流二千五百里。至一千两，流三千里，一千两以上者，拟绞监候，勒限一年追究，如限内全完，死罪减二等发落。流徒以下免罪。不完，再限一年。全完者，死罪及流徒各减一等。如不完，流徒以下即行发配。死罪监禁，均再限一年，著落犯妻及未分家之子追赔，三年限外不完者，死罪永远监禁。全完者，奏明请旨，减罪一等。至本犯身死，实无家产者，取结豁免。减免后如再犯赃，俱在本罪上加一等治罪。

一，侵盗之案，著落犯妻及未分家之子追赔。如果家产全无，取结保题豁免，不得株连亲族。

一，侵贪之案，如该员身故，实系图饱私囊者，即将伊子监追。

以上二例，一系将该员监追日久身故，一系该员故后其事始发，故有豁免不追之例。此外又有挪移钱粮、私借钱粮及监守虚出通关、监守诈取财物各条，如监守将官钱粮私有借用，或转借与人及将己物抵换官物者，计赃以监守自盗论。又监守挪移出纳还充官用者，计赃准监守自盗论。五千两以下依律准徒四年，五千两以上流三千里，一万两以上发近边充军，二万两以上拟斩监候。一年限内全完免罪，不完，二年追完者减二等，三年追完者减一等。三年不完，照未完之数治罪。又主典擅开官封者杖六十。又监守收受钱粮不足而虚出通关及不收本色折收财物虚钞者，均以监守自盗论，见《户律》。又监守诈取所监守之物者，以监守自盗论。见本门《贼盗下》。又有经纪花户并车户人等，凡有监守之责，窃盗漕粮六百石，斩候。一百石绞候。六十石以下至五石，分别拟以军流徒，勒限四个月追完，仍分别初限、再限、三限以次量减。以上各条，均与此律互相发明，宜并参之。《日本刑法》：官吏窃取自所监守之金谷物件者，处轻惩役。官吏征收租税各项，于正数外多征者，处重禁锢附加罚金，所犯与中律情节相同，而拟罪似不如中律计赃之详细也。

常人盗仓库钱粮

律文：凡常人（不系监守外皆是）盗仓库（自仓库盗出者坐）钱粮等物，（发觉而）不得财者杖六十（从减一等），但得财者，不分首从，并赃论罪（并赃同前），并于右小臂膊上刺盗（官银、官粮、官物）三字。

一两以下，杖七十。

一两以上至五两,杖八十。

一十两,杖九十。

一十五两,杖一百。

二十两,杖六十徒一年。

二十五两,杖七十徒一年半。

三十两,杖八十徒二年。

三十五两,杖九十徒二年半。

四十两,杖一百徒三年。

四十五两,杖一百流二千里。

五十两,杖一百流二千五百里。

五十五两,杖一百流三千里。(杂犯三流总徒四年。)

八十两,绞。(杂犯徒五年。其监守、值宿之人,以不觉察科罪。)

按:此仍《明律》,其小注系顺治三年增删,雍正三年改定。《唐律》无此名目,已包括于监守自盗律内,与监守自盗拟罪从同。明分为二,另立此门。常人者,别于监守而言,凡无监守之责,无论军民官役皆是。盖虽系钱粮官物,必从仓库中盗出方坐此罪。若从他处,不知为官物而盗者,自依窃盗法。即非官物,而从仓库内盗出仍以盗官物论。此律严于窃盗而轻于监守窃盗,自杖六十起,以十两为一等。监守盗自杖八十起,以二两五钱为一等。此盗自杖七十起,以五两为一等。盖监守、常人二项科罪,虽严于窃盗,然窃盗满数是真绞,监守、常人满数是杂犯。推立法之本意,不欲以盗官物而即杀之也。但拟罪涉于宽纵,办理诸多窒碍,是以雍乾年间另设条例。现在此等案犯俱系依例办理,此律已为虚设矣。附录条例于下,当并参之。

一,穿穴壁封窃盗库银仓粮,未得财为首满徒,为从减一等。但经得财之首犯,一百两以上绞监候。不及一百两者不分赃数多寡,发极边烟瘴充军。为从者,一两至八十两,准徒五年,至八十五两,流二千里,九十两,流二千五百里,九十两至一百两以上,流三千里。窃盗饷鞘银两,照此办理。

一,京城守城兵丁,由城上钓掮偷窃仓米,未经得赃,首为满流,为从减一等。其得赃至一百石以上,为首绞立决,为从发新疆为奴。不及一百石,首犯发新疆为奴,为从流三千里。旗人销除旗档。常人串通兵丁偷窃仓米者,罪亦如之。

以上二例,系因律文流绞俱系杂犯,并非真流真死,名为从严,其实反较窃盗为轻,是以从严定例以补律文之穷。但律文计赃定罪之法固涉细碎,而例不分多寡,一百两以下概拟军罪,又未免过于严厉。后例专为京城兵丁盗仓而设,首犯加至绞决,较前条更严。现在外国窃盗均无死罪,《日本刑法》亦无因盗官物加重之法,有犯当与凡盗并论。此条律文杂犯固失之轻,而例又过于重,似均不得其平。其酌中定制,是在修律大臣自当另有办法,惟刻下新例尚未告竣,仍照此例办理。

《刑律》惟盗罪最多,盗罪惟强盗为重,律外有例,例外有章,章外有案,而章又有新旧之分,例又因省分而异。罪名极大,头绪极繁,办理稍一疏忽,不但枉杀,暗干神怒,且处分难逃部议,此为刑典中一大问题,更须详加研究,融会贯通,然后案件到手,方能无枉无纵。兹编先将唐宋元明各《盗律》及外洋各国盗法与现在中律参考互证,后将现在中律之关涉强盗以及条例章程逐条列入,仍于其中分类相从,并于各类后加以按语,解释其义,虽随手钞录,文词不免复杂,然于《强盗》一门搜括无遗,而条分缕析,取便检查,或亦读律办案之一助也。后附罪名总类。

强盗

律文:凡强盗已行而不得财者,皆杖一百流三千里。但得(事主)财者,不分首从皆斩。(虽不分赃亦坐。其造意不行又不分赃者杖一百流三千里。伙盗不行又不分赃者杖一百)。○若以药迷人图财者,罪同(但得财皆斩)。○若窃盗临时有拒捕及杀伤人者皆斩(监候。得财、不得财皆斩,须看临时二字)。因盗而奸者,罪亦如之(不论成奸与否,不分首从)。共盗之人不曾助力,不知拒捕杀伤人及奸情者,(审确)止依窃盗论(分首从,得财、不得财)。其窃盗,事主知觉,弃财逃走,事主追逐因而拒捕者,自依罪人拒捕律科罪。(于窃盗不得财本罪上加二等,杖七十。殴人至折伤以上,绞。杀人者斩。为从各减一等。凡强盗自首不实不尽,只宜以名例自首律内至死减等科之,不可以不应从重科断。窃盗伤人自首者,但免其盗罪,仍依斗殴伤人律论。)

一,强盗杀人放火、烧人房屋、奸污人妻女、打劫牢狱、仓库及干系城池衙门,并积至百人以上,不分曾否得财,俱照得财律斩,随即奏请审决枭示(凡六项有一于此,即引枭示,随即摘引所犯之事。)若止伤人而未得财,首犯斩监候,为从发新疆给官兵为奴。如未得财,又未伤人,首犯发新疆给官兵为奴,从犯杖一百流三千里。

按:此前一条系《明律》,其小注系顺治三年添入,雍正三年修改,乾隆五年复添不行、不分赃两项。后一条系明例，顺治三年添入小注，嘉庆年间迭次修改。此二条律例为强盗罪名之大纲，其余现行条例章程甚多，俱系后来添补，以推阐律所未备未尽之意，要皆以此二条为总纲领。《唐律》强盗不得财徒二年，一尺徒三年，二疋加一等，十疋及伤人者绞，杀人者斩。其持杖者，虽不得财流三千里，五疋绞，伤人者斩。又《元刑法志》：强盗持杖伤人，虽不得财者，皆死；不伤人不得财，徒两年半；但得财，徒三年；至二十贯，首犯死；余人徒三年。又《宋刑统》：强盗一贯徒两年。十贯及伤人者绞。因盗奸人及用药酒迷人，从强盗法，死者加一等云云。皆以赃数之多寡及有无持械并伤人杀人分别徒流绞斩。明改从严，不分赃数多少、有无持械杀伤，概拟斩决，情重者又加枭示，相沿至今不变。**虽因世道风俗日趋险诈，盗情百出不穷，不得不设重法以示惩警。然立法过于严厉，现已行之数百年而盗风仍未少戢，且法愈重而犯愈多，以古律例今律，此可见弥盗之方在教养不在文法也。**外国强盗均无死罪。《俄律》凡强劫住宅村落者，罚作十年以上苦工。如在街衢大道，或乡村支路及江湖河海者减一等；又强劫不在住宅及穷乡僻壤者，又减一等；如强劫时伤残人或毁拆者加一等。又《德律》：凡强盗者处惩役；如强盗伤害人或致死者处无期惩役。又《法国律》：凡以暴行犯盗罪者处有期徒刑；若致被害者受有斫伤，处无期徒刑。又《英律》：强取财物五磅以上，处五年至十四年徒刑，或二年囚狱加苦役隘牢；如持凶器或纠众，处五年至终身徒刑，或处囚狱加笞刑。又《美律》：凡向邮吏行强盗者，处五年至十年囚狱加苦役；伤人及持凶器者，终身囚狱加苦役。又《日本刑法》：惟强盗杀人处死；强盗伤人及强奸妇女处无期徒刑。若无以上重情，虽结伙持械、用药迷人俱分别处以惩役云云。**互相比较，彼法轻而盗风日减，我法重而盗案日增，以外国比中国，更可见严刑重法仅治盗之标，非弭盗之本也。**现在修例拟将强盗**罪名略为轻减，而议者群相诟病，皆未尝统古今中外刑法源流而合参之也。**但此中道理甚微，解人难索，试先就现行律文逐节详解以通其义，然后再及其他。此律之意，首言强盗之罪，而因及类于强者，有差等也。**所谓强者，须先定有强谋，执有器械，带有火光，公然攻打门墙者皆是。**《据会》云：强盗与抢夺相似，人少而无凶器，或途中或闹市，见人财而抢夺者，抢夺也。人多有凶器，不分人家道路，夺人财物，或见人财物在前，先打倒而后劫财者，强盗也。若先抢夺后打，或虑事露抢回而打，仍是抢夺而非强盗。又有先行窃盗，潜入人家，然后明火执仗，此暗进明出，乃临时行强，仍应以强盗论。又《辑注》：临时行强与临时拒捕总分在得财先后，如将事主捆缚打伤之后攫赃而去，或一人架住事主而群盗入室搜赃，皆为临时行强。若赃先入手，事主惊觉追逐，因而格斗，即临时拒捕也。此中分别细微，最宜详慎。凡不拘何物，在事主家者皆谓之财，一入盗手即谓之赃。劫取而去谓之得财，各分入己谓之分赃。强盗之赃，虽未分而事主之财则已失，故但论财之得与不得，不论赃之分与不分。凡上盗之人，虽不分赃，亦坐斩罪，与他律各计入已之赃以定罪者大不同也。共分四节，而第一节、第三节又各分二项。第一节以得财不得财分轻重。不得财，虽与事主无损而其强已行，故不分首从满流。但得财，则不计财之多少，不论伙盗之分赃不分赃，皆坐绞决。盖强盗之罪本以强论，不以赃论也。第二节言迷人图财之罪。以药迷人，使人不能动觉，与强盗无异，故得财同斩，不得财同流也。第三节言窃盗似强之罪。窃盗尚知畏人，若临时事主知觉，不走而拒及逞凶杀人者，其人虽窃，其事则强，故不问得财不得财，皆坐斩候。须知临时拒捕，即不杀伤人亦斩。观“及”字，可见奸不论妻妾奴婢，因窃盗而强奸，亦如拒捕拟斩。若强盗行奸，则照例枭示矣。共盗之人，或在外未入，或得财先出，不知拒捕奸事者，止依窃盗论。第四节言追逐拒捕之罪。弃财逃走，追而逐之，不得不拒，故与临时拒捕不同。盖临时拒捕是格斗以图财，追逐拒捕乃弃财而求脱，其情异，故其罪异。拒捕本窃盗之事，以其迹同强，故不入《窃盗门》而载于此律也。律意如此解释。但现在办法，惟“得财不分首从皆斩”一语系用律文，其余另设条例，较律详细，现俱依例办理，律文已为虚设。兹将例之切于实用及与律互相发明，足补律所未备，并现行新章节要分门附录于下。

一，响马强盗执有弓矢军器，白日邀劫道路者，不分人数多寡，曾否伤人，依律处决，枭首示众。其江洋行劫大盗，俱照此例加枭。

一，捕役并兵丁为盗照例斩决，如捕役兵丁为首，加拟枭示。其情节重大者，酌量分别枭示。如捕役兵丁分赃通贼及与巨盗交结往来、奉差承缉走漏消息及本非承缉走漏消息致令脱逃者，不分曾否得财照本犯一体治罪，至书差人等临时得赃放卖亦照本犯一体治罪。

一，粤东内河盗劫，如聚众四十人以上，或不及四十人而有拜会结盟、拒伤事主、夺犯伤差、假冒职官，或行劫三次以上，或脱逃二三年后就获各犯应斩决者，均加枭示，恭请王命先行正法。

一，两广二省强盗如有行劫后因赃不满欲，复将事主人等捉获勒赎者，首犯斩决加枭，恭请王命先行正法，从犯仍按强盗本律科断。

一,光绪十三年章程:强劫之案,但有一人执持鸟枪洋枪者,无论曾否伤人,不分首从均拟斩决,加以枭示。

一,京城地方盗劫之案,照律斩决,加拟枭示。如有持火执械、入室威吓、掷物打人重情,虽未得财伤人,为首拟绞监候,为从烟瘴充军。

一,光绪二十八年章程:强盗杀人案件,正犯及帮同下手之犯,俱拟斩加枭,其仅止在场目击者如已得财,照律问拟斩决,未得财者目击杀人之犯拟斩监候,秋审入于缓决。

按:从前强盗惟旧例六项加枭,余则斩决而止。后来盗风日炽,现例又添出以上数条,皆系情节重大,非寻常行劫可比,故均照六项加枭。此外尚有粮船水手及山东捻匪强劫并川省差役扫通三项亦加枭示,现已删除,故不登入。此强盗之中尤为凶暴者,共七条。

一,强盗内有老瓜贼,或在客店内用闷香药面迷人取财,或五更早起在路杀害行客者,照强盗得财律不分首从皆斩立决。及老瓜贱传授技艺在家分赃者,照强盗窝主造意不行分赃律斩决,跟随学习之人虽不同行,俱发新疆为奴。

一,强盗引线,除仅止听从引路者照例以从盗论外,如首盗并无立意欲劫之家,其事主姓名、道路悉由引线指出,又经分赃者,虽未同行,即与盗首一律拟罪。

一,投首之贼借追赃名色将平人捏称同伙,或挟仇扳害,或索诈财物,不分首从、得与未得财,皆斩立决。

一,御驾驻跸之处,匪徒偷窃附近仓廒官廨拒伤官兵者,如在宫墙一里以内刃伤及折伤,首犯斩立决,为从及伤非金刃、伤轻平复之首犯均发伊犂为奴,为从满流。如在三里以内刃伤、折伤之首犯绞立决,为从满流,伤非金刃、伤轻平复之首犯满流,为从满徒。若拒杀官兵者,无论一里、三里以内,首犯加枭,为从帮殴之犯如刃伤折拟绞立决,伤非金刃折伤者绞监候,未经帮殴者发伊犁为奴。

按:老瓜贼行踪诡秘,引线(贼)诬扳贼用意险恶。至匪徒于驻跸之所行窃拒捕,亦为愍不畏法,虽非强盗而情节不亚于强盗,故附于《强盗门》内。此类于强盗而与强盗拟罪惟均者,共四条。

一,强盗案内知而不首,或强逼为盗临时逃避、行劫后分与赃物以塞其口,与知强盗后而分盗赃数在一百两以下者,俱杖一百徒三年。如分赃至一百两以上,按窃盗为从律递加一等,一百二十两以上发近边充军。

一，强盗同居父兄伯叔与弟，其知情而又分赃者，如强盗问斩，减一等流三千里。如强盗发遣，亦减一等徒三年，其得财而实不知情，照本犯之罪减二等。

一，伙盗内年止十五岁以下被人诱胁随行上盗者，无论分赃不分赃，俱拟满流，不准收赎。

一，洋盗案内被胁在船为匪服役，或事后被诱上船及被胁鸡奸并未随行上盗者，自行投首，照律免罪。拿获者徒三年。年未及岁仍照律收赎。

一，共谋为强盗，伙犯临时畏惧不行，事后分赃者流二千里，赃重者从重论，不分赃者杖一百。如因患病不行及别故不行、事后分赃者发新疆为奴，不分赃徒三年。

按：以上各项，或为强盗从犯，或为强盗家属，其情节有分赃不分赃之分，而分赃又有多少之别，且同一未行而有畏惧、患病之分，同一被胁而有投首、拿获及年未及岁之异。此皆强盗中之情节较轻者，共五条。

一，强盗除杀人、奸人妻女、烧人房屋及殴事主至折伤以上首伙各犯俱不准自首外，其伤人伤轻平复，如事未发而自首及行劫数家止首一家者，均发新疆为奴，系闻拿投首者拟斩监候，未伤人各盗及窝家盗线事未发而自首者满流，闻拿投首者烟瘴充军。至放火烧人空房及田场积聚之强盗自首，依故烧本律拟流，赃重者近边充军。

一，强盗首伙各犯于事未发觉及五日以内果能悔罪捕获他盗及同伴解官投首者，系伤人盗犯，于遣罪上减一等，拟徒三年。未伤人盗犯，照律免罪。若在五日以外，或闻拿将他盗及同伴捕获解官投首者，系伤人盗犯，于死罪上减一等，流三千里；未伤人盗犯徒三年。

一，光绪五年章程：拿获盗犯之眼线，曾为伙盗，悔罪将同伴指获，致被供出者如在五日外一月以内，于现例斩罪减一等发新疆为奴。五日以内减为流三千里，倘原伙较多，能获三名以上者，再减一等。

此项现有此条章程，例已不用。

一，光绪十四年新章：伙盗被获，供出首盗逃所，于四个月限内拿获，系旧例法无可贷之犯，减为绞监候，秋审入于缓决。系旧例情有可原之犯，减发新疆为奴。其伙盗能将全案首伙供出，于限内尽行指获者，系法无可贷者减为满流，(惟)[情]有可原者减为徒三年。如供获伙盗在一半以上，并首盗能将全案伙犯供出，于限内指获，均减为绞监候，秋审核其情节分别实缓。以上各犯当堂供出，按名指获，方准以供获论。如私向捕役告知，指拿到官，不得以供获论。

此项现有此条新章，旧章亦可不用。

按：以上二例二章系强盗自首专条，一系自行投首，一系捕获他盗投首，一系眼线指获同伴，一系首伙供出首伙。各盗既分伤人未伤人，又分事未发自首与闻拿投首，有以五日内外为限者，亦有以四个月外为限者，而伙盗供出首盗及首盗供出伙盗，并伙盗供出首盗各盗与伙盗供出伙盗一半以上，其中情节虽极细微而界限乃极严明，此强盗中之情节可原宥者，共四条。

一，用药迷人得财之案，为首及下手用药并迷窃为从二次及首先传授药方之犯，均照强盗律斩决，其余为从俱发新疆为奴。其人已被迷，经人救醒虽未得财，将首先传方及下手用药之犯拟斩监候。甫经学习，虽已合药即行败露，或被迷之人当时知觉未经受累，均发伊犁为奴。

一，用药及邪术迷拐幼小子女，人药并获，即照用药迷人例，分别拟以斩决及发新疆为奴。其药已丢弃未获，必须供证确凿，迷拐有据，方照此例办理。

按：此因律文以药迷人图财之意而分析之，又增入迷拐人口一项。律文得财皆斩立决，未得财皆流。此于得财中分出数项分别拟以斩决发遣，又于未得财中分出轻重，重者照律加等拟以斩候，轻者亦从重拟遣，此亦行同强盗者，共二条。

一，盗劫之案，把风接赃等犯虽未分赃，亦系同恶相济，照为首一律问拟，不得以情有可原量减。

按：强盗案件，国初沿明之律，不分首从皆斩。康雍以后渐从宽宥，分别法所难宥及情有可原两项，如转纠党羽、持火执械、涂脸入室、助势搜赃、架押事主、送路到案、诬扳良民并行劫二次及沿江滨海行劫、过船搜赃皆系法无可贷者也。至在外瞭望、接递财物，并未入室过船搜赃，并被人诱胁上盗，或行劫一次并无凶恶情状，皆情有可原者也。难贷者照律斩决，可原者免死发遣。至乾隆二十六年将此节著为定例，百余年来法令宽大，盗贼稀少，天下晏然无事。至咸丰年间复改从严，照律不分首从。同治九年将分别情有可原、法无可贷之例删除，续纂此条，从此强盗之案惟中途折回不行者，始分别畏惧、患病量减。若一到事主门首，无论瞭望把风，一概斩决。至今三十余年，严刑峻法，似可遏止盗风矣。乃近年正法之犯日多，上年吉林一省强盗正法多至一千余名，即以京城论，每年亦不下数百人。且从前盗案，各省必奏奉谕旨方行处决，近又创为先行就地正法，后始按季按年汇奏，更有并不奏闻者。法愈加愈严，而盗日杀日众。教化、吏治之不修，而徒事重法，亦何益哉！

一，凡问刑衙门鞫审强盗，必须赃证明确者，照例即决。如赃迹未明，招扳续缉涉于疑似者，不妨再审，或有续获强盗无自认口供，赃迹未明，伙盗已决无证者，俱引监候处决。

一，强盗重案交与印官审鞫，不许捕官私行审讯，番捕等役私拷取供，违者，捕官参处，番役等枷杖革役。承审官于初审之时先验有无伤痕，若果无伤痕，必于招内开明“并无私拷伤痕”字样，若疏忽不开，扶同隐讳及纵容捕官私审者，题参议处。

一，官员因畏疏防承缉处分，恐吓事主抑勒讳盗，或改强为窃者，均照讳盗例革职，承行书办杖一百。若抑勒苦累事主致死，或刑伤至笃疾者，除革职外照故勘平人律治罪。

一，强盗初到案时，审明伙盗、赃数，及起有赃物，经事主确认，即按律定罪。其伙盗数目以初获强盗所供为确，初招即定，不许续报。如事主冒开赃物，杖八十。其盗贼供出卖赃之处，如有伊亲党并胥役人等藉端吓诈者，计赃加窃盗一等治罪。

一，盗犯到案，先将各犯家产封记，候题结之日，将盗犯家产变赔。如该犯之父、兄弟、伯叔知情分赃，并另有窝家者，审明治罪，亦著落伊等追赔。傥各盗并无家产及外来之人无从封记开报者，将案内盗犯及窝家有家产者，除应（除）［赔］本身赃物外，或有余剩，概行变价代赔。倘将无干亲族及并未分赃之亲属株连赔累，查参议处。

一，强窃盗现获之赃，令各事主认领外，如强盗赃不足原失之数，将无主赃物补赔，余剩者入官。如仍不足，将盗犯家产变价赔偿。若典当收买盗窃赃，不知情者勿论，止追原赃，其价于犯人名下追征给主。

一，事主报盗，止许到官听审一次，认赃［一次］，所认赃物即给主领回，不许往返拖累。违者，严加议处。

按：以上各例皆（有）［言］审讯盗案定罪取供、追赃补赔之法，而首条尤为扼要，盖强盗罪名重大，审实应即立决，更须格外慎重。至赔赃之法，近来照此办理者虽百无一二，然亦不可不知。此因盗罪而并及审盗之法，共七条。

一，事主报盗案失单，逐细开明，如赃物繁多，一时失记，准于五日内续报。至起获盗赃，须委捕员眼同起认，如捕役私起赃物，或借寻赃逐店搜察，或混认瞒赃等弊事发，除将捕役治罪外，其不严禁之承审官题参议处。

一，事主报盗，不许捏饰，傥并无被劫而谎称被劫，及以窃为强，以奸为盗者，俱杖一百。以人命、斗殴等事报盗者，其本身无罪，亦杖一百。若本有应得之罪，重者从重问拟,轻者加一等。若奸棍、豪绅凭空捏报盗劫,藉以陷害平人,讹诈官役者,照诬告人死罪未决律拟流加徒,甲长、邻佑扶同者,各照事主减一等。

一,强盗邻右知而不协拿者杖八十,如拿获强盗一名,官给赏银二十两,受伤者照军伤例,将无主马匹等物变价给赏。如营兵捕贼受伤及受伤身亡者,仍照阵亡例给与身价银两。

按:以上各条系[言]事主报盗及捕役起赃并邻右纵盗捕盗分别治罪给赏之法,皆强盗案中必有之事,亦办盗案者应知之端,故连类而及,共三条。

一,律载强盗窝主造意,身虽不行,但分赃者斩。若不行又不分赃者满流,共谋者行而不分赃及分赃而不行皆斩,若不行又不分赃杖一百。

一,强盗窝主造意,不行又不分赃,发新疆为奴。若非造意,又不同行分赃,但知情存留一人,发近边充军,存留二人发新疆为奴,三人以上发遣处加枷号三月,五人以上加枷号五月。知情而又分赃,无论人数,仍照窝主律斩。

一,强盗案内知情买赃之犯,不论多少,一次满徒,二次近边充军,三次以上发新疆为奴。其知情寄赃及代为销赃者,一次徒二年,二次徒二年半,三次徒三年。

一,窝线同行上盗,得财者仍照强盗律定拟。如不上盗,又未得财,但为贼探听消息引路者,照窝主不行不分赃例改发新疆为奴。

一,曾任职官及在籍职官窝(赃)[藏]强盗,按平民应拟斩决者加拟枭示,罪应绞监候者加拟绞决,应徒流充军者发遣黑龙江当差。

一,同治十一年章程:窝留东三省马贼,知情分赃即照强盗窝主拟斩。若并未分赃,但知情容留,或受讬寄顿,或代为销售,均发新疆为奴,遇赦不赦。

按:以上各律例专(有)[言]强盗窝主及买赃、寄赃、销赃之罪,载在《盗贼窝主门》内,虽非强盗,而为强盗渊薮,与强盗律一并参看,共六条。

此外又有情罪凶暴,比照强盗问拟者数项,如纠伙骑马持械并聚至十人以上倚强肆掠抢夺者,抢夺纠伙三人持械威吓动手者,大江洋海官弁兵丁遇船遭风尚未覆溺不救反抢取财物者,纠众发冢起棺索财取赎者,发冢后将尸骨抛弃并将控告人杀害者,广东省匪徒作为打单名色伙众三人以上带有鸟枪刀械者,捉人勒索纠伙三人以上入室掳捉者,纠众图财放火故烧房屋者,谋杀人因而得财者,盐徒聚众十人以上擅用兵仗拒杀官兵及伤三人以上者,皆散见各门。比照强盗不分首从治罪之犯,亦应与强盗律合参,共十项。

	日本	英吉利	美利坚	德意志	法兰西	俄罗斯
强盗	轻惩役	五磅以上，处五年至十四年徒刑，或二年囚狱，或苦役隘牢	五年至十年囚狱加苦役	惩役	有期徒刑	十年以上、十二年以下苦工
强盗杀人	绞			无期惩役	无期徒刑	
强盗伤人	无期徒刑		终身囚狱加苦役	无期惩役		由十年以上苦工加一等
强盗持械	重惩役	处五年至终身徒刑，或处囚狱加笞刑	终身囚狱加苦役			

	唐	宋	元	明	清
强盗杀人	斩			斩枭	斩枭，现改斩决
强盗伤人	不持杖伤人者绞，持杖伤人者斩	绞	死	斩决	斩决，现改绞决
强盗得财	一尺徒三年，二疋加一等	一贯徒二年	徒三年		斩决，现改绞决
强盗赃多	不持杖，十疋绞。持杖，五疋绞	一十贯绞	不持械者四十贯首死从徒。持械者二十贯首死从流		
强盗不得财	不持杖者徒二年。持杖流三千里		持械不伤人徒二年半，不持械又不伤人徒一年半	满流	未伤人律满流，例发遣新疆，伤人者斩监候。现改绞监候

强盗,旧例斩枭,现改斩决各项:

一,强盗杀人者。

一,放火烧人房屋者。

一,奸人妻女者。

一,关系城池衙门者。

一,打劫牢狱仓库者。

一,积至百人以上者。

一,兵役强盗为首者。

一,强劫执持鸟枪洋枪者。

一,响马强盗持有军器者。

一,江洋大盗行劫者。

一,御驾驻跸,窃匪拒杀官兵者。

斩决现改绞决各项:

一,强盗得财者。

一,强盗引线分赃者。

一,御驾驻跸,窃匪于宫墙一里以内拒捕杀死官兵者。

一,窃盗强奸妇女已成者。

一,窃盗临时盗所拒捕杀人者。

一,用药迷人迷拐为首,下手用药并迷窃二次及首先传授药方并甫学习拟遣到配,故智复萌者。

一,强盗窝主造意不行分赃及共谋行而不分赃者。

一,窝线同行上盗得财者。

一,投首之贼诬扳平人者。

一,捕役为盗及分赃通贼致令脱逃者。

一,强盗得财杀人在场目击未下手者。

斩候现改绞候各项:

一,强盗伤人未得财为首者。

一,强盗未得财目击杀人者。

一,强盗伤人伤轻平复闻拿投首者。

一,伙盗供获首盗系法无可贷及伙盗供获伙盗一半以上并首盗供获全案伙盗者。

一,窃盗临时盗所拒捕刃伤及折伤以上为首者。

一,窃盗弃财逃走拒捕杀人为首者。

一,用药迷人经人救醒未得财为首,并首先传授药方转传贻害及下手用药者。

一,强盗赃迹未明无自认口供伙盗已决无证者。

绞决现改绞候一项:

一,御驾驻跸窃匪拒杀官兵为从帮殴刃伤及折伤者。

绞候各项:

一,御驾驻跸,窃匪拒伤官兵、帮殴刃伤、并杀死官兵为从帮殴者。

一,窃盗强奸妇女未成者。

一,窃盗拒捕杀人,为从帮殴刃伤及折伤者,窃盗弃财逃走拒捕刃伤折伤者。

一,窃盗拒捕刃伤绞犯投首别无证据者。

遣罪各项:

一,强盗案内情有可原者。

一,强盗伤人未得财为从者。

一,强盗未得财未伤人为首者。

一,强盗伤人事未发自首及行劫数家止首一家者。

一,用药迷人得财并迷拐为从者。

一,用药迷人案内甫经学习败露者。

一,御驾驻跸,偷窃伤官案内为从及伤非金刃折伤为首并杀人案内未经帮殴者。

一,接买盗赃至三次以上者。

一,强盗窝主造意不行又不分赃及存留强盗三人以上者。

一,强盗窝线未上盗得财探听消息者。

一,拿获盗犯眼线五日以外将同伴指获者。

旧例充军现改流罪各项:

一,强盗未伤人及盗线闻拿投首者。

一,强盗烧人空房自首赃重者。

一,窃盗临时杀人案内帮殴非折伤刃伤及未成伤者。

一，窃盗弃财拒捕杀人案内伤非金刃折伤者。

流罪各项：

一，伙盗供获首盗情有可原者。

一，造意不行又不分赃者。

一，未得财未伤人为从者。

一，捏报盗案陷害平人讹诈者。

一，强盗同居父兄伯叔知情分赃如强盗罪应拟斩者。

一，十五岁以下被人诱胁上盗者。

一，强盗未伤人及盗线事未发自首者。

一，窃盗弃财拒捕杀人案内未经帮殴成伤及刃伤人案内为从者。

一，窃盗拒捕刃伤绞犯闻拿投首者。

一，御驾驻跸三里以内偷窃刃伤弁兵未伤人为从者。

一，强盗伤人五日外捕获他盗及闻投首者。

一，拿获盗犯眼线五日内将同伴指获者。

一，伙盗供获全案首伙各盗系旧例法无可贷者。

一，盗后分赃至一百二十两以上者。

一，窃盗临时盗所刃伤人案内为从并伤非金刃伤轻平复为首者。

一，窃盗弃财逃走拒捕杀人案内，为从伤非金刃伤轻平复并未经帮殴成伤者。

一，接买盗赃二次者。

徒罪各项：

一，官吏讳盗抑勒苦累事主致死及刑伤至笃疾者。

一，强盗案内知而不首及强盗后分赃数在百两以下者。

一，强盗同居父兄伯叔知情分赃情轻及不知情分赃者。

一，洋盗案内被胁为匪服役后被拿获者。

一，窃盗临时拒捕伤非金刃折伤及未成伤为从者。

一，强盗伤人拿捕他盗自首及未伤人五日外捕获他盗投首者。

一，强盗患病及别故不行事后不分赃者。

一，强盗案内知情寄赃及代为销赃并接买盗赃一次者。

一，拿获强盗眼线五日内指获同伴三名者。

一，伙盗供获全案首伙各盗系旧例情有可原者。

一，强盗畏惧不行事后分赃者。

一，强盗五日内捕获他盗送官者。

旧例杖罪，现改工作及罚金各项：

一，捕役查缉强盗不力者。

一，谎称被窃及以窃为强以奸为盗妄报者。

一，以人命斗殴报盗者。

一，官员书吏抑勒讳盗及改强为窃者。

一，番役私拷取供及捕官私审者。

一，事主冒开赃物者。

一，强盗邻佑不协拿者。

一，强盗畏惧不行事后不分赃者。

一，强盗窝主不行又不分赃及不知盗情暂时停歇者。

劫囚

律文：凡劫囚者，（不分首从）皆斩（监候。但劫即坐，不须得囚）。若私窃放囚人逃走者，与囚同罪。至死者减一等。（虽有服亲属，与常人同。）窃而未得囚者，减（囚）二等，因而伤人绞（监候），杀人者斩（监候。虽杀伤，被窃之囚亦坐前罪，不问得囚与未得囚），为从各减一等。（承窃囚与窃而未得二项。）若官司差人追征钱粮、勾摄公事及捕获罪人，聚众中途打夺者，（首）杖一百流三千里，因而伤差人者绞（监候），杀人及聚至十人（九人而下，止依前聚众科断），为首者斩（监候），下手致命者绞（监候）。为从各减一等。其率领家人随从打夺者，止坐尊长。若家人亦曾伤人者，仍以凡人首从论。（家长坐斩，为从坐流。不言杀人者，举轻以该重也。其不于中途而在家打夺者，若打夺之人原非所句捕之人，依威力于私家拷打律。主使人殴者，依主使律。若原系所句捕之人自行殴打，在有罪者依罪人拒捕律，无罪者依拒殴追摄人律。）

按：此仍《明律》，原有小注，顺治三年增修，比较《唐律》为重。《唐律》：诸劫囚者流三千里；伤人及劫死囚者绞；杀人者皆斩。若窃囚而亡，与囚同罪。窃而未得减二等，以故杀伤人者从劫囚法云云。此劫囚者，不问是否死囚，但劫皆斩，虽不伤人亦斩。治罪较为加重，其窃囚一项与《唐律》尚无轩轾，后又添出中途打夺及率领家人打夺二项，亦较为完密。盖言强劫囚狱及窃放打夺之罪，共分八项：劫囚一层，窃囚一层，窃而未得一层，因窃囚杀伤人一层，聚众打夺一层，因打夺伤人一层，杀人及聚至十人一层，率领家人打夺一层。劫者，强取之谓。劫囚，如强盗之行劫。窃囚，如窃盗之偷取也。已招服罪而锁杻拘禁者，谓之狱囚。已审供取词、未招服罪而散行拘禁者，谓之罪囚。犯罪事发，已拘在官，尚未审录者，谓之罪人。强劫重在行强，不论得囚不得囚。窃放重在失囚，故罪有得囚不得囚之分。若因窃而杀伤人，则有似乎劫矣，故亦不分得囚不得囚。惟究与真劫者不同，故上有皆字，则不分首从，下无皆字，为从得减一等也。律文之细如此。此律已较《唐律》从严，现例又较律为严。律文劫囚皆斩监候，不言杀人伤人，亦止于斩。例则分别杀伤，又分别杀伤是官弁是役卒，层层加重矣。如例载：凡劫囚杀官者，为首及为从杀官者，依谋反律凌迟处死，亲属缘坐。下手帮殴有伤者，斩枭，其余斩立决。若拒伤官弁及杀死役卒者，为首并预谋助殴伙犯，俱拟斩枭；止伤役卒者，为首及帮殴有伤之犯俱斩立决。虽同助势未伤人者斩候，秋审情实。若未伤人，为首斩决；为从斩候，秋审情实云云。其斩候而加立决，又由立决而加枭示，并由枭示而加至凌迟缘坐，与反逆同论，深恶之也。又律文：聚众中途打夺杀人者，斩候；下手者亦绞候。余止于流。例则从严，分别改为立决、充军矣。如例载：官司捕获罪人，聚众中途打夺殴死差役者，为首斩立决；为从，下手致命伤重者绞立决，帮殴有伤者绞监候，未曾殴伤者极边充军，其伤差未死为首照律绞候，虽未伤者亦照伤人律绞候云云。其杀差与未伤差均较律加重，惟伤差一项尚仍照律办理。又尊长家长率领卑幼奴仆人等打夺杀人者，除尊长拟斩监候外，其卑幼等无论伤之轻重，律止均照为从拟以满流。例又补出杀二命加重一条。如例载官司捕获罪人，尊长率领卑幼等杀死差役一命案内，为从卑幼曾经杀伤人者，照律满流，未伤人者满徒外，其杀差非一家二命以上案内，为从下手之卑幼等拟绞监候，帮殴伤轻者满流，未伤人者满徒云云，是亦较律从严矣。例又于途中打夺外补出在家打夺一条，又于聚众中途打夺外补出人不及众打夺一条，如例载官司勾摄罪人，在该犯家拿获，如聚众打夺伤差，即照中途夺犯例治罪。若未聚众，一时争斗，致有杀伤，仍照本律定拟。又官司捕获罪人，仅止一二人中途打夺，无论有无伤差，均拟满流，为从减一等，如殴差致死即照聚众打夺律治罪云云，不但较律治罪从重，而分别过于详密，未免失之琐屑矣。此与罪囚反狱及故纵罪囚治罪不同者，彼系狱囚自内反狱，此系外人从外打狱劫囚；彼系看守之人纵令囚逃，此系旁人私窃放囚，情节不同，故各入各门也。又《日本刑法》：劫夺囚徒，以暴行胁迫助囚逃走者，处重禁锢五年以下附加罚金。若囚系处重罪者，处轻惩役。欲使囚徒逃走，给与器具，或指示方法者，处重禁锢三年以下，亦加罚金。致囚逃走者，加一等云云。较中律轻至数等，且因囚之罪重，而劫囚者罪亦加重，亦与《唐律》劫死囚者由流加绞之意相符。彼此合参，各有所长，是在人善为采择焉耳。

白昼抢夺

律文：凡白昼抢夺人财物者，（不计赃）杖一百徒三年，计赃（并赃论）重者，加窃盗罪二等（罪止杖一百流三千里）。伤人者，（首）斩（监候），为从各减（为首）一等，并于右小臂膊上刺“抢夺”二字。○若因失火及行船遭风著浅而乘时抢夺人财物及拆毁船只者，罪亦如之（亦如抢夺科罪）。○其本与人斗殴，或勾捕罪人因而窃取财物者，计赃准窃盗论。因而夺去者加二等，罪止杖一百流三千里，并免刺。若（窃夺）有（杀）伤者，各从故、斗论。（其人不敢与争而杀之曰故。与争而杀之曰斗。）

此仍《明律》，顺治三年添入小注。《唐律》无抢夺一门，已包于强盗之内。如所云本以他故殴击人因而夺其财物者，计赃以强盗论，至死者加役流云云。此即抢夺之本祖，明始专立《抢夺》一门，罪名介在强、窃之间，盖白昼抢夺与邀劫道路形迹相似，而其实究有不同。注云：人多有凶器为强劫，人多无凶器为抢夺。又，出其不意攫而有之曰抢，用力而得之曰夺。此数语辨别抢夺、强劫最为明晰。但后来条例纷繁，与律文诸多参差，而办法亦不遵守。律注明明应以强盗论者，而概照抢夺科断，律文已为虚设。现惟三人以下徒手抢夺者，方照律办理，数过三人或二人持有器械，例俱加重问拟。且律浑言伤人者斩监候，而未及杀人一项，例则杀人问斩立决，而伤人则分别刃伤、折伤及伤非金刃、伤轻平复数层，不得照律一概拟死，不但较律从轻，而拟罪亦最平允，足补律所未备。惟现在迭次增添，愈多愈歧，有计赃定罪者，有分杀伤定罪者，有分别省分定罪者，有分别人数定罪者，有分别器械定罪者，有分别次数、犯数定罪者，而省分有奉天、四川、湖北、河南、安徽，江苏之徐、淮、海，山东之兖、沂、曹之别，人数有二人、三人、五人、九人、十人、四五十人、百人之别，器械有鸟枪、洋枪、金刃、他物、木棍、军器、刀械之别，次数有一二次、三次、五次、八次以上之别。又同一抢夺，所因不同而罪名亦异，有因失火、因行船遭风覆水、因斗殴、因勾捕、因争地、因仇忿、因地方歉收之别，又所抢之物有钱财、货物、粮食、洋药、妇女、田禾、盗赃、窃赃之分，犯抢之人有苗人、回民、粮船水手、差役、官弁、兵丁、沙民、饥民、采捕船户、白撞手、红胡子之分，行抢之地有市场、在途、在野、大江、洋海、湖港、无人空室之分，总计现在例章不下三十条，即上年删除数条，此刻尚有二十余条，其中剖析过细，头绪甚繁，以致彼此轻重歧异，问官检查稍疏，即开书吏舞文作弊之隙。查外国并无所谓抢夺名目，《日本刑法》止分窃盗、强盗两项，不言抢夺，有犯即按照强盗加减问拟，最得《唐律》之意。盖抢夺即系强盗，《孟子》所谓："御人于国门之外。"《康诰》所谓杀越人于货者本是一类，自《明律》分为两项，现又增出无数例章，纷繁错杂，互相牴牾。长安薛氏已有改归画一之议，有志未逮。今奉明诏修订新律，此项亟应删繁就简。兹将均于现今实用各例择要附录于后，其余既不登入。

一，问白昼抢夺，要先明事犯情由，然后揆情剖决。在白昼为抢夺，在夜间为窃盗，在途截抢者虽昏夜仍问抢夺，止去白昼二字。若抢夺不得财及所夺之物即还事主，止问不应。如系割田禾，依抢夺科之。探知窃盗人财而于中途抢去，准窃盗论，系强盗赃，止问不应。若见分而夺，问盗后分赃，其亲属无抢夺之文，比依恐吓科断。

一，白昼抢夺杀人者斩立决。为从帮殴刃伤折伤及以上者，俱绞监候。伤非金刃又非折伤者，烟瘴充军。未经帮殴成伤者，极边充军。其伤人未死，如刃伤及折伤以上，首犯仍律拟斩监候，为从边远充军。伤非金刃，伤轻平复之首犯，烟瘴充军。未经成伤之首犯，近边充军。为从各徒三年。

一，白昼抢夺，除赃在七十两以下，依律拟以满徒外，其赃至八十两以上，即按律递加窃盗罪二等，罪止流三千里。一百二十两以上，仍照盗窃律拟绞监候。

一，抢夺窃盗杀人之案，如数人共杀一人，无论金刃他物手足，以致命重伤者为首，在场助势，或致命而非重伤，或重伤而非致命者，以为从论。如俱系致命重伤，以金刃者为首，手足、他物为从。如俱系金刃及俱系他物手足致命重伤无可区别者，有主使以主使者为首，下手为从。无主使以先下手者为首，后下手者为从。其同案抢窃、不知拒捕情事者，仍各照抢窃本律首从论。

一，抢窃拒伤事主，平复之案，如两人同场拒伤一人，一系金刃，一系他物，无论下手先后，以金刃伤为首。如金刃伤轻，他物伤重，而未至折伤，仍以金刃伤者为首。如一系刃伤，一系他物折伤，刃伤重以刃伤为首，折伤重以折伤为首。刃伤与折伤俱重，无可区别者，以先下手者为首。若俱系金刃，俱系他物，以致命重伤为首。如俱系致命重伤，或俱系他物折伤，亦以先下手者为首。若两人共拒一人，系各自拒伤，并不同场者，即各科各罪，各以为首论。

一，凡白昼抢夺三犯者，绞立决。若因抢夺问拟军流徒罪，在配在逃复犯抢夺，本系烟瘴军者发新疆种地当差。其余军流徒罪复抢一二次者，发烟瘴充军。三次以上发新疆种地当差。其抢夺问拟军流徒罪释回后复犯抢夺一二次、赃未满贯者，发极边充军，三次以上发烟瘴充军。五次以上发新疆种地。如抢夺初犯五次以上，发烟瘴充军。八次以上发新疆种地。至抢窃同时并发之案，除抢多窃少，不得以窃作抢，各从其重者论外，如窃多抢少即将抢夺并计，照纠窃次数科罪。

一，抢夺之案，如结伙骑马持械并聚众十人以上，倚强肆掠凶恶众著者，均照强盗律不分首从拟斩，被胁同行者发遣新疆为奴，聚众不及十人而数在三人以上，但经持械威吓及捆缚按捺并伤事主者，为首及在场动手之犯，亦照强盗律斩立决。为从未动手者均发新疆为奴。结伙仅止二人，但有持械威吓事主情事及虽未持械而结伙已至十人以上者，首犯烟瘴充军，为从满流。结伙不及十人，俱系徒手抢夺，为首满流，为从满徒。数在三人以下者，仍照本律定拟。

又，光绪十三年章程：结伙十人以上抢夺之案，但有一人执持鸟枪洋枪，无论曾否伤人，俱拟斩立决枭示。至结伙三人抢夺，执持鸟枪洋枪之人，首犯斩决加枭示，从犯斩决，伤人者亦加枭示。至一二人抢夺，执持鸟枪之犯，虽未拒捕，均发极边充军。

以上各例，首条系前明问拟抢夺通例，下四条系抢夺计赃及杀人伤人分别首从之法，足补律所未备，最为切要。后三条，一系分别犯数次数加重之法，一系分别人数是否持械加重之法，一系因执持鸟枪加重之法，俱系近年所定，现俱按此办理，尤在所重。此外，各省专条用处甚少，只好从略缓讲，留待学者自行参考可也。

窃盗

律文：凡窃盗已行而不得财，笞五十，免刺。但得财（不论分赃不分赃）以一主为重，并赃论罪。为从者各（指上得财、不得财言）减一等（以一主为重，谓如盗得二家财物，从一家赃多者科罪。并赃论，谓如十人共盗得一家财物，计赃四十两，虽各分得四两，通算作一处，其十人各得四十两之罪。造意者为首，该杖一百。余人为从，各减一等，止杖九十之类。余条准此）。初犯，并于右小臂膊上刺“窃盗”二字。再犯，刺左小臂膊。三犯者绞（监候），以曾经刺字为坐。〇掏摸者，罪同。

一两以下，杖六十。

一两以上至一十两，杖七十。

二十两，杖八十。

三十两，杖九十。

四十两，杖一百。

五十两，杖六十徒一年。

六十两，杖七十徒一年半。

七十两，杖八十徒二年。

八十两，杖九十徒二年半。

九十两，杖一百徒三年。

一百两，杖一百流二千里。

一百一十两，杖一百流二千五百里。

一百二十两，杖一百流三千里。

一百二十两以上，绞（监候）。三犯，不论赃数，绞（监候）。

按：此仍《明律》，原系以贯为计，国朝改贯为两，《明律》一百二十贯，罪止流三千里。顺治四年改一百二十两流罪为绞监候。康熙年间改为一百二十两以上绞监候。又添“三犯，不论赃数绞监候”一语。从此为窃盗始拟死罪矣。《唐律》窃盗一尺，杖六十。一疋加一等。一疋一尺杖七十，以次递加，至满赃五疋，不更论尺，即徒一年。五疋加一等，至四十疋流二千里。五十疋加役流。以《唐律》之一疋数合银一两计算，则笞杖之罪与今律轻重相同，而徒流则较今为轻矣。再《唐律》计赃有累而倍论之法，如盗数家之物累作一处倍论者，谓倍二尺为一尺，若有赃多累倍不加重者，止从一重为断。与今律以一主为重、并赃论罪之法不同。宋改疋为贯，窃盗一贯杖六十，二贯加一等，十贯徒一年。元律十贯以下处杖六十，二十贯加一等，至一百贯徒一年，每一百贯加一等，罪止徒三年。较今律为更轻矣。总之，唐以前不可考，自唐至明，窃盗均无死罪。**汉人有言：皋陶不为盗制死刑。又汉高祖约法三章：杀人者死，伤人及盗抵罪。可见，自汉以来，窃盗亦不拟死也。现在外国刑法无论窃盗、强盗均不处死。**《日本刑法》惟强盗杀人者始处死，窃盗无论有何重情，罪至重禁锢而止，与中国古律尚属符合。本朝顺治初年，以大乱初平，人心未靖，不得不设重法以遏绝乱萌。凡窃盗一百二十两即拟以绞,此窃盗处死之始。嗣又益以三犯拟绞之法,重财物而轻人命,已非古法。后又迭次加严,条例日益繁多,律文三犯而外,更有再犯加枷之例。计赃而外,又有计次数、计人数之例,次分八次、六次、四次、三次、一二次,人分三人以上、十人以上,而三人十人又有持械、不持械之别,且同一持械,鸟枪与凶器刀械不同,凶器刀械又与绳鞭、小刀、棍棒不同。行窃之人如系店家、船户、脚夫、车夫、回民、捕役、兵丁、地保等项则加重,如系亲属及旗人犯窃则从轻。如系衙署、外国使馆、公馆、围场则加重,如系田野则从轻。所窃之物如系仓库饷鞘官物、蒙古畜牲、矿产、人参、珠子、坟树等项则加重,如系田野谷麦、菜果等项则从轻。其尤纷乱者,直隶一例,山东、安徽一例,湖广、福建、广东、云南各一例,四川、陕甘又一例。又于杖罪以上、军流以下,添出枷号一项,又以枷号不足以示惩,添出锁系铁杆石墩一项,**例愈多愈杂,刑愈加愈重,定例之意原在求其详备,反致失于烦琐。加重之初,原为严惩匪徒,反致易长盗风。然则法不必设与?非也。太史公曰:法令者,治之具也。而非制治清浊之源也。然则盗不可治与?亦非也。孔子曰:苟子之不欲,虽赏之不窃。夫当今之世而欲高谈古之矜言德化者,诚为迂阔之论。惟自古迄今,治盗之法多矣,曾未闻畏法而人不敢为盗。法不足胜奸,汉之武帝,明之太祖,其明验与?《老子》云:民不畏死,奈何以死惧之。《孔丛子》述孔子之言曰:民之所以生者,衣食也。上不教民,民匮其生,饥寒切于身而不为非者鲜矣。古之于盗,恶之而不杀也。观此二说,可得弭盗之道焉。今不必空言清心寡欲,潜移默化也。第采东西各国之法,广兴工艺、农桑、森林、牧畜各实业,使民衣食有资,然后遍设警察以稽查其出入,使之无所潜藏窝顿,庶几盗少息焉。而其要尤在能得良吏,苟无良吏,则以上二者皆具文也。**至于窃盗各例,不过治标之法,现因过于密苛,上年奏请,以将各省专条删除,惟其中参差之处犹复不少。兹择其切于紧要、通常引用者,节录数条,其余概从割爱。

一,窃盗再犯,计赃罪应杖六十者,加枷号二十日。以五日为一等,以次递加,至杖一百加枷号四十日,交保管束。至行在拿获窃盗罪应杖笞者,枷号一个月,满日杖一百。徒罪以上仍照本律定拟。

一,窃盗三犯,除赃至五十两以上照律拟绞外,其五十两以下至三十两者,改发烟瘴充军。三十两以下至十两以上者,边远充军。如银不及十两者,杖一百流三千里。

一，窃盗三犯，应按其第三犯窃赃多寡，照例拟罪，毋得将从前初犯、再犯业已治罪之赃通算重科。

按：以上三条，第一条系于律内初犯、三犯中间补出再犯一项，第二、三条系因律文不论赃数拟绞一语未免过严，且不平允，仍于三犯中分别赃数多少拟以绞候军流，皆足补律所未备。

一，寻常窃盗，除并无伙众持械及虽伙众持械而赃至满贯罪无可加，或犯该军流发遣者，均仍照律例办理外，其有纠伙十人以上但有一人执持器械者，不计赃数、次数，为首发烟瘴充军，为从满徒。若纠伙十人以上并未持械及纠伙三人以上但有一人持械者，不计赃数、次数，为首满徒，为从减一等。如未得财，于军徒罪上递减一等问拟。

一、窃盗抢夺掏摸等犯到官，应将从前犯案次数并计。若遇恩赦，其从前所犯原案咸予赦除，免其并计，并免刺字，仍以初犯论。如得免并计之后再行犯窃，复遇恩赦，后犯案到官，审系再犯、三犯，俱照初次恩诏后所犯次数并计科罪。若遇清理庶狱恩旨，免罪不免刺者，仍行并计，按照从前次数定拟。

一，窃盗于得免并计之后，因窃问拟军流徒罪，在配释回，复行犯窃，如止一二次，仍照得免并计后，各分初犯、再犯、三犯科罪。若犯至三次以上同时并发者，照积匪猾贼例拟军。

一，未经得免并计之犯，因窃问拟军流徒罪，在配释回不知悛改，如为首纠窃四次，或虽未纠伙而被纠叠窃及独窃至六次者，并初犯、再犯之贼为首纠窃六次，或被纠叠窃及独窃至八次者，均照积匪猾贼拟发极边烟瘴充军。其未经得免并计之犯，因窃问拟军流徒罪，在配释回，为首纠窃三次，或被纠叠窃及独窃四次，并初犯、再犯之贼为首纠窃四次，或被纠叠窃及独窃六次并发者，均照积匪猾贼例量减一等，满徒。其三犯及赃重者，仍按本例从重论。

又光绪十三年章程：窃贼施放洋枪拒捕成伤，为首并帮同放枪之犯皆斩监候，秋审情实，杀人者加以枭示，寻常行窃持枪之犯，虽未拒捕，发极边充军。

按：以上五条，首二条系于律文计赃而外，又分出结伙持械持枪各重情，从严治罪。后三条系分别贼犯是否遇赦免其併计以为治罪轻重等差，总是恩典，准其只邀一次，不可再邀之意，而于律文计赃外又分出计次一法，均为办理窃盗者所当知也。

一，贼匪偷窃衙署服物者，不论赃数多寡，发烟瘴充军。未得赃者，徒三年，仍分别首从问拟。

一,现任官员乘坐船只、住宿公馆被窃者,计赃照寻常窃盗例加一等治罪。若寓居民房店铺,与商民杂处,无从辨识者,仍按寻常窃盗办理。

一,凡捕役兵丁地保等项在官人役有应捕之责,自行犯窃罪应军流徒杖,无论首从,各加枷号两个月,兵丁仍插箭游营。

一,店家、船户、脚夫、车夫有行窃商民,除计赃科断外,仍照捕役行窃例加枷号两个月。

一,回民行窃结伙三人以上但有一人持械,不分首从,发烟瘴充军。若三人以上徒手行窃者,徒三年。十人以上,虽未持械,仍照三人持械例拟军。未得财者各减一等。

一,旗人初次犯窃,即销除旗档。除徒罪以上,照民人一体刺字发配外,如罪止笞杖,照律科罪,免其刺字。后再行窃,以初犯论。其情同积匪、赃逾满贯者,子孙一并销除旗档为民。

一,窃盗逃走,事主仓皇追捕,失足身死及失财窘迫自尽者,如赃少罪轻不至满徒,照因奸酿命例徒三年。

按:以上七条,或因地加重,或因人加重减轻,或因酿命加重,皆窃盗案中特别之法,不可不知。

盗马牛畜产

律文:凡盗民间马牛、驴骡、猪羊、鸡犬、鹅鸭者,并计(所值之)赃以窃盗论。若盗官畜产者,以常人盗官物论。○若盗马牛(兼官私言)而杀者,(不计赃即)杖一百徒三年。驴骡,杖七十徒一年半。若计赃(并从已杀计赃)重于(徒三年、徒一年半)本罪者,各加盗(窃盗、常人盗)罪一等。

按:此仍《明律》,顺治三年采《笺释》语添人小注。《唐律》盗官、私马牛而杀者,徒二年半,赃重者加凡盗一等。若盗杀犛牛不用耕驾者,以凡盗论。盖以牛马军国所用,与余畜不同,若盗而杀,故拟罪较重。现律于马牛外又添出驴骡、鸡犬等项,与《唐律》之义不同。《唐律》系盗而兼杀,不分官私。现律官私分科,又分出盗而未杀一层,盗则分别官私,若盗而兼杀则官私同罪,无所区分,较《唐律》似为详备。此外,又有非盗而杀之罪,见《兵律·厩牧门》宰杀马牛律,宰杀又分私宰自己马牛与故杀他人马牛及亲属马牛罪，止徒一年半，较此盗杀为轻。盗杀止言牛马四项，不言猪羊各项，均系应杀之物也。律文盗牛盗马俱系计赃定罪，例则牛以只数论，马以匹数论，至二十匹只者拟绞，不至二十者从重加以枷号。律文盗杀罪止满徒，例则从重加枷号一月，充军。律盗官马者亦系照常人盗计赃，例则二匹以下照律计赃，三匹以上加重拟满流，十匹以上拟绞，均较律加严。且律浑言官马，例于官马中又分御用郭什哈马、多罗马、驽马及太仆寺官马、察哈尔牧厩并蒙古马匹，又于牛马外添出盗驼一项，更添盗蒙古四项牲畜专条。盖蒙古牲畜较官马虽轻，究较平人之牲为重。《日本刑法》虽无盗牛马明文，而窃盗罪内于牧场窃取兽类一条，亦即中律盗官畜之意，但彼法处重禁锢二月以上、二年以下，较凡窃处重禁锢四年以下者稍轻，中律则较凡盗为重。又《俄律》偷窃马匹者发西伯利亚安插，或交教养局习艺一二年。盖俄国北地为产马之地，故亦立有专条，他国不载。**即此可见，刑律各因其俗，各有取意，不能强同，亦不必强效也。**此项律轻例重，现俱照例办理，故节录条例于后。

一，盗官马二匹以下，以常人计赃论。三匹以上，流三千里。十匹以上，首绞候，为从烟瘴充军。二十匹以上者，不分首从绞监候。窝主及牧马人自盗者亦如之。

一，盗牛一只，枷号一月杖八十。二只，枷三十五日杖九十。三只，枷四十日杖一百。四只，枷四十日徒一年。五只，枷四十日徒二年。五只以上，枷四十日徒三年。十只以上，流三千里。二十只以上，绞监候。盗杀者，枷一月，附近充军，俱刺字。窝家知情分赃，与同罪。知情不分赃，杖一百。

一，行围巡幸地方，偷窃马匹五匹以上，绞立决。三匹、四匹，烟瘴充军。一二匹，湖广等省充军，为从及知情故买者，减一等。

一，盗御用郭什哈马者，首绞决，从监候。盗多罗马，枷号六月，边远充军。盗驽马，枷三月，近边充军。牧马官兵盗者罪同。

一，偷窃蒙古牛马驼羊四项牲畜（羊四只作牛马驼一只）三十匹以上，不分首从绞监候，秋审首实，从缓。二十匹以上，不分首从绞。十匹以上，首绞监候，为从烟瘴地方充当苦差。六匹至九匹，首发烟瘴，从发湖广等省。三匹至五匹，首发湖广等省，从发山东等省。一二匹，首发山东等省，从鞭一百。窃羊不及四只，首鞭一百，从减一等。

一，外边官兵及跟役盗蒙古马匹者，即在本处正法，其蒙古偷盗官兵马匹，或官兵自相盗马者，仍照旧例。

一，察哈尔等处牧厂偷卖官牲畜及宰食者，官革职，发黑龙江当差。牧丁发烟瘴充军。十匹以上，为首绞监候，从烟瘴充军。二十匹以上，首从俱绞监候。知情故买者减一等。

按以上各例，大抵官牲重于私牲，而边地蒙古尤重于内地，故特立专条，不照律文定罪。惟窃蒙古四项畜牲，理藩部新例与此参差。用时须彼此合参，从其轻者引之。

盗田野谷麦

律文：凡盗田野谷麦、菜果及无人看守器物（谓原不设守及不待守之物）者，并计赃准窃盗论，免刺。○若山野柴草、木石之类，他人已用工力砍伐积聚而擅取者，罪亦如之。（如柴草、木石虽离本处，未驮载间，依不得财笞五十。合上条，有拒捕，依罪人拒捕。）

按：此仍《明律》，顺治三年及雍正三年增入小注。《唐律》无此名目，而有山野之物已加功力砍伐积聚而辄取者以盗论一条，与此律后一段情罪相同。此律当着眼田野、山野等字，若谷麦等物收取到家及有人看守，即不得引此，或原有人看守而偶然无人，亦不得谓之无人看守。盖物虽在外，原各有主，乘人不见而盗之，其情与盗相似，故准窃盗论罪。惟究系在外之物，与盗之家中者有间，故得免刺，其罪止于满流也。律文器物二字所包甚广，例则提出矿砂、人参及围场野鸡、鹿只、柴草等项，盗者从严论罪，又于人参以外补出偷挖黄芪、偷砍果松、私藏珠子、私带米石、貂皮等罪。律本计赃定罪，例则偷人参者以两数计，复以人数计，矿砂分别金银、铜锡折银定罪，又以聚至三十人者不论赃数，从重拟军；盗围场茶蔬者复以初犯、再犯、三犯定罪，而木植以斤数为计，畜牲以只数为计，果松以根数为计，头绪纷繁，办理诸多参差。上年已将偷窃果松、黄芪二条删除，其余亦多无关引用之条，只可择要讲习。查《日本刑法》于田野窃取谷类、菜果，山林窃取竹木、矿物，川泽、池沼窃取人所畜养产物，均处重禁锢一年以下一月以上，较踰越门户墙壁行窃处五年以下禁锢者减轻数等。《法国律》亦有盗田野已刈之谷草及沼内所养之鱼者，处以十五日至两年禁锢刑，其情事皆与此律相似，而拟罪轻重不同，则各因其俗也。此门条则甚多，兹择其现当常用者，节录于下。

一，凡盗掘金银、铜锡、水银等矿砂，每金砂一斤折银二钱五分。银砂一斤折银五分。铜锡、水银等砂一斤折银一分二厘五毫,俱计赃准窃盗论。若在山洞捉获拒捕者,伤非金刃,伤轻平复,不论人数、砂数发边远充军。若杀人及刃伤、折伤,为首照窃盗拒捕律斩,为从减一等。不曾拒捕而聚至三十人以上者,不论砂数,初犯、再犯,为首近边充军,为从枷三月,照窃盗罪发落。若不拒捕又人数不及三十名者,为首枷三月,照窃盗罪发落,再犯近边充军,为从照窃盗罪发落。

一,旗民人等偷刨人参,如有身充财主雇人刨采及在外已过三冬,人数未及四十名,参数未至五十两者,发烟瘴管束。若人至四十名以上,参至五十两以上,为首及头目并窝家俱绞监候,为从发烟瘴。未得参者各减一等。如一时乌合,只身潜往得参者,一两以下徒一年。一两至五两,徒一年半。一十两,徒二年。一十五两,徒二年半。二十两,徒三年。二十两以上至三十两,流二千里。每十两加一等,罪止流三千里。为从及未得参各减一等。私贩,照私刨减一等。拟徒之犯释回复犯,发附近充军。

一,民间农田,如于己业地内费用工力挑筑池塘蓄水,擅自窃放灌己田者,照侵占他人田一亩以下笞五十,五亩加一等,罪止徒二年。有拒捕者,以罪人拒捕科断。如被应捕人杀伤,依擅杀伤罪人问拟。若于公共江河沟渎筑堰,及于公共地内筑塘占为已业者,俱不得滥引此例。

一,私入木兰等处围场及南苑偷窃菜蔬、柴草、野鸡等项,初犯枷号一月,再犯枷两月,三犯枷三月,满日杖一百。若盗砍木植、偷打牲畜及刨鹿窖者,初犯徒三年。再犯及初犯偷窃木植五百斤以上,牲畜至十只以上,或雇倩多人者,俱发极边充军。三犯者发新疆种地。为从及偷窃未得者各减一等,贩卖者又减一等。看守兵丁有犯,加一等。至察哈尔及札萨克旗下蒙古有犯,亦照此例问拟。

按:以上各例,一系盗矿,一系盗参,一系偷窃围场,均属专条。至农田蓄水,分别已业与公共以为问拟斗杀、拒杀之根由。此外,又有旷野白日盗田园麦谷等项,擅杀拟徒拟绞之例,载在《夜无故入人家》门内,当与此例一并参之。

亲属相盗

律文:凡各居(本宗、外姻)亲属相盗(兼后尊长、卑幼二款)财物者,期亲减凡人五等,大功减四等,小功减三等,缌麻减二等,无服之亲减一等,并免刺。(若盗有首从而服属不同,各依本服降减科断,为从各又减一等。)若行强盗者,尊长犯卑幼,亦

（依强盗已行而得财、不得财）各依上减罪，卑幼犯尊长以凡人论（不在减等之限）。若有杀伤者（总承上窃、强二项），各以杀伤尊长、卑幼本律从（其）重（者）论。○若同居卑幼将引（若将引各居亲属同盗，其人亦依本服降减，又减为从一等科之。如卑幼自盗，止依擅用，不必加）他人盗己家财物者，卑幼依私擅用财物论，加二等，罪止杖一百。他人（兼首从言）减凡盗罪一等，免刺。若有杀伤者，自依杀伤尊长、卑幼本律科罪。他人纵不知情，亦依强盗（得财、不得财）论。若他人杀伤人者，卑幼纵不知情，亦依杀伤尊长、卑幼本律（仍以私擅用加罪及杀伤罪权之）从（其）重（者）论。○其同居奴仆、雇工人盗家长财物及自相盗者，（首）减凡盗罪一等，免刺。（为从又减一等。被盗之家亲属告发，并论如律，不在《名例》得相容隐之例。）

按：此仍《明律》，顺治三年添入小注，雍正三年删改。《唐律》分作二门：一系盗缌麻小功财物，一系卑幼将人盗己家财物。《明律》合为一门，又添雇工盗家长及自相盗一项。《唐律》止言窃盗而未及强盗，若行强者照通律加二等，此则卑幼强盗尊长以凡论，尊长强盗卑幼以次递减，似较《唐律》为严，而《唐律》减罪止分三等：期亲减三等，大功二等，小功缌麻同减一等，现律缌麻、小功分作二等，又添无服之亲一层，共减五等。且《唐律》亲属止言本宗，外姻不在其内。现律小注系兼本宗外姻在内，则又较《唐律》为宽，惟是外姻无服之亲名色甚繁，引拟每致失当，故现例载明以律图为断，其律图不载者，不得滥引减等。律文共分六层：各居亲属相盗一层，亲属行强盗一层，因盗殴伤一层，同居卑幼引他人同盗一层，亲属他人杀伤一层，同居奴雇盗家长及自相盗一层。此律止言亲属强、窃盗而未及抢夺，故抢夺例内有亲属无抢夺，止依恐吓科断之语也。律止同居卑幼引他人窃盗而未言强盗，故例补出同居卑幼引他人强劫己家者依凡人论斩奏请定夺一条。律止奴雇窃盗家长，例又补出奴雇强劫家长及勾引外人同劫者，照凡人强盗律，其有杀伤家长者，依律从重论一条。且律文奴雇窃盗家长得减一等，例则不减，仍照窃盗律治罪。若系起意勾引外人同盗者，又计赃递加一等。例又于律外补出无服亲属内若素有周恤或讬管田财肆窃肥己者，即以凡人窃盗论，不得减等，仍免刺字。若赃至满贯，系尊长得照律拟以满流，系卑幼，拟绞监候缓决云云。大抵律轻例重，以上皆律例歧异之处，所当一并合参者。《日本刑法》：祖父母、父母、夫妻、子孙或同居之兄弟姐妹互相窃财者，不在以窃盗论之限。又《改正刑法》：凡直系血族及同居亲族犯窃取财物者，免除其刑，若系其他亲属，须待告诉而后论罪云云。虽不如中律以服制之远近为减罪之层次较为详细平允,然其敦睦亲厚、教人恤族之心则一也。至于亲属因盗杀伤律外,又有总例分断甚明,足补律所未备。备录于下,以备研究。

一,亲属相盗杀伤之案,除卑幼行强盗及尊长放火强劫图奸谋杀卑幼各以凡论外,如期服以下至无服尊长强、窃盗及抢夺卑幼财物杀伤卑幼者,各就服制中杀伤卑幼及同姓亲属相殴并亲属相盗各本律相比,从其重者论。卑幼窃盗及抢夺尊长财物杀伤尊长者,以凡盗杀伤之罪与服制杀伤及同姓亲属相殴各本律相比,从其重者论。若期服以下至无服尊长强窃盗及抢夺卑幼财物,并卑幼窃盗及抢夺尊长财物杀伤并无尊卑名分之人(如兄弟妻及无名分雇工人之类),亦各就亲属相殴及凡斗杀伤并亲属相盗各本律相比,从其重者论。其因抢窃亲属财物,被尊长卑幼及并无尊卑名分之人杀伤者,亦各依服制杀伤及同姓亲属相殴并凡斗杀伤各本律问拟,均不得照凡人擅杀伤科断。

恐吓取财

律文:凡恐吓取人财者,计赃准窃盗论加一等(以一主为重,并赃分首从,其未得财者亦准窃盗不得财罪上加等),免刺。若期亲以下自相恐吓者,卑幼犯尊长,以凡人论(计赃准窃盗加一等),尊长犯卑幼,亦依亲属相盗律递减科罪。(期亲亦减凡人恐吓五等,须于窃盗加一等上减之。)

按:此仍《明律》,顺治三年添入小注。《唐律》谓之恐喝取财。诸恐喝取人财物者,准窃盗论,加一等。虽不足畏忌,财主惧而自与,亦同。口恐喝亦是。展转传言而受财者,皆坐为从。若为人所侵损,恐喝以求备偿,事有因缘之类者,非缌麻以上自相恐喝者,犯尊长以凡论,犯卑幼依本法。又监临恐喝所部取财,准枉法。若知有罪不虚恐喝取财者,合从真枉法断云云。其拟罪与现律相同,而分晰较为详细。至监临恐喝,律虽无文而条例补出,亦与《唐律》情罪符合。此等匪徒内蓄穿窬之心,外托公强之势,恶其情逾窃盗,故准窃盗论而加一等,原其实非真盗,故免刺而无死罪也,轻重之间者皆有至理。《日本刑法》:凡恐喝骗取财物及证书类者,处重禁锢二月以上、四年以下,与窃盗拟罪从同。此外又加罚金四圆至四十圆,又较窃盗为重。盖即中律准窃盗论加一等之意,不过罪名不同耳。其名不曰恐嚇而曰恐喝,尚沿《唐律》旧文。盖日本维新以前,刑法遵用《唐律》,现虽改用欧律而名词仍多未变,即此可见。恐嚇以外又有捉人勒赎,刁徒酿命,棍徒扰害及光棍各例,以其情近恐吓取财,故附此门。现在用处甚多,而捉人一项又有新章,均当参考。故并录之。至于各省专条,如广东之打单吓诈,苗人之伏草捉人及擅入苗境藉差欺凌,江苏、山东、河南、陕西、安徽之带刀挟诈逞凶,黔省之帽顶大五小五,盛京之横河拦绠诈索,江西之拜会抢劫,山东、安徽之结捻结幅强当讹索,安徽之水烟箱主及旗民之指称隐匿逃人诈财、太监出外索诈并绰号棍徒各项,皆系一时一事,非通用之例,现在有删除者,亦有未删者。兹特约举名目,略知大概,其详情可不必深究,以惜精力。

一,监临恐吓所部取财,准枉法论。若知人犯罪而恐吓取财者,以枉法论。

一,凶恶棍徒屡次生事行凶,无故扰害良人,确有实据者发极边足四千里安置。(凡系一时一事实在情凶势恶者,亦照例拟发。)如并无凶恶实迹,偶然挟诈逞凶及屡次藉端索借,赃数无多,尚非实在凶恶者,仍照所犯定拟,不得滥引此例。

一,恶棍设法索诈官民,或张贴揭帖,或捏告各衙门,或勒写借约吓诈取财,或因斗殴纠众系颈谎言欠债逼写文券,或因诈财不遂竟行殴毙,此等情罪重大实在光棍,不分曾否得财,为首斩决,为从绞监候。犯人家主父兄各笞五十,家主父兄首者免罪。犯人仍照例治罪。

一,刁徒无端肇衅,平空讹诈欺压乡愚,致被诈之人因而自尽者,绞监候。拷打至死,斩监候,秋审入实。为从各减一等。如死者实系奸盗等项及一切作奸犯科有干例议之人,虽非凶犯干己事情,究属事出有因,为首减等满流,为从满徒。若凶犯所藉之事,在死者本无罪可科,或虽曾实有过犯而凶犯另捏别项虚情讹索者,均属无端肇衅,不得率予量减。

一,捉人勒索之案,除用强虏捉逼令上盗依强盗律斩决,或被捉之人因病身死依威力制缚及主使各本律例拟绞外,如将被捉之人拒伤身死,或于虏捉后谋故殴杀者,首犯斩决,为从谋杀加功者绞候,不加功者烟瘴充军。若拒杀斗杀,为从帮殴刃伤折伤者,绞监候,非金刃、非折伤者,发新疆为奴。未经帮殴成伤者,烟瘴充军。如将被捉之人任意凌虐,或未凌虐而致被捉之人自尽者,为首斩监候,为从帮同凌虐或无凌虐而助势逼勒者,发新疆为奴。仅止听从虏捉关禁,尚无助势逼勒情事者,烟瘴充军。至审无凌虐重情,止图获利关禁勒索,为首发新疆为奴,为从极边充军。其因细故逞忿,并非图利勒索,止于关禁数日,服礼后即放回者,为首满徒,为从减一等。如聚众拒杀兵役,首斩立决,为从分别是否帮殴刃伤、折伤及非刃伤折伤,绞监候、发遣为奴。其伤人未死,刃伤及折伤,首犯斩候,为从新疆奴。如勒索本罪已至斩决者,加枭。已至斩绞监候者加拟立决。若并未聚众拒捕及伤非金刃折伤者，仍照拒捕律加本罪二等。至遣罪无可复加者，到配加枷号三个月。

一，两广掳人勒索之案，如被掳数在三人以上及虏掳已至三次或将十岁以下幼童掳赎，除被胁同行或本罪至斩决无可复加外，其余罪应斩绞监候者加拟立决，罪应遣军者加拟绞监候，罪应徒者发极边充军。其有勒赎得赃数至一百二十两以上，首犯亦由遣加拟绞监候。

按：此例本系两广专条，光绪十三年经直督奏准通行各省一体照办，现已成为通例，与他省专条不同，故舍被而录此。

又，光绪二十四年新章，嗣后掳人勒赎之案，如结伙三人以上持械入室倚强掳掳已成形同强盗者，即照强盗不分首从律皆斩立决，其执持鸟枪洋枪者加枭。若拒捕杀伤事主，亦照强盗杀伤人例科断。在途掳掳数在三人以上或所掳系十五岁以下幼童或掳掳已至三次以上，或勒赎得赃在一百二十两以上四项中兼有两项，即由绞候改为绞决。若无前项重情，仍照旧例办理。

按：《唐律》：诸有所规避而指［执］持人为质者皆斩，部司及邻伍知见避质不格者，徒二年。**质期亲及外祖父母者，听身避不格云云。**即今掳人勒赎之罪，《唐律》另立专门，不与恐吓附合。明代删去此律，举世并不知有此等罪名。至国朝乾隆年间因苗人有伏草掳人之犯，始设立专条附于恐吓取财门内。近年两广直隶此风甚炽，渐至沿及各省，是以改为通例，现又定有新章，从重照强盗治罪，亦时势所趋，不得不然者也。考之《汉律》，掳人勒赎谓之持质，《赵广汉传》富人苏回为郎，二人劫之为质，令家将财物赎之。又《后汉·桥元传》亦有此事，且云乞下天下，凡有劫者，皆并杀之，不得赎以财宝，开张奸路云云。又建武九年，盗劫阴贵人母弟，吏以不得拘执迫盗，盗遂杀之也。又，《三国志》降人共执持夏侯惇，责以宝货，其将韩浩勒兵诣惇所，叱持质者曰：汝等凶逆，乃敢执劫大将军，复欲望生耶？吾受命讨贼，岂敢以一将军之故而纵汝乎？泣谓惇曰：当奈国法何？促召兵击持质者。持质者惶遽叩头，言我但欲乞资用去耳。浩叹责，皆斩之。惇乃免，魏太祖闻之，谓浩曰：卿此可为万世法，乃著令。可见现例本之《唐律》，而《唐律》仍本之《汉令》，《明律》不载此条，未知何故。

诈欺官私取财

律文：凡用计诈（伪）欺（瞒）官私以取财物者，并计（诈欺之）赃，准窃盗论，免刺。若期亲以下（不论尊长、卑幼，同居、各居）自相诈欺者，亦依亲属相盗律递减科罪。○若监临主守诈（欺同监守之人）取所监守之物者，（系官物）以监守自盗论。未得者减二等。○若冒认及诓赚、局骗、拐带人财物者，亦计赃准窃盗论，（系亲属亦论服递减）免刺。

此仍《明律》，顺治三年添入小注。《唐律》：诈欺官私以取财物者，准盗论。注云：诈欺百端皆是。若监主诈取者自从盗法，未得者减二等。知情而取者坐赃论，知而买者减一等，藏者减二等。此律删去末后数语，而添入冒认诓赚一节。盖诈欺与恐吓不同，恐吓者，其人怵于恐吓之势，无奈而与之。诈欺者，设计以罔人之不知，而其人自与之。恐吓近乎强盗，故加一等。诈欺近乎窃盗，故准窃盗不加。诈欺分别官私，诈欺官者，如领官银办公，用计诈为费用，虚数瞒官而取之之类。诈欺私者，如见人有财，用计诈为营谋事情以瞒人而取之之类。至物非己有而妄冒他人之名认为己有，曰冒认。诓者，哄也，谎也。赚者，卖也。设为谎言而卖其人以取人财曰诓赚。局者，博以行棋之具，犹圈套也。骗者，乘也，跃上马曰骗。装成圈套，使人入其中而不得出，因得其财而乘之曰局骗。因事遇便而携取人财物曰拐带，皆诈欺取财之类。《日本刑法》：凡恐吓取财物者，为诈欺取财。又乘幼者之知识浅薄，或人之精神错乱，使之授与财物，或贩卖物件，交换之时变其物质，或伪为分两交付人者，或冒认他人之产贩卖交换，或作为抵当典物，或自己之产已作为抵当典物而欺隐卖与他人者，或重为抵当典物者，均以诈欺取财论，处重禁锢二月以上、四年以下云云。与中律之局骗、诓赚名异而实相同，而恐吓统于诈欺，不分两项，亦与《唐律》相近。律文浑言诈欺，例则指出随考棚试枪手、指称衙门打点及赌赛市价涨落并钱铺关闭各项，皆诈欺中之尤著者，均有关于引用，故节录之。

一，学臣考试，有积惯随棚代考之枪手，审实，枷号三个月，发烟瘴充军。雇倩枪手及包揽之人同罪。知情保结之廪生杖一百。窝家不知情者，照不应重律治罪。倘有别情，从重科断。有赃者以枉法从重论。

一，生童考试，有棍徒捏称给与字眼记论骗财者，枷号三月，发烟瘴充军。被骗生童徒三年。若仅用虚词诓骗未成者，分别量减杖枷。

一，代倩枪手，如场外经提调访拿，或被生童禀首者，为未成。如已顶名入场，无论当时被获、事后发觉，俱为已成。未成者，分别已成量减治罪。

一，凡指称买官买缺，或称规避处分及买求中式等项诓骗听选，并应议官吏及举监生员人等财物者，如诓骗已成，财已入手，无论多寡，不分首从，俱枷号三月，发烟瘴充军。其央浼营干致被诓骗者，免枷，照前发遣。若诓骗未成，议有定数，财未接受，减一等徒三年，加枷号两月。被诓者杖一百，免枷。但经口许，并未议有定数，杖一百，枷号一月，被骗者杖八十。若甫被诓骗即行首送者，诓骗人照恐吓未得财律治罪，被骗者免议。

一，指称官员名头并各衙门打点使用名色诓骗财物，计赃，徒罪以上不分首从发近边充军。情重者枷号两月，发遣。（如亲属指官诓骗，依律，不可引例。）

一，京城钱铺令五家联名互保，如有侵蚀、藏匿、闭门逃走者，立即拘拿监禁，一面将寓所资财及原籍家产行文查封，仍押追在京家属勒限两月，全数开发完竣，其起意关闭之犯枷号两月，杖一百。逾限不完，统计数在一百二十两以下者，照诓骗财物律论罪。至一百二十两发附近，一百二十两以上至三百三十两发近边，六百六十两发边远，至一千两发极边四千里，均充军。一千两以上，发黑龙江当差。一万两以上绞，均勒限一年，全完，枷责释放，不完，再限一年。全完者，死罪减二等，军流以下枷责发落。若不完，军流以下即行发配，死罪再限一年，不完，永远监禁。所欠银钱勒令互保之四家均匀给代发，免其治罪。如四家不愿代发，或代发未完，准窃盗为从律减一等，徒三年。地方官遇有关闭，不行严拿，致人远扬，严参议处。

一，京城钱铺关闭，如有包揽票存、折扣开发者，照棍徒生事例治罪。如有通同作弊，包揽折扣者，与犯同罪。受财以枉法论。其有藉名取钱，踹毁门窗，抢去什物者，照棍徒例治罪。

一，奸民卖空买空，设局诱人，赌赛市价长落，其卖空者照诈欺局骗人律准窃盗论，买空者照为从律减一等。

按：此律[例]本系京城专条，光绪二十五年由江督奏请交部议准，嗣后开设公司钱铺，如有侵蚀、倒闭、捲逃股本、移匿客货者即照京城钱铺关闭例定拟，现已通行各省，一律照办矣。又，去年商部定有《破产律》更加详密，可与此律例一并参之。

略人略卖人

律文：凡设方略而诱取良人（为奴婢）及略卖良人（与人）为奴婢者，皆（不分首从、未卖）杖一百流三千里，为妻妾子孙者，（造意）杖一百徒三年。因（诱卖不从）而伤（被略之）人者，绞（监候），杀人者斩（监候，为从各减一等）。被略之人不坐，给亲完聚。○若假以乞养过房为名，买良家子女转卖者罪亦如之。（不得引例。若买来长成而卖者，难同此律。）○若和同相诱（取在己）及（两）相（情愿）卖良人为奴婢者，杖一百徒三年，为妻妾子孙者杖九十徒二年半。被诱之人减一等（仍改正给亲）。未卖者各减（已卖）一等。十岁以下，虽和亦同略诱法（被诱略者不坐）。○若略卖和诱他人奴婢者，各减略卖和诱良人罪一等。○若略卖子孙为奴婢者杖八十。弟妹及侄、侄孙、外孙、若己之妾、子孙之妇者杖八十徒二年。（略卖）子孙之妾，减二等，同堂弟、妹堂侄及侄孙者杖九十徒二年半。和卖者减（略卖）一等，未卖者又减（已卖）一等。被卖卑幼（虽和同以听从家长）不坐，给亲完聚。○其（和、略）卖妻为婢及卖大功以下（尊卑）亲为奴婢者，各从凡人和略法。○若（受寄所卖人口之）窝主及买者知情，并与犯人同罪（至死减一等），牙、保各减（犯人）一等，并追价入官。不知者俱不坐，追价还主。

此仍《明律》，顺治三年添入小注。《唐律》分作四门，略人略卖人为一条，略和诱奴婢为一条，略卖期亲卑幼为一条，知略和诱、和同相卖为一条，现律并作一门而分为七节。《唐律》拟罪多轻于《明律》，惟此项《唐律》反较《明律》为重。《唐律》略卖人为奴婢者绞，为部曲者流三千里，为妻妾子孙者徒三年，因而杀伤人，同强盗法，若和同相卖为奴婢者，皆流二千里。略奴婢者以强盗论，和诱者以窃盗论，罪止流三千里。略卖期亲以下卑幼为奴婢，并同斗殴杀法，和卖者减一等，卖余亲者从凡人和略法。诸知略和诱而买之者，减卖者一等。知祖父母、父母卖子孙及子孙之妾，若己妾而买者，各加卖者罪一等云云。惟略卖为妻妾子孙满徒一项与现律相同，余俱从重而办法亦有不同。至因略诱而杀伤人及略奴婢，均以强盗论，似乎过重。但《唐律》强盗不似现律之严，虽同强盗而其中仍有区别，非尽拟以死罪也。律文方略之略与略卖之略不同。方略，计谋也。又《字书》：不以道取曰略。如劫略、掳略则兼有威劫之意，诱取与略卖俱蒙上设方略言，谓设为方法谋略而将良人诱取为己之奴婢及略卖为人之奴婢也。取于家曰诱，卖于人曰略。此等阴行诡计，欺罔无知，散离其骨肉，残辱其身体，其情至重，其法应严。律虽罪止于流，非有杀伤不拟以死。现例已改从严，不分诱拐良人、奴婢及卖为子孙、奴婢，但系和同相诱，均拟军罪。若被诱之人不知情，即拟绞候，较律似为直截简当，而罪名亦与《唐律》相合。盖略诱子女为奴婢，古律本系死罪，见顾氏《日知录》，非自《唐律》始也。现俱依例办理，律文久成虚设。惟因略和诱而杀伤人，例无明文，有犯仍须用律。再，律止言亲属略和诱卖，例又于略和诱中指出有奸情者从重定拟。律止言卖期亲卑幼及大功以下尊长，例又补出卖期亲尊长一项，皆与律互相发明。至兴贩妇女及卖受寄子女，并奴雇略卖家长亲属，奸民诱骗愚民卖给洋人等项，皆足补律未备。此门必须律例合参，故节录条例于后以备研究。《日本刑法》：略取未满十二岁幼者，或诱拐，或交付他人，处重禁锢一年以上、五年以下，附加罚金四十圆以上、百圆以下。略取十二岁以上至未满二十岁幼者，减一等。其诱拐者又减一等。知略取诱拐之幼者而作为家属仆婢，但略取诱拐之幼者，从礼式成婚姻之时无告诉之效。又略取诱拐为满二十岁之幼者，交付外国人者处轻惩役云云。详绎此法，止言二十岁以下幼者，可见诱拐二十岁以上之长者即不论罪矣。而略取诱拐后以礼成婚者，即不得告诉，此亦中国难行之事，勉强行之，不但伤风败化，必致酿成杀伤劫夺之祸，至于乱而后已。

一，凡诱拐妇人子女，或典卖，或为妻妾子孙者，不分良人奴婢，已卖未卖，但诱取者，被诱之人若不知情，为首绞候，为从满流，被诱之人不坐，如拐后被逼成奸亦不坐。其和诱知情之人，为首极边充军，为从及被诱之人减等满徒。若并无和同诱拐，分赃暂寄留数月者，枷号两月。妇人有犯，罪坐夫男。夫男不知情及无夫男者，仍坐本妇，照例收赎。

一，诱拐内外大功以下、缌麻以上亲及亲之妻，审无奸情者，仍依和略卖大功以下尊卑亲本律问拟徒流。若因奸而拐及因拐而和奸，除从祖祖母、祖姑、从祖伯叔母、从祖伯叔姑、从父姊妹、母之姊妹及兄弟妻、兄弟子妻者各依律绞决外，余俱照凡人诱拐例拟军。至诱拐期亲以下、缌麻以上亲之妾，毋论曾否通奸，概照凡人诱拐例定拟。惟奸父祖妾者依律斩决，不在此例。诱拐者仍以凡论。

一，和诱、略卖期亲卑幼依律分别拟徒外，若略卖期亲尊长照强抢期亲尊属例拟斩监候。和者减一等满流。如因和诱而奸，仍依律各斩立决。

一，奴及雇工略卖家长之妻女及子者，拟斩监候。其因略卖而又身犯杀伤奸淫等罪，仍各照本律分别斩决凌迟，从重科罪。至略卖家长之期功以下亲属，仍照例拟绞。和者即发极边烟瘴充军。

一，兴贩妇人子女转卖与他人为奴婢者流三千里，为妻妾子孙徒三年，为从各减一等。

一，凡将受寄他人十岁以下子女卖为奴婢者极边充军，为子孙者徒三年，为从各减一等。若将受寄十一岁以上子女和同卖为奴婢子孙者，分别首从各递减一等。子女不知情者，仍照前例问拟。被卖之人不坐，给亲领回。知情故买者减一等，不知者不坐。

一，内地奸民诱骗愚民雇与洋人承工，其受雇人并非情甘出口，因被拐卖威逼致父子兄弟离散者，但系诱拐已成，为首斩立决，为从绞立决，仍一面按约照会外国领事官将被拐之人释放送回。其华民情甘出口在外国承工者，仍准其立约，赴各口下船，毫无禁阻。

发冢

律文：凡发掘（他人）坟冢见棺椁者，杖一百流三千里，已开棺椁见尸者绞（监候），发而未至棺椁者杖一百徒三年。（招魂而葬亦是。为从减一等。）若（年远）冢先穿陷及未殡埋而盗尸［柩］（尸在柩未殡或在殡未埋）者，杖九十徒二年半，开棺椁见尸者亦绞（杂犯）。其盗取器物、砖石者，计赃准凡盗论，免刺。〇若卑幼发（五服以内）尊长坟冢者同凡人论，开棺椁见尸者斩（监候）。若弃尸卖坟地者罪亦如之。买地人、牙保知情者各杖八十，追价入官，地归同宗亲属。不知者不坐。若尊长发（五服以内）卑幼坟冢开棺椁见尸者，缌麻杖一百徒三年，小功以上各递减一等。（祖父母、父母）发子孙坟冢开棺椁见尸者杖八十。其有故而依礼迁葬者，（尊长、卑幼）俱不坐。〇若残毁他人死尸及弃尸水中者，各杖一百流三千里。（谓死尸在家或在野未殡葬，将尸焚烧、残毁之类。若已殡葬者，自依发冢开棺椁见尸律从重论。）若毁弃缌麻以上尊长（未葬）死尸者，斩（监候）。弃（他人及尊长）而不失（其尸）及（毁而但）髡发若伤者，各减一等。（凡人减流一等，卑幼减斩一等。）〇（毁弃）缌麻以上卑幼（死尸），各依凡人（毁弃依服制）递减一等。毁弃子孙死尸者杖八十。其子孙毁弃祖父母、父母及奴婢、雇工人毁弃家长死尸者，（不论残、失与否）斩（监候。律不载妻妾毁弃夫尸，有犯依缌麻以上尊长律奏请）。〇若穿地得（无主）死尸不即掩埋者杖八十。若于他人坟墓（为）熏狐狸因而烧棺椁者杖八十徒二年，烧尸者杖一百徒三年。若缌麻以上尊长各递加一等。（烧棺椁者各加为杖九十徒二年半，烧尸者递加为杖一百流二千里。不可依服属各递加，致反重于祖父母、父母也。）卑幼各（因其服）依凡人递减一等。若子孙于祖父母、父母及奴婢、雇工人于家长坟墓熏狐狸者杖一百，烧棺椁者杖一百徒三年，烧尸者绞（监候）。〇平治他人坟墓为田园者，（虽未见棺椁）杖一百（仍令改正）。于有主坟地内盗葬者杖八十，勒限移葬。（若将尊长坟冢平治作地，得财卖人，止问诓骗人财，不可作弃尸卖坟地断。计赃轻者仍杖一百。买主知情则坐不应重律，追价入官。不知情追价还主。）〇若地界内有死人，里长、地邻不申报官司检验而辄移他处及埋藏者杖八十，以致失尸者（首）杖一百。残毁及弃尸水中者（首）杖六十徒一年（残弃之人仍坐流罪），弃而不失及髡发若伤者各减一等（杖一百。若邻里自行残毁仍坐流罪）。因而盗取衣服者计赃准窃盗论，免刺。

此仍《明律》，原有小注，顺治三年增修，雍正三年改定。较诸《唐律》似为详备，而拟罪亦不大差。《唐律》：诸发冢者，加役流；已开棺椁者绞；发而未彻者徒三年。其冢先穿及未殡而盗尸柩者徒二年半；盗衣服者减一等；器物、砖版者，以凡盗论。又《疏义》问答云：尊长发卑幼之坟，不可重于杀罪；若发尊长之冢，止同凡人法云云。可见《唐律》不言尊长、卑幼互相发冢之罪，已包括于问答之中。卑幼发尊长止同凡人，罪止于绞。现律卑幼发尊长冢，见尸者斩，已较《唐律》为重，而尊长发卑幼之冢究与《唐律》拟罪不同。且《唐律》止言发冢，现律添出毁弃死尸及烧棺烧尸、移尸不报并平治坟墓等罪，共分七节。首节言凡人发冢之罪。二节言亲属发冢之罪。三、四节言毁弃他人及亲属死尸之罪。五、六、七节因发冢毁弃之事而附及之。凡人发冢之罪重于毁弃亲属，毁弃之罪重于发冢。考之葬法，高者曰坟；封者曰冢；平者曰墓；开动曰发；穿地曰掘；在床曰尸；在棺曰柩。又《辑注》：见棺见尸，二"见"字，音胡甸切，显也，露也，作视解者谬。律文字法各有精意。总之，此律已较《唐律》为繁，而现行条律[例]更加细碎，于律文开棺见尸内又分出锯缝凿孔、尚未显露尸身一项，虽较开棺见尸者稍轻，究较仅见棺者为重。又于为从内分出帮同下手及在外瞭望二层，且律罪止绞候，例则改为立决，更由绞候改为斩决而奴仆犯主人者加以枭示，子孙犯父母者加以凌迟，较律重至数倍。近更增出许多名色，如指称旱魃刨坟毁尸，惑于风水发掘检视骸骨，争坟阻葬，开棺易罐，暗埋他骨、豫立封堆，伪说瘗基、贪人吉壤，盗发远年坟冢埋葬，并发掘历代帝王、先贤，前代分藩郡王、亲王，本朝贝勒、贝子、公等项陵墓，名愈出愈奇，罪愈加愈重，意在严惩匪徒，反致失其平允，何者？凡发冢之犯与窃盗皆意在得财，《唐律》窃赃计数（赃）虽多，并无死罪，而一经发冢见尸即应拟绞，恶其因图财而祸及死尸，故不计得赃多少也。《辑注》云：在野之坟，虽发掘而不得同于强盗；已死之人，虽残毁弃而不得同于谋杀。可见，发冢祸及死尸，与杀人害及生命者有间。盖《礼》云：葬者，藏也，欲人之不得见也。《唐律疏义》引礼以释律文，罪与斗殴杀人同科，虽似稍严，亦尚得中。至现定之例，首犯立决，从亦监候，不但较斗杀为重，即较之谋故杀人亦为严厉，似未得平。《日本刑法》：发塚坟墓见棺椁死尸者，处重禁锢二月以上二年以下，加罚金三十圆以下。因而毁弃死尸者加一等。若毁弃应葬死尸者减一等。即《俄律》发冢剥尸者，亦止罚作十二年以下苦工。彼此互相比较，亦可见死尸轻于生命，而例内发冢见尸之拟斩决，未免过于重矣。但现在俱系照例办理，则例文似较律有裨实用，故择要节录于后，以备参考。

一，发掘常人坟冢开棺见尸，为首斩立决，为从绞监候。其发冢见棺，锯缝凿孔，抽取衣饰，尚为[未]显露尸身，为首绞立决，为从绞监候。见棺椁，为首近边充军，为从满徒。其有卑幼发掘尊长坟冢开棺见尸及锯缝凿孔之案，无论期服功缌，均照此例办理。

一，盗未殡未埋尸柩，锯缝凿孔，为首一二次满徒，三次总徒四年，四次以上边远充军，六次以上烟瘴充军。为从一二次徒二年半，三次徒三年，四次五次总徒四年，六次七次边远充军，八次以上烟瘴充军。

一，盗未殡未埋尸柩及发年久穿陷之冢，未开棺椁者徒三年，为从减一等。开棺见尸，为首一次边远充军，二次烟瘴充军，三次绞。为从一次总徒四年，二次边远充军，三次烟瘴充军，三次以上亦绞。

一，纠众发冢起棺索财取赎已得财者，将起意及为从下手之犯，俱照强盗律不分首从，皆斩立决，在场瞭望者发新疆为奴。未经得财，首犯斩决，从犯发新疆为奴。如发冢后将尸骨抛弃道路，并将控告人杀害者，亦斩立决。

一，发掘坟冢各案，但经得财，俱计所得之赃照窃盗赃科断。如赃轻者依本例，赃重者从重治罪。

按：以上数条俱系目前常用之例，此外如奴婢盗家长、子孙盗父母并服制内尊长卑幼互相发塚盗柩之条，俱较律文一概加重，其例繁多，不及备录。

夜无故入人家

律文：凡夜无故入人家内者杖八十，主家登时杀死者勿论。其已就拘执而擅杀伤者，减斗杀伤罪二等，至死者杖一百徒三年。

此仍《明律》，与《唐律》大同小异。《唐律》夜无故入人家者笞四十，此杖八十。《唐律》若知非侵犯而杀伤者，减斗杀伤二等，此则删去此层。《唐律》已就拘执而杀伤，各以斗杀伤论；至死者，加役流。此则添一"擅"字，减斗杀伤二等；至死拟以满徒，较《唐律》减轻二等。此律之意盖防奸盗而并戒擅杀也，重在"无故"、"登时"四字，无故入人家内，其意不测，少缓之，祸即及己，故杀死勿论。至于已被拘执，自当送官而擅行杀伤，故减斗杀伤罪二等，至死亦止满徒。欲防奸盗之衅，故宽擅杀之罪。此与《罪人拒捕门》已就拘执而杀，以斗杀论，拟罪有绞、徒之分者，彼之罪人已属在官人犯，脱逃拘执，其事已定，如有杀伤，必是捕人凌虐所致，故不减等。此则虽就拘执，尚在本家，主家疑虑彷徨，莫测其故，因有杀伤，其情可原，故宽其杀伤之罪，准减二等。情有各别，故罪不一律。考之古书，此律由来已久。《周礼》朝士职曰：盗贼军乡邑及家人，杀之无罪。注：军，言攻也。攻一家一人与一乡一邑同，杀之皆无罪。郑康成曰：即今律无故入人家及上舟车牵引人欲为匪者，杀之无罪是也云云。可见汉时已有此律，《唐律》加入"夜"字，分别登时拘执，虽失古义，而其听民杀贼则同。《明律》诸重于唐，惟此项由加役流改为满徒，深得古人之意。夫人至不能保守身家，又不能忍受穷饿，小而鼠窃狗偷，大则明火执仗，此国家之乱民，所当锄治者也。此律听民自杀，虽擅杀罪止于徒，良有深意。盖良民，上所深爱，今以窃盗之故而不得安居，忿激一时，邂逅致死，罪至杖徒而害已深，原不忍迁徒良民之身家以偿盗贼之命也。若以良民之命而偿盗贼，不更失情法之平哉？现行条例于律文黑夜而外增出白日偷窃，又于律文入人家而外增出市野偷窃。律既分别登时、拘执，例又分别登时、事后、倒地向[拘]获。若系事后及倒地拘获，殴死从重拟绞，虽为慎重人命起见，究与古法大相背戾。钱氏维城有言：盗贼固命，良民亦命也。与其惜窃盗已死之命，何如惜良民未死之命。且恶其擅杀者，谓其不告官司耳。岂知告官司而仆仆讼庭，吏役需索，所失有过于贼者，即使无之，而废农荒业，民且不堪，又况事起倥偬，计不旋踵乎？或者谓事起黑夜，易起诈伪，不知案疑，则治案不宜移律以就疑，果使情涉游移，即当穷究根源，分别谋故、斗杀，又不得仅以罪人不拒捕颟顸了事也。或又谓盗固无论窃贼，不至死而轻杀之，彼特逼于贫耳。夫不能使民各安其生，不得已而为盗贼，此固在上者之责，不特窃贼可悯，盗亦可悯，而不可以此责之于民。且牧民者既已不能使民无盗贼矣，又以盗贼之故而杀民，是益之咎也。夫奸所获奸，杀之有无论者矣，奸亦不至于死也，律有不得捕奸之人，无不得捕盗之人，捕贼固重于捕奸矣。《孟子》论井田曰：守望相助，古人惧事主之力不足治贼，而责之于邻里，若并事主而禁之，毋乃长贼盗之势而夺民财乎云云。此段议论甚得律意，而长安薛氏《读例存疑》亦有窃贼为闾阎之害，既予事主以捕贼之权，即不应以事主抵贼犯之命之语，所见大略相同。《日本刑法》：凡昼间无故入人住宅，因防止而杀伤者，宥恕其罪。又防止对财产放火并盗犯及防止夜间无故入人住宅，不得已而杀伤者，不论其罪云云。不但较现例为轻，即较唐明诸律亦轻，深得《汉律》、《周礼》遗意。现在俱系照例办理，例亦未可弃置，故节录于后，以备参考。

一，事主（奴仆雇工皆是）因贼犯黑夜偷窃，或白日入人家内院内偷窃财物，并市野偷窃有人看守器物，登时追捕殴打至死者，不问是否已离盗所，捕者人数多寡，贼犯已未得财，俱徒三年，余人杖八十。若贼犯已被殴跌倒地及已就拘获辄复叠殴致毙，或事后殴打致死者，均照擅杀罪人律绞监候。其旷野白日偷窃无人看守器物，殴打致死者，不问是否登时，俱拟绞监候，余人杖一百。如贼犯持仗拒捕，被捕者登时格杀，仍依律勿论。（凡刀械石块皆是持仗，事在顷刻，事出仓猝，登时抵格而杀，谓之格杀。）

一，邻佑人等因贼犯黑夜偷窃，或白日入人家内院内偷窃携赃逃遁，直前追捕，或贼势强横，不能力擒送官，登时仓猝殴毙者，徒三年，余人杖八十。若贼已弃赃或未得财，辄复捕殴致毙并已被殴跌倒地及就拘获后辄复叠殴，又捕人多于贼犯倚众共殴致毙者，仍照擅杀罪人律绞监候，余人杖一百。其贼犯持仗拒捕，登时格杀者勿论。

一，贼犯旷野白日盗田园谷麦蔬菜柴草木石等类，被事主邻佑殴打致死者，不问是否登时，有无看守，各照擅杀罪人律绞监候。其贼犯持仗拒捕，登时格杀者仍勿论。

按：以上三条，第一条言事主殴杀窃贼，只以倒地前后及是否拘获迭殴为拟绞拟徒之分。第二条言邻佑殴死窃贼，不但以倒地前后及是否拘获分别生死，又以是否得财弃赃及捕者人数多寡为拟徒拟绞关键，较事主不问人数多寡及有无得财俱拟满徒者治罪略严。至第三节[条]统言事主邻佑旷野白日殴死偷窃谷麦蔬菜之贼,与上二节[条]白日入人家内及黑夜偷窃者不同,且田野谷麦虽有人看守,究与市野之器物亦不同,故均拟绞抵,并无依律减等之文。一曰市野,一曰旷野,一曰器物,一曰谷麦等类,各有命意,不容含混,须细玩之。

盗贼窝主

律文:凡强盗窝主造意,身虽不(同)行,但分赃者斩。(若行,则不问分赃不分赃,只依行而得财者不分首从皆斩。若不知盗情,只是暂时停歇者,止问不应。)若不(同)行又不分赃者,杖一百流三千里。共谋(其窝主不曾造谋,但与贼人共知谋情)者,行而不分赃及分赃而不行皆斩。若不行又不分赃杖一百。〇窃盗窝主造意,身虽不行,但分赃者为首论。若不行又不分赃者为从论(减一等)。以临时主意上盗者为首,其(窝主若不造意而但)为从者行而不分赃及分赃而不行,(减造意一等)仍为从论。若不行又不分赃笞四十。〇若本不同谋,(偶然)相遇共(为强、窃)盗,(其强盗固不分首从,若窃盗则)以临时主意上盗者为首,余为从论。〇其知人略卖和诱人及强、窃盗后而分(所卖、所盗)赃者,计所分赃准窃盗为从论,免刺。〇若知强窃盗赃而故买者,计所买物坐赃论。知而寄藏者,减(故买)一等,各罪止杖一百。其不知情误买及受寄者俱不坐。

一,推鞫窝主窝藏分赃人犯,必须审有造意共谋实情,方许以窝主律论斩。若止是勾引容留往来住宿,并无造意共谋情状者,但当以窝藏例发遣,毋得附会文致,概坐窝主之罪。

此前一条系《明律》,顺治三年添入小注,惟三节"若本不同谋"数语系《唐律》原文,余均明所纂定。《唐律》止有容止盗贼之律而无窝主律。其容止盗者,里正笞五十,三人加一等,罪止徒三年,强盗加一等。明立此贼盗窝主之律,拟罪过于严厉,恐人附会滥杀,故复设此后条问刑之例,以明用律之法,与别项律外之例不同。故读此律者,须与此例合参,方无流弊。细玩例文,"必须"、"方许"、"但当"、"毋得"八字何等慎重,即此可见古人用律详审之意。《辑注》:窝主与窝藏不同,律与例不同,今人以容留即为窝家者非是。又《笺释》云:窝主者,凶谋自伊始也,窝藏不过为窝顿赃物之主家耳。情有不同,故罪分轻重。又《读律佩觿》云:窝主者,主其谋以为上盗之地也,窝家不过利其财,为盗之主家耳,凶念不自伊始云云。其分别窝主、窝藏甚为明晰。盖律之本意，原是重窝主之罪以靖盗源，造意共谋是此律之纲领，行不行、分赃不分赃是此律之条目。与强盗律相似而各有不同，强盗律以行劫为重，既不同行，虽以盗论，故无分赃不行之文。窝主身虽不行，亦得坐地分赃，故有分赃而不行之律。盖强盗重在上盗，故不行者并无死罪。此律虽重分赃，故不行而分赃者，亦同拟斩也。至于盗后分赃及买赃藏赃各项，律文系不分强、窃，一概问拟。现例分别窃赃、强赃，定有专条，不但强盗赃重于窃赃，即窃赃亦较律从重，律文已为虚设矣。《日本刑法》：知为强窃盗赃物而收受或寄赃故买及为牙保者，处重禁锢一月以上三年以下，附加罚金三圆以上三十圆以下，又付监视二年以下，亦系不分强窃拟罪，惟均尚与律文用意相同，不过罪名轻重有异耳。至于盗贼窝主，《日本刑法》亦无此名，惟《俄律》有窝藏偷窃减二等及知情容止贼匪发西伯利亚安插之罪，亦与中律相近，但此项罪名现俱舍律用例，故节录例文于后。

一，知窃盗赃而接买受寄若马骡等畜至二头匹以上、银货坐赃至满数者，俱问罪，不分初犯、再犯，枷号一月发落。若三犯以上，不分赃数多寡，俱免枷号，发近边充军。（接买盗赃至八十两为满数。受寄盗赃至一百两为满数。盗后分赃，至一百二十两以上为满数。）

一，窝留积匪之家果有造意及同行分赃代卖，改烟瘴充军。如有脱逃被获，即改发亲疆当差。其未经造意又不同行，但经窝留分得些微财物，或止代为卖赃者，均减本犯一等治罪。至窝藏回民行窃犯至遣戍者，亦照窝藏积匪例分别治罪。

一，凡造意分赃之窝主，不得照窃盗律以一主为重，应统计各主之赃，数在一百二十两以上者拟绞监候。其在一百二十两以下亦统计各赃科罪。

一，顺天府五城及直隶、山东二省窝藏窃盗二名徒三年，三名以上近边充军，五名以上烟瘴充军。窝留积匪之家，无论贼犯在彼行窃与否，但经知情窝留，亦实烟瘴充军。

一，强盗窝主造意不行，又不分赃，发新疆为奴。若非造意，又不同行分赃，但知情存留一人，近边充军。二人，新疆为奴。三人以上，于发遣处加枷号三月。五人以上，枷号六月。如知情而又分赃，无论存留人数多寡，仍照窝主律斩。

一，洋盗案内知情接买盗赃之犯，不论赃数多寡，一次徒三年，二次近边充军，三次以上新疆为奴。

一，强盗案内知情买赃之犯照洋盗例定拟。其知而寄藏及代为销赃者，一次徒二年，二次徒二年半，三次以上徒三年。

以上三条，前已登入强盗门内，因系此门专条，有切实用，故仍载入，俾各以类相从。

按：盗贼窝主一项，律与例不同，新例又与旧例不同，情节介在几微而罪名显分生死。律言窝主，旧例言窝藏，系以有无造意共谋为拟斩拟遣界限，新例又变其法，止以分赃不分赃为斩遣之分，立法显有参差，引用每致其异，惟薛氏《存疑》折中律例，著有论说，言此最为详明，可作折狱准绳，附录于后以备参考：

强盗窝主情节亦有不同，造意共谋，或行而不分赃，或分赃而不行，均系同伙，虽窝主亦正盗也，自应与盗犯一律同科。若先不知情，盗后在家存留。或知其为强盗而容留往来，则应以窝藏论，分别人数定拟亦属平允。如行劫之前，因伊与事主家相近，先向商明在家停留。行劫后又至伊家分给赃物，无论造意共谋与否，即应以窝主论斩。又或招集亡命豢养在家，或与盗贼交结往来，坐家分赃，倚恃势力挺身架护者即巨盗也，更应以窝主论。

共谋为盗

律文：凡共谋为强盗，（数内一人）临时不行，而行者却为窃盗，此共谋（而不行）者（曾）分赃，（但系）造意者（即）为窃盗首，（果系）余人并为窃盗从。若不分赃，（但系）造意者即为窃盗从，（果系）余人并笞五十，（必查）以临时主意上盗者为窃盗首。○其共谋为窃盗，（数内一人）临时不行，而行者为强盗，其不行之人（系）造意者（曾）分赃，知情、不知情并为窃盗首。（系）造意者（但）不分赃及（系）余人（而曾）分赃，俱为窃盗从。以临时主意及共为强盗者不分首从论。

此仍《明律》，顺治三年添入小注。《唐律》谓之“共谋强盗不行”，明改为“共谋为盗”，律文罪名全同《唐律》，惟字句稍有增改。其两节末后“以临时主意”句，《唐律》所无，系明所增。此律是专论共谋不行之人，但有谋窃行强、谋强行窃之法。至共谋为强，临时不行，而行者仍为强；共谋为窃，临时不行，而行者仍为窃。若系强盗，则当依后例分别办理；系窃盗，则当视情之轻重、赃之多少分别酌定，即与此律情节不符。《辑注》引公羊子曰：君子之恶恶也疾始，其善善也乐终。故谋强行窃者，不行之人从重；虽不分赃之余人，犹笞五十，所以谨其始也。谋窃行强，不行之人从轻，其不分赃之余人即不著其罪，所以与其终也。惟不行分赃之人，无论谋强行窃、谋窃行强，但系造意者，均以为窃盗首，系共谋者，均为窃盗从。盖谋强而分窃赃者，心虽可诛，而事究堪原；谋窃而分强赃者，事虽可恶，而心实无他，其情一，故其罪同也。此中律之最精细处，外国均无此法。现例又有共谋强盗临时不行而行仍为强盗一项，足补律所未备，故并录之。

一，共谋为强盗伙犯，临时畏惧不行而行者仍为强盗，其不行之犯事后分赃者流二千里，赃重者仍从重论，不分赃者杖一百。如因患病及别故不行，事后分赃者发新疆为奴。不分赃者徒三年。

此例《强盗门》内业已附入，因系此门专条，故复登之。

公取窃取皆为盗

律文：凡盗公取、窃取皆为盗。（公取，谓行盗之人公然而取其财，如强盗、抢夺。窃取，谓潜行隐面私窃取其财，如窃盗、掏摸，皆名为盗。）器物、钱帛（以下兼官、私言）之类须移徙已离盗所（方谓之盗）。珠玉、宝货之类据入手隐藏，纵（在盗所）未将行亦是（为盗）。其木石重器非人力所胜，虽移本处，未驮载间犹未成盗，（不得以盗论）。马牛、驮骡之类须出阑圈，鹰犬之类须专制在已乃成为盗。（若盗马一匹，别有马随，不合并计为罪。若盗其母而子随者皆并计为罪。）〇此条乃以上盗贼诸条之通例。未成盗而有显迹证见者，依已行而未得财科断。已成盗者依律以得财科断。

此仍《明律》，原有小注，顺治三年增修。《唐律》仅"止公取窃取皆为盗"一语，以上数行系采取《唐律》小注、《疏议》而纂辑成律，本朝顺治三年又增入末后一段。此乃盗贼之通例，故列于诸盗之后，总束各门以为问盗之法。首句总言为盗之等类，以下各项乃分论已成盗、未成盗之法则也。必须公取、窃取方谓之盗，若他律所称擅取、擅用、擅食、擅将取之类，皆不在公取、窃取之例，即不加以盗贼之名。盖盗以赃为凭，若未成盗则无赃可据，故必须有显迹证见，方拟为不得财之罪。至律注，盗马一匹，别马随之，不并论；而盗其母，子随之，故并论罪者，盖盗此马而别马随之，乃偶然之事，非有意盗之。若盗母子随，乃必然之理，即属有意盗之，故有并论、不并论之分。此说亦系《唐律疏议》所载，《明律》采取入注，至今因之。即此一端，可见古律精微细密，非躁心人所能定，亦非躁心人所能读矣。此后尚有起除刺字一项，现章业经删除，故不收入。自"谋反"至此共二十七项，合为《盗贼》一门。盖人之恒情，财与命相连，故《贼盗》之后即以《人命》继焉。

韩文魁跋

吾师石笙先生，法律名家也。丙午冬，堂宪奏设律学馆，延先生主讲席，先生不辞劳瘁，按部编次《大清律例讲义》，理明义备，视原律注释为尤详，洵足诱掖后进也。馆中同学于律学窥有门径，率皆得力于先生。今讲义已集成数帙矣，魁亲承训示，与同学共被沾溉，久欲将先生此编广行于世，特有志焉而未逮，适值监督陈雪樵、庶务提调崇秋浦、刘厚之诸先生提议校刻，公诸同好，遂不揣固陋，爰与同志任校雠之责焉，窃谓先生律学既精且粹，《讲义》一编固不足以窥底蕴，然世之有志斯学者循是次第以求之，亦诚事半而功倍云。

光绪戊申嘉平月受业仁和韩文魁谨识

段振基跋

经学与律学相表里，治经不深者，治律亦必不精，而经生家每以为法律之书，不肯深究，无惑乎世之精于律者，鲜也。律文古质简奥，难以猝读，使无人为之讲解指示，而章句或不能分晰，至隐深之旨、疑似之词，更无从别白于其间，则治律不更难于治经乎？比奉诏旨审定律令，法部堂宪奏设律学馆，专讲《大清律例》，参考日本刑法，聘吉石笙先生为教习。先生以名进士官西曹，据律断事，无畸轻畸重之失，盛名已赫赫于一时，今之主讲斯席也，本之以心得，资之以阅历，参之以东西列强之法制，每命一题，评一艺，无不援彼证此，因流溯源，疏通详明，折衷至当，不背于古，不戾于今，盖合古今中外之法制，而萃于先生一人之身者也！先生道德之盛，学养之深，虽不以此为专门，要亦足见一斑矣！凡与于斯馆、获怜先生之绪论者，何幸如之！同馆诸君共集先生两年以来《讲义》，请于堂宪付梓行世，俾世之读律者皆有所资而考证焉，庶不负先生启迪后进之深意云。爰赘数语于篇末。

光绪二十四年嘉平之月古尧都受业段振基谨志

王正宽跋

吾乡自薛云阶尚书后，西曹中久推老宿者惟吾师吉石笙先生，法学精深，尝于汉、唐、宋、元、明之律例，日、俄、英、美、德、法之法典，莫不参考得失，辨别异同，触类旁通，互相比较，生平精力尽萃于斯，又周历塞外，更事既多，尝慨中国法网之密，刑法之重，曾具说帖呈请减轻刑法，以为历代律法以《唐律》最为完善，《大清律例》大半取法是书，而现今法律又较《唐律》为重，爰取近今部中所办案件涉于严厉者，条分缕析，直言无隐，幸蒙采择，次年即有减轻刑章、去凌迟、枭示之请，仁人之言，其利溥哉！今修律大臣命先生参订《大清律例》，先生以数十年研究之功，附以生平阅历自得之语，博采东西洋律学家之精粹，以救中国繁缛琐碎、不能实事求是之弊，而先生减轻刑法之意至是已遂。

先生主京师法律讲席数处，久为当道及后学所倾佩，所至口讲手画，晓畅明达，而且性真语挚，启发最易，著作丰富，尤以《大清律讲义》一种为后学之津梁，为读律者开多少法门，造成立宪后之人才，异日内外各级审判厅刑清讼理，皆先生鼓铸甄陶、批郤导窾为标准而作针度。

薛云阶尚书著《读例存疑》诸书，有功法学，先生是书，日与及门讲解切磋，当较薛书嘉惠不浅。先生本所学以提倡后进，亦中国生灵民命之所关，岂特为法学传人也哉！正宽亲承教训，是书之成，忝任校雠，谨识数语于篇末，用伸仰止云。

受业三原王正宽敬跋

秋审条款讲义

秋审条款讲义序

古律无秋审之名，唐宋元明律中言斩绞死罪者，均系立决，并无监候、秋后处决之制。然考之《月令》，孟秋之月，审决断，始用戮。唐律亦有立春、秋分前不决死刑之条。可见古者行刑必于秋冬，所以顺天地肃杀之气也。有明中叶，始定有朝审之法，英宗天顺二年春旨：人命至重，死者不可复生，自明年始，霜降后该决重囚，着三法司奏请，会同多官人等，从实审录，永为定例。此秋审所创始也，国朝因之。顺治十年，京师设朝审，直隶始设秋审。十五年各省遍设秋审，由刑部差司官二员会同该抚按审奏，后改差三法司堂官会审。康熙五年停止差遣，由各省巡抚举行。其办法止酌按情节，分实、缓、矜、疑四项，尚无条款可据。至乾隆三十二年，因各司定拟实、缓每不画一，始定条款四十则，颁行各省，其后叠次增加，渐归完备。考其办理之法，在外为秋审，统归督按；在内为朝审，统归刑部。其在内者，刑部每年正月，书吏摘录死罪原案节略，先列案身，次列后尾，订为一册，分送学习司员先用蓝笔勾点，酌拟实缓可矜，加以批语，谓之**初看**。次由堂派资深司员复用紫笔批阅，谓之**覆看**。复由秋审处坐办、提调各员取初看、覆看之批，折中酌议，又用墨笔加批，谓之**总看**。**总看**后呈堂公阅，各加批词，注明实缓，此刑部办理之次第也。在外者，每年二三月，先由臬司拟定实缓可矜详由，督抚覆勘，勘后督抚会同藩臬两司、各道，择日同至臬署亲提人犯，当堂唱名，然后确加看语，于五月以前具题咨部，谓之**外尾**。刑部接到各省外尾，仍依前看朝审之法，历经司堂阅后，与部定朝审合为一处，刷印成帙，谓之**招册**，亦谓之蓝面册，其有内外意见不同、实缓互异者提出，另为一册，谓之**不符册**。七月间择日公同商议，先由秋审处各司员公议决定，谓之**司议**。**司议**后定期齐集白云亭，按班列座，堂司合议，谓之**堂议**。议定标明实缓可矜，再由秋审司员拟定简明理由，谓之**方笺**。其朝审人犯，刑部议定后又由部奏请钦派大臣十人，取刑部所定，各加详阅，谓之**复核**。朝审如复核有疑义者，由大臣签商，刑部据笺解明理由，然后统将内外招册分送部院九卿、詹事、科道，于八月下旬择日在金水桥西朝房，刑部堂官合大学士、九卿科道，按次席地而坐，将外省秋审名册逐一唱名，并将朝审人犯提至朝房，按名分别实缓，唱令跪听，谓之朝审**上班**。上班以后，各部院科道俱无异议，然后备本具题，请旨定夺。其情实并有关服制人犯，由刑部缮写名册，纸用粉敷，墨书粉上，谓之黄册，以备御览。候至霜降以后，奏请钦天监择选分定勾到日期先远省而后近省，末后始及京师，每届勾到之期，刑科给事中前五日覆奏三次，后改为一次，前三日刑部将黄册进呈，皇上素服御懋勤殿阅看黄册，酌定降旨，命大学士一人照勾，由御史恭领送部，如系外省，即由部钉封分递各省，到日行刑，并刊印黄榜，颁发各府州县，以昭炯戒。同治以后暂停御览，派大学士在内阁依拟照勾，然每年仍奏请规复旧制。此办理秋审、朝审之先后次第也。夫由刑部初、覆看以至堂阅，已历数十人之手矣，又必会同各部院、九卿、詹事、科道等公同审定，方始具题，即题准之后，又令科道三次覆奏，方始勾决，其曲折繁重、礼节如此周密者，岂不知简易之为便哉！良以人命关系重大，非此不足以防冤滥，此可见我朝慎重民命、以固邦本之至意，洵足以驾汉唐而媲三代矣。自刑部改为法部，一切法律舍旧趋新，删繁就简，举从前详细章程概从芟薙。凡外省死罪，其情轻者改为随案酌缓，秋审止列清单，不入招册。去年奏请删除钦派复核及朝房会审各节，朝审亦改为秋审。本年又奏请删除先期覆奏、内阁具题，而黄册概归简易，其服册并情实声叙各案均不列入，又止列勘语，而各省外尾并法部后尾亦概从删削，此亦时会所趋，不得不然。然历期良法美意从此荡然无存矣。至于《条款》一书，创自乾隆三十二年，后来迭次增入，至光绪年间增至一百八十五条；《条款》而外，又有阮吾山司寇《秋谳志稿》、王白香《秋审指掌》、谢信斋《秋谳条款录》与各条款互相发明，均称善本。近来沈司寇又着《秋审条款附案》一书，备载历年成案，详细靡遗，尤为秋审秘钥，惟均原本旧律。上年《现行律》颁行，罪名半从轻减，而旧日条款与现律诸多凿枘，复奉命修改《条款》。同钧蒙修律大臣派充纂修之役，与共事诸君按照现律参酌新旧，去其重复，补其缺略，共得一百六十五条。[1] 惟当时需用甚急，限期所迫，审察未易精密，且出自众手，其中轻重权衡亦间有参差不齐之处。书成之后，始行核对，然已修改不及矣。同钧不揣固陋，思所以救正

① 《乐素堂文集》下有“较旧款少二十条”。

之而未有暇也。比年主讲律学馆，乃与诸学员逐日讨论，遂成《秋审条款讲义》一册，逐条详述原委。其中完善平允与现律轻重适均者，发明所以修改之故。间有与现律不甚吻合者，亦略加驳正，指明其失，非敢妄议定本也。良以一字一句之间，关系生死出入，故不惮反复辩论，期于允当而止。

夫秋审一事，较之定案尤为切要。定案不妥，秋审尚可补救；秋审一误，则死者不可复生，虽欲挽回而已无及。故从前部中司官学习，必先从看秋审入手，而堂官用人，亦以看秋审之成绩为派乌步[①]之地步。盖其章法精细，起伏照应，夹叙夹议，全以《史》《汉》古文之法行之。秋审之法精通，则奏稿、驳稿并一切公牍直可行所无事，此律学馆功课所以添入此门也。同钧庚寅分部，时值乡先正薛赵二公先后为长官，谆谆以多看秋审相告语，并为摘要指示。后入秋审处办事，距今已十年矣。每年二月至七月，日无暇晷，分看之后又加总阅，所拟批词、说帖多蒙堂长采纳施行。上年有逯荣淋、李五巴及蒙古瓦其尔各起，业已堂议定实，经同钧援案力争，均改声叙，得以不死，此亦看秋审之效果也。

现在新律将行，旧法一切变易，惟此秋审一节，将来尚不能废，故乐与律学馆诸友讲解，以求实效。讲义既成，爰述其旧章之原委，以及关系之重要而为之序，当亦有心斯道者所不弃也。

宣统三年辛亥秋日龙门吉同钧叙于法部律学馆之振雅堂

---

① “派乌步”一作“升迁”。

新订秋审条款讲义

职官

一，职官。（凡文武食俸禄皆是。若系顶戴荣身，如四等职衔台吉、额外外委等项有职无任者，不在此列。）犯一应死罪，如系贪黩败检，及失陷城寨，并事关军机、钱粮等项，俱入情实。其余仍按罪名情节轻重，分别实、缓、可矜，与常犯一律办理。

按：官犯一项，从前均系杂入常犯一律办理。乾隆十四年始将官犯另为一册，然仍与常犯一体分别实、缓、可矜，并非一概入实。至乾隆二十二、三等年，官犯入矜缓者多被严旨申饬，后始一律入实。从此相沿为例，以至于今，凡官员犯死罪者，无论情节轻重，即在常人应入矜者，在官犯均入情实。然虽入于情实，究与常犯之情实大不相同。常犯一入情实，即予勾决；官犯虽入情实，不过虚有其名。即临时赴刑市听候，然非情节十分难宥，多半不勾。其所以别于缓决者，凡寻常缓决之案，过三次秋审即可查办减等。官犯情实之案，虽不实勾，必须过十次秋审后始改缓决，改缓决以后三次以上，亦不得与常犯一概减等，此历来官犯之办法也。

现在官犯十次改缓之例业已删除，又奉旨修改秋审条款，法律大臣建议，以为官犯虽与平民有间，其偶罹法网，岂遂无可矜原？因将官员犯死罪一项另行改订，如系贪黩等项情罪重大者，俱入情实。其寻常死罪，并非关系军国公款者，仍照常人分别实、缓、可矜，即此条所载云云。名曰修改，其实仍系规复从前旧例也。夫刑罚世轻世重，雍、干之世严惩贪墨，凡官员犯罪，诸从严重，是以条款尽入情实。嘉庆以后，渐从宽宥，历道光以至咸、同，愈多宽纵。官犯名为情实，而勾决者十无二三，以致官吏无所忌惮，法纪荡然，酿成今日之祸。当此之时，正宜以猛济宽，严惩徇情营私、贪黩败检、树党援引之弊。官方一肃，世变自有转机。盖平民或可减轻刑法，而官吏减轻则如水救水，弊滋深矣。恭读本年六月二十六日上谕，严惩官吏赃私，可谓洞见症结。如果实力奉行，吏治其有瘳乎！

服制

一，有关服制各项，如殴死期功尊长、尊属，及期亲卑幼听从尊长主使共殴以次尊长、尊属至死，并因疯致毙期功尊长、尊属一命，另毙律应绞抵卑幼一命，或平人一命，及子妇拒奸殴毙伊翁，或因疯及误伤殴毙本夫，并此外凡系援案由立决改监候者，均归服制册拟入情实。其例应绞候之案，如误伤祖父母、父母并夫之祖父母、父母者，火器误伤期尊及外祖父母者，卑幼听从殴小功、大功尊长、尊属，若尊长仅令殴打辄行叠殴多伤至死者，刃伤期尊并以手足他物殴至折肢、瞎目，及殴大功、小功尊长、尊属至笃疾，于余限外身死，或刃伤期尊并折肢、瞎目，伤而未死等案，讯非有心干犯，或系误伤及情有可悯者，子孙、妻妾违犯教令致祖父母、父母、夫之祖父母、父母、夫抱忿自尽者，逼迫期亲尊长致令自尽者，亦概入情实，归服制册办理。（违犯义父母教令致令自尽者，不入服制册，应归常犯入缓。）至例内载明罪应绞候入实者，并同。

按：服制册一项，始于乾隆十七年，均系卑幼干犯尊长之案。按律应拟立决，而核其情节稍轻，或误伤致死，或回抵适毙，或死者淫恶蔑伦，罪犯应死，或救亲情切。定案时因其无心干犯，由立决改为监候，秋审入于服制册内，拟入情实办理。原因本应立决，而情有可原，姑且监候，俟秋审再行分别轻重，酌量勾决，并非贷其一死也。乾隆年间服制册内情实之犯每年必勾决十数起。嘉庆初年办理从宽，勾者渐少。道光以后，一概不勾。以为既由立法[决]改为监候，若仍入情实勾决，与立决虽有迟速之分，竟毕[毕竟]同归于死，似乎情轻法重。故近来入于服册者，名为情实，其实并不勾决，转不若常犯之分别实缓较为平允。而其所以异于缓决者，情实未勾之犯，过两次秋审后始改缓决。即改缓决之后，遇有恩诏查办减等，又不能与寻常缓决之犯一体减等。寻常缓决之犯，三次后可以减等，服制改缓之犯必十次或二十次后方准减等。即减等之时，寻常斗杀之犯可以减流，服制杀伤之犯只准减军，不得减流，为少异耳。服制册内亦有特别之案实予勾决者。如案外另毙数命，或另有别项重情。若仍照常免勾，则又情重法轻，故另定有从严声叙之法，请旨勾决，以昭平允。故服制之案同一声叙，而又分别照常、从严二项。照常声叙者，叙其情节可原，故可不勾。

从严声叙者，情重难宥，故必勾也。至如常犯情实声叙之案，则又不同常犯情实，一为声叙，即可免勾。而服制情重，一为从严声叙，则必勾也。

此项条款，旧系殴死期功尊长及刃伤期尊，并子孙、奴婢、妻妾过失杀祖父母、父母、家长、失等项，后又添入尊长仅令殴打，卑幼叠殴致毙，并子孙违犯教令，致祖父母、父母及夫、家长自尽，及逼迫期尊自尽等案，均入服制册。现在新律，子孙、妻妾过失杀祖父母、父母、夫等项，均改为流罪，而奴婢过失杀家长之律亦为删除。是以新修条款去此数项，又添入因疯致毙期功尊长一命又另毙一命，及子妇拒奸殴死伊翁，及妻妾因疯或误伤殴毙本夫。以下数项，与旧条款不同者，则以律例既已减轻，故条款不得不变易从宽也。此中分别甚细，非久办秋谳孝不能知之。

一，残毁有服尊长死尸者，系期功应入情实，系缌麻尚可酌量入缓均不入服制册。

按：谢信斋云：卑幼残毁尊长死尸，则是蔑伦残忍，莫此为甚。故旧条款不分功缌期服，一概入实，所以逞残酷也。但近来减轻刑罚，诸从宽典。若缌麻卑幼，服制较疏，较凡人止差一间。毁弃凡人死尸律止拟流，而缌麻尊长业已从重拟绞矣，若再入于情实，不惟与期功无所区别，亦较凡人过于严重。故改订此条，期功照旧入实，而缌麻从宽入缓。是亦持平办法也。

一，误杀期功尊长，犯时不知，照凡斗论，应拟缓决盗官物等项，犯时不知者，亦可照办。

按：此条仍系旧文，并无修改。误杀期功尊长，律系立决，例准改为监候，入于服制册内。情实免勾，已见前条，此系犯时不知，照凡斗问拟者。如叔侄生长别处，杀时不知是叔，杀后始知之类，较因殴他人而误杀尊长者，情节尤轻，故彼时免立决，仍入服册情实，此直入于缓决而已。然究较因斗误杀旁人减流者为重，以其分属尊长也。

一，致死本宗缌麻尊长、尊属之案，不入服制册。其由立决改监候者，仍酌入服制办理。金刃四伤以上，他物已过十伤者，俱入情实。如金刃已至三伤有致命损透重情，或另刃伤缌麻尊一人，或死系老幼、妇女，或因钱债细故而行殴情凶伤重者，皆不可轻议缓决。其金刃一二伤及他物十伤以下，仍酌量理之曲直，伤之轻重，分别实缓。若衅起救亲情切，或殴死蔑伦行窃尊长、尊属，皆可酌入缓决火器误毙行窃缌尊，亦可入缓。

按:此条乾隆年间办理甚严,故旧条款载明刃伤者入实,铁器伤重他物伤多者,亦不可轻议缓决。嗣后办理稍宽,故近年此等案件,金刃三伤以下亦有入缓之案,并不按照条款办理。故现在修改从轻,必金刃四伤以上,他物已过十伤,或另伤缌麻尊一人,或死系老幼、妇女,情凶伤重者,始入情实,余俱缓决,较旧条款界限宽之多矣。

再,旧条止言尊长,未言尊属,非遗之也。盖以尊属较尊长为重,而缌麻叔伯祖更较尊属为重。缌麻祖殴死缌麻孙罪止于流,并不抵命。则缌麻孙殴死缌麻祖,论理即应立决。律文限于服制,虽定为斩候之罪,其实情重法轻也。故从前薛大司寇有殴死缌麻祖与别项缌尊不同,别项缌尊情轻伤少者尚可缓决。缌麻祖无论伤之多少,不可轻易缓决。诚以尊长殴死卑幼减等,律不拟死者,若卑幼殴死尊长,应即加重,拟以立决。缌麻孙之殴死缌麻祖,律虽不拟立决,秋审即应从严入实,不可与寻常缌麻并论,致失律之精义云云。可谓精透不磨,亦可见旧条款止言尊长、不言尊属,其中原有深意在焉。现在条款添入"尊属"一项,与尊长同论,名曰详备,其实失古意矣。即此可见律意精微,非细心人不能读。即薛尚书终身读例,尚多存疑之处,不敢改易一字。今人妄加增删,诚不知其可也。

一,殴本宗缌麻尊长、尊属至笃疾之案,俱入缓决。

按:此条仍系旧条款原文,惟删去"究无人命可言,亦与刃伤期尊不同"二句。盖殴凡人至笃疾者满流,缌尊加入绞罪,已属从重,秋审自可入缓。但殴伤缌尊二人成笃,从前亦有实案。现在虽伤二人成笃,亦可酌量入缓,总缘无人命可言也。

一,殴死外姻缌麻尊长,视常人只差一间,不得与本宗并论。如刃伤及他物伤多,俱应核其情伤轻重,分别实缓,较常斗略为加严。

按:此条仍从其旧,并无修改。外姻缌尊如姨表兄妹各项,究与本宗不同。照常斗略为加严者。如常斗金刃十伤入实者,此则八伤以上即应入实;常斗他物三十伤以上入实者,此则二十伤以上即应入实。然又须核其伤之轻重,理之曲直,情之是否凶残,不可专以伤之多少为衡。从前成案亦有金刃六伤入实者,则以伤重、情凶故也。

一,殴死同居继父之案,如系抚养有年,业经分产授室、恩同顾复者,应入情实。若伤近于误,或抵格适毙,以及恩养虽以有年,并未分产授室,衅起不曲,情伤俱轻省,均可缓决。至殴死小功母舅、母姨之案,核其情节轻重,悉照致毙本宗缌尊之案办理。

按:此条旧本甚严,继父与母舅并论,必系救父、救母并伤迫于误,及情因抵格,适伤致毙,方可缓决,余俱一概入实。而小注继父一项,又以持服期年与持服三月,分别重轻实缓。现在略为改轻,不以服之长短为衡,而以是否恩养年久及是否授室分产为断,亦较允叶。至母舅一项,律牌与本宗小功同一绞候。此以情节较重照本宗缌尊办理,亦较旧条款稍轻。更添"母姨"一项,则更详备无遗矣。

一,殴死妻父母之案,如系负恩昧良,逞忿行凶者,应入情实。其余理直情急,金刃一二伤及他物伤无损折者,亦可入缓。

按:此条亦照旧本原文,并未改易。妻之父母,虽亦外姻缌尊,究较寻常外姻缌尊情义为重。故殴死妻之父母,另载《妻妾殴夫门》内,不与寻常外姻缌尊同载一门者,重视之也。但金刃一二伤,他物伤无损折,方可入缓,亦涉太严。近年亦有金刃三伤、他物五伤一骨损仍入缓者,亦当视其情之轻重,理之曲直,不可专以伤论也。

一,因奸盗致并未纵容之祖父母、父母、翁姑被人殴死,及谋故杀害,或忧忿戕生并畏累自尽者,统归服制册,拟入情实。其因奸致本夫羞忿自尽者,亦同。

按:此条旧本系因奸盗致纵容之祖父母、父母、翁姑被人殴死,俱入情实。不言未纵容之父母者,以例系立决,不入秋审也。现行新例已将纵容之父母被人杀死,子孙贷其一死,止科奸盗本罪,故现在条款不载此项。如致未纵容父母等项被杀,现例由立决改为监候,故条款添此一项,仍准入服制册,可见情实亦具文也。此项罪名新旧大有出入。旧日纵容之父母被杀尚拟真正情实,现在未纵容之父母被杀,不过虚拟情实。虽曰被人杀死非子孙意料所及,然以忘身累亲,法所不容之人不予实绞,未免涉于轻纵,此亦刑典中一大关键也。

一,奸夫谋故杀及拒捕致毙本夫,奸妇不知情之案,如事后仍与奸夫续奸,或跟随同逃,俱以恋奸忘仇论,(被逼同逃并非恋奸,近多缓案)并此外又致其父兄被杀及另酿多命,或系奸通夫功服亲属,俱入情实。其余畏罪支饰不首,或被奸夫恐吓隐忍,无前项恋奸忘仇情事,及仅酿旁人一命无关服制,并系奸通夫缌服亲属服制较疏者,均可缓决。

按:此条一本旧文,更添"或系奸通大功亲属入实,缌麻亲属酌缓"一层,系本谢信斋之说。惟旧案不分功缌,以其有关内乱均入情实。现以缌麻亲属之妻不为内乱,故改为以功缌分别实缓,较为允当。此项以是否恋奸忘仇为实缓界限,固系向来办法,但以上条例之,未免过严。上条因奸致父母、翁姑被杀既可入服册免勾,此项致夫被杀，究较父母为轻，而以恋奸忘仇实予勾决，未免轻重失宜。《志稿》有云，里巷男女之案，一命一抵，冤忿已消云云，可谓破的之论。现在各项减轻，此等奸妇不知情之案，究属变出意外，似宜照《志稿》所云，不论情节轻重一概入缓，方与上条吻合。特此理难为拘泥者道也。

一，谋故杀期亲以下卑幼之妇，并功缌尊长寻常谋故杀卑幼各案，如图诈、图赖，争继、争产，畏累、憎嫌，并因钱债、田土细故逞凶残杀，或非理欺凌者，俱入情实。若情因管教，一时触忿，并死者理曲逞凶，及殴死功缌卑幼者，俱可缓决。

按：此条旧本兼期服卑幼在内。现在新例故杀期服卑幼均照律拟流，不拟绞罪，故此节止言功缌卑幼及期亲卑幼之妇，而期服卑幼不列于中。又，旧本有致死为匪玷辱祖宗卑幼缓决一语，现亦删除。缘致死为匪玷辱祖宗卑幼，按例应即减流。即不减流，秋审亦在可矜之列也。从前故杀期功缌麻卑幼均系绞罪，故条款一律分别实缓。现在期服卑幼已减流罪，功缌虽不能减，仍拟绞罪，秋审亦应分别，略为从宽。如仍旧不改，未免期亲太宽，而功缌向隅。再，功缌亦未可并论。缌麻止去凡人一间，而功服较亲。卑幼致死尊长之案，功服立决，缌麻监候，罪名相去悬绝。而尊长致死卑幼，功缌不分轻重，亦有不均。至末后殴打卑幼，固可缓决。如卑幼为匪干犯，亦可入矜，详在后《矜缓比较门》内，可与此条互参。本年修订条款，为时甚迫，且非出自一人之手，其中每多参差不齐之处，故特于讲义补出，以备参考，并非有心指驳也，阅者谅之。

一，期亲以下尊长因争夺财产，图袭官职，及挟嫌惨毙图奸、谋故杀卑幼之案，不论死者年岁若干，俱入情实。其听从外人图财谋杀十岁以下卑幼下手加功者，功服以下尊长入于情实，期亲尊长服制较近，应斟酌办理。

按：此条旧本所无，系照章程所纂。原系两条，现合为一。盖因此种图产、图奸谋故杀卑幼之尊长，情节可恶，不得不实。但以现在律例论之，似乎稍重。从前谋故杀期服卑幼例系绞罪，如再有图产、图奸情事，故从重入实。现在谋故杀期服卑幼已照律拟流，免其死罪，必系图产、图奸，方免死罪。秋审若再入实，似乎从严之中又从严矣。平情而论，在功缌尊长可以入实，期服尊长似可稍宽一线，方为平允。否则下半听从谋杀十岁以下之案，既以期功分别实缓，而上半又不论期功一概入实，似未妥叶。若拘拘以条款为守，而不参考律例成案，则多误矣。

一，谋故杀义子并雇工，如有图诈、图赖，憎嫌、畏累，改因奸灭口，并图奸不遂等情而残杀，及死太幼稚、恩养未久者，应入情实，余俱可缓决。

按：此条一本旧文，删去“白契奴婢”一项，以现行律内并无奴婢名目也。又采沈司寇《附案》本添入“因奸灭口、图奸不遂”二句，更为详备。谢信斋有云，此二项一则究有父母之恩，一则实有主仆之分，虽杀出有心，罪止于绞。当稍有一线可原，如虽系图奸、图赖，憎嫌、畏累，而或杀不残忍，死非幼稚，或恩养已久，向来亦有缓案，未可执其一节，遽拟情实。如有因奸重情，则不可宽也。

一，妻谋故杀妾之案，如无图诈、图赖及妒惨重情者，俱可缓决。

按：此条照旧未改一字。谢信斋云：此等案件如无妒惨重情，自可从缓，不可轻拟情实。盖以妻之于妾，原有嫡庶之分也。但以现行律例而论，夫妻均讲平权，故杀奴婢者亦从重抵命，纳妾不准价买，准其以礼聘娶。亲戚从来似乎妻之于妾，名分亦在可杀之列。律文妻殴妾者，与夫殴妻罪同。现在夫妻既可平权，妻妾似亦可并论。此等谋故杀妾之案，似应照旧稍严，方与他项相称。不然家长谋故杀婢女者尚拟死罪，而妻谋故杀妾者反不实抵，岂不轻重颠倒哉？余非推倒嫡庶名分，但以现行新律比例，不得不为抱衾小星开一扬眉吐气之路，当亦新学家所共首肯也。

一，妇女殴死夫缌麻以上尊长之案，理直情急或伤轻者，俱可缓决（不入服制册）。

按：此条亦仍旧文，并未修改。尊长虽关名分，但妇女之于夫属，本以义合，非天亲骨肉可比，故律文殴者与夫同罪。而至死则有不同，在夫应立决者，妇女止拟监候而已。此项止言伤轻而未列伤之多少者，以但系重伤，虽一伤亦不可缓也。惟此语亦不可拘，如果理直不曲，向来成案亦有金刃三伤，铁器五伤骨损入缓者。以其死系理曲或服属稍远，情有可原也。

再，缌麻以上尊长系统缌麻、大功、小功、期服均在其内也。但期尊情谊较亲，似应加严；功缌渐远，不妨稍宽。如不论期功缌麻一律办理，似不足以昭平允。说见沈司寇《附案》，录之以备研究。

一，妇女谋故杀夫卑属之案，如图诈、图赖，憎嫌、畏累，并细故非理残杀者，应入情实。若衅起管教，及死者理曲犯尊，亦可缓决。至殴死夫之弟妹，仍照寻常凡斗，分别情伤轻重，定拟实缓。

按：此条一仍其旧，止照律文改“卑幼”为“卑属”，并照道光末年旧本，添入末后“殴死夫之弟妹照常分别实缓”数语。妇女致死夫之卑幼，罪名较夫为重，秋审亦应较夫加严。此条分别实缓与上条夫杀卑幼从同，似不甚允。况卑幼亦有期功缌麻亲疏之分，未便无所区别。其止言谋故，不言殴死者，谋故尚可以情轻缓决，改死即应一律入缓，自不待言矣。

一，夫谋故杀妻之案，如图诈、图赖及图奸他人因妻碍眼而杀，逼妻卖奸不从而杀，憎嫌病妻而杀，并妻无大过逞忿残杀者，俱应情实。其余无前项残忍情事，或系事后图赖者，应入缓决。

按：此条仍系旧文，未改一字。查乾隆年间条款，本无"憎嫌病妻而杀，并妻无大过逞忿残杀"之文，此二语则系嘉庆年间增入也。《志稿》云，妻之于夫，究系卑属，名又所关。又，谢信斋云，夫为妻纲，名分綦严。谋故杀妻律止绞候，谓其分尊可原云云。是以从前均从轻宥，秋审实案甚少。虽条款有"憎嫌而杀，并无大过残杀入实"之文，而照此办理者甚少。即拟情实，亦多未勾。至图奸、图赖杀妻之案，如起衅并非因奸，或图赖系在事后，亦不轻予入实。总缘妻之于夫，纲常攸关，不值实抵也。

近来欧风渐被，主张平权者甚伙。近七八年故杀妻入实者渐多，而旧时夫纲之论俱在迂阔可废之数矣。是以此次修改条款，诸多轻宥，而此项不敢改易者，运会所趋，虽豪杰不能不与时变通矣。

一，儒师及诸色匠艺人等（优伶不在内）殴死弟子之案，如衅起管教，无残暴重情者，可以缓决。若因奸盗别情，或挟嫌畏累，逞凶谋故杀者，俱入情实。

按：此条开首旧本原系"僧尼、匠艺人等"，并无"儒师"一项。以儒师殴死弟子，旧例照期亲卑幼罪止拟徒，并无死罪也。现行刑律将儒师殴死弟子改为照凡拟绞，及将僧尼殴死弟子由绞减为徒罪，崇异端而抑儒术，较旧例大变宗旨。此条删去"僧尼"而添入"儒师"，即系照现例改订也。

至于"衅起管教，无残暴者入缓，其因奸挟嫌畏累残杀者入实"，仍系旧日原文，现又添"因盗"一项，且旧文本止言"殴杀"，现又增入"谋故"二字，亦较详备。总之，此条虽系儒师与匠艺并列，但匠艺可照此分别实缓。若儒师一项，旧例本止拟徒，现在拟绞，业已加重二等，秋审似应轻宥。如因奸逞凶故杀，不妨入实。若因细故殴杀，并无残忍重情，他物伤不甚多，亦尚可缓。倘衅起管教，直可酌量入矜，以补救律例之所偏重。是在临时变通办理，而不可拘拘条款者也。

一，服制以凡斗定罪之案，如殴死功缌以上尊长、尊属，因本犯与死者并父祖出继降为无服，仍应核其服制之亲疏，斟酌办理。系由期功降者较常斗略为加严，系由缌麻降者照凡人一律定拟。

按:此条与下条旧本原系一条,现在劈分为二,较为清晰。旧本不论由期功而降与由缌麻而降一例办理,非实在理直情轻不轻议缓。以其定案虽同凡斗,秋审不可概同凡论也。近日沈司寇《附案》核议此条,谓由有服降为无服,同凡自不为宽,期功应略为加严云云,诚为切当不易之论。是以本条即照此说修改,以服制之亲疏分别宽严,最为平允。较他条浑期功、缌麻为一不分轻重者,较为得之。

一,律应离异同凡论之案,如卖休、买休等项妻妾殴死夫与翁姑,又殴死继母系父卖休、买休之妻,定案既照凡斗,非实在理曲、情凶,不得遽行议实。至殴死卖休、买休之妻,一则曾有夫妻名分,一则现有夫妻之情,尤应较殴死寻常妇女稍宽。

按:此条亦系旧文。惟原本系定案虽同凡斗,秋审不可概以凡论。非实在理直情轻,不得轻议缓决。现在改为非实在理曲情凶,不得遽行入实。虽略易数位,而轻重抑扬之间即大不同。从前不轻议缓者,以其始虽合之不正,其后究有姑媳名分也。现在改为不遽议实者,则夫妇为人伦之始,买休、卖休婚姻不正,按律既应离异,即不必节外生枝,转多窒碍也。前说本于嘉庆年间部议,后说本于沈司寇《附案》。现既改照后说从轻,自当照现文办理。大凡两说各持一是,自当从其轻者,此用律之法也。

一,律例内载明绞候入实之案,与援例两请由立决改监候者不同,原于服制册内从严声叙。如情节实有可原,仍照常办理。

按:此条系现在新纂。例内载明入实与两请改为监候入实不同者。例内载明入实,系旧例立决。因现在减轻刑法,改为监候入实,并无可原之情,不过照章改轻而已。若两请改为监候,系因情节较轻,罪有可原,请旨改为监候者。虽均系情实,而两请改为监候入实之案,不过虚有情实之名,其实并不勾决也。若将例内载明入实之犯入于服册,亦照两请监候入实之犯不与勾决,则是情重与情轻者无所区别,岂不令若(备)[辈]幸逃法网乎?故定为从严声叙之法,实予勾决,庶几两得其平。惟其中亦有情实可原者,仍照常办理。盖于无可原宥之中仍开一线生路,斯情法两得其平。如妻妾悍泼逼死其夫,并刃伤期亲尊长、有心干犯之类是也。

一,卑幼因捉奸、拒奸,或因尊长强奸、图奸而杀,不论本夫、本妇及本夫本妇有服亲属,系期亲及本宗大功小功,均归入服制册办理。如系本宗缌麻及外姻功缌,仍入于常犯册内,分别登时、非登时定拟矜缓。

按：此项亦系新纂。查旧倒杀死图奸、强奸尊长，系期尊改为监候，系功服尊长减为军罪，并不拟死。现行新律将功服尊长亦从重由决改为监候，故秋审多此一项。既已加重拟绞，故止可入服制册，免其勾决。若缌尊及外姻功缌尊长本系监候，较由立决改监候者为轻。死者既系图奸、强奸罪人，故分别拟以矜缓，较之服制情实免勾更为轻宥，亦持平之法也。

一，僧尼、道士、女冠殴死受业师由立决改监候之案，不入服制册，可以酌入缓决。其定案时照凡斗问拟而情伤较重者，不得率行议缓。业儒并匠艺弟子，并同。

按：此条系照旧本。惟旧本统言弟子，现在新律殴死儒师与匠艺之师既照凡人问拟绞候，并无立决之罪，故开首由立决改监候之案止言僧尼、道冠而不及于儒师、匠艺弟子也。盖殴死尊长情轻改监候之案均入服制册，而弟子于师，服图内所不载，故向不入服制册办理。然既非有心干犯，免其立决矣。秋审若仍照常犯入于情实，未免情轻法重，故酌入缓决，方足以持其平。盖同一立决改监候之案，此不独非各项情重法难再宽者可比，即较服制改监候之案亦轻。服制改监候者，虽不勾决，究系情重，此则直入缓决，不必过两次秋审始改缓决也，须分别观之。若定案照凡斗问拟，在僧、道弟子尚可照凡斗一体办理，若系业儒与匠艺弟子，不妨从严惩办，庶足以补例文之偏而救例文之弊也。

人命

一，各项杀人得免所因者，俱入情实。

按：此项旧文系各项杀人自首得免所因，及强盗自首改斩监候者俱入情实云云。现在删去强盗自首一项者，以强盗自首分别是否伤人，及行劫数家止首一家，业于《强盗门》内定有专条，故此处可不复载。若杀人自首得免所因，亦当分别情节。如因抢窃图财各项拒捕杀人，既得免其所因照凡办理，秋审自难宽宥。然亦有情轻可原之案从宽酌缓者，如道光二十三年山东陈昂，剥窃事主衣服致令受冻身死，因闻拿投首，得免所因窃罪，仍照掷去人衣服致死例拟绞，秋审入缓之类，可见此项亦不尽系实案。

至于“杀人”二字，亦有不同。如系谋故，虽不免所因，亦当入实。况已得免所因，入实自不待言。如盐匪、窃匪、奸匪与捕人互斗之案，因其自首不照拒杀问拟，其伤多情重者亦应从严。若止他物一二伤，亦不妨略从宽恕，仍在法眼临时酌量办理。

若沾沾拘定条款,则多冤矣。

一,各项立决改监候人犯,除服制另有专条外,其奉旨特改,或原情奏改者,俱应入实。间有情节实可矜宥,临时酌量入缓,但不宜过宽。

按:此项仍系旧文,止添除笔一句。缘服制立决改监候者,其情实并不勾决。此项由立决改为监候之案,一拟情实,即当勾决,故必除去服制一层,方免彼此牵混。惟情实既必勾决,即当略为分别,不可一概从严,致无一线生机。如情节实有可原,亦当酌量入缓。如从前因疯砍伤义父,另砍毙平人一命,虽属两犯死罪,究系一死一伤,并非两命,秋审照缓之类。又如强奸十岁以下幼女,因畏惧中止,改为监候之案,如果犯年在十六岁以下,近亦有从宽办理者,所当详查旧案也。

一,凡人谋故杀之案,俱应情实。

按:此条仍从旧文,并无改易原文。虽系谋故同论,但临时一念之忿,究较蓄杀机于平日者情节稍轻。外国刑法谋杀无不处死,而故杀止拟徒罪。即中国从前故杀之案亦有不皆入情实,成案中缓决者甚多。查乾隆四十九年续增条款有云,谋故杀之案本应入实,其中有激于义忿,或义男等有负恩养、不服训诫者,此等案件,或情同擅杀,或有关名分。定案虽以凡论,秋审不妨入缓。又,谢信斋云,凡人谋故杀人,秋审自难不实,其间实有情节可原,往往由部奏请改缓,亦有外省酌入缓决者云云。可见从前办法,不但故杀多缓,即谋杀亦不尽皆实案。近始不分谋故,一律入实。其情节轻者止可声叙免勾,并无改缓之事。但现在减轻刑章,谋杀虽不可曲宥,故杀似应开其一线之路。核其情伤轻重,分别实缓,亦不为纵。此并非取法外人,即按之雍、干年间旧条,亦系如此办法。刻已改正不及,留待他日补救可也。

一,谋故杀人而误杀旁者,应入情实。如所欲杀之人本非应抵,亦可原情入缓。

按:此条首二句仍系旧文,"如所杀之人本所应抵"、"入缓"二句,原系旧日小注,现在改为正文。谢信斋云,谋故杀人而误杀旁人,虽死非本犯所欲杀之人,而旁人无辜被杀,其情可惨,秋审岂能曲法从宽云云。此条拟入情实,即系此义。但欲杀之人本非应抵,如起意并非谋故杀人,或系有服卑幼,或系行窃族人,因而误杀旁人,定案虽照故杀本律,秋审究不得拘于故杀之律概从重典,似应原其忿激之情而宽其过误之罪,方于情法两得其平。况擅杀、误杀旁人,死者亦多系平人,秋审向俱入缓。彼此参观,则欲杀本非应抵之人而误杀旁人,亦当原情入缓,自不待言而解。

一,谋杀人伤而未死之案,如系因奸、用毒延及多人,或殴砍多仍已成废笃,及捆缚投诸水火遇救得生者,应入情实。其余伤轻平复者,可以缓决。

按:此条原文系“其谋已行俱应情实”,并无入缓之说。现在采取乾隆年间条款及《志稿》各说,添入“因奸、用毒”等语,其情轻者可以酌缓,最为平允。盖律重诛心,谋杀其心最险,况因奸、用毒,或伤多成废,虽其人未死,实出万幸,入实亦不为枉。如果伤轻平复,或金刃十伤以下,其人业已未死,既无人命可言,不妨酌缓,以从轻宥。夫推凶犯之心,与诬告人死罪之心约略相同。诬告犯罪未决止于拟流,则谋杀人伤而未死似不可拟以实抵。盖两心相等而受伤则异,故彼得拟流此仍拟绞。但既拟绞罪,业已加重一等,倘再入实,未免严之又严矣。现在原其一线,酌入缓决,洵为情法两得,非宽纵也。

一,谋杀加功之案,如有贪财图奸、挟嫌逞忿,肇衅酿事,及造意之人未曾下手,而从犯肆行凶杀者,俱应情实。其或迫于势力,仅止帮同揿按拉走,或代为买药、买刀,未曾下手,或被父母、家长吓逼帮按,及死系应死罪人,并死者自愿毕命因而听从加功者,尚可酌量入缓。

按:此条较原文修改从轻。原文无论被逼勉从、帮同揿按一概入实。止小注有“自愿毕命因而听从加功,或死系应抵正凶者尚可酌缓。此外无论情节轻重,但经下手,并无缓案”。惟查乾隆年间条款,因奸、因贪,或造意之人未曾下手而从犯肆行凶杀者入实,此外可以缓决。又,《志稿》有云,加功之案重在奸贪。至于知情下手,有事中同谋之知情,有事外揣度之知情;有自行助力之下手有被逼、被吓不得已之下手,未可一概并论,须于勘语内详细声明云云。可见此等案件,从前本系分别实缓,故现在采取旧说修改此条,并非无端减轻也。

再,此项加功之犯,恩赦条款系因奸、因盗、贪贿、挟嫌者不准酌缓。除此四项,余均酌入缓决。而秋审条款止有图奸、贪财、挟嫌三层,并无因盗一项,似嫌未备,亦与赦款稍有不符,似应添入。向来此等案件,如果死近罪人,或激于义忿,或被逼无奈,均入情实,于黄册出语声叙免勾。现既改为酌入缓决,改后即可无庸声叙矣。至条款而外,从前成案尚有一命业有数抵,即可从宽办理一节。嘉庆年间谕旨,有“一命五抵,未免过多”之语,经刑部将造意为首之犯勾决,为从之犯一病毙、一勾决,一命已有三抵,其余加功二犯情伤稍轻,从宽免勾在案。近年亦有一命已有二抵,照此办理声叙者。此层虽条款未载,亦司秋谳者所当知也。

一,图财害命案内罪应绞候者,为首及未得财杀人从而加功之犯,俱应情实,其余尚可酌入缓决。

按:此条较旧文改轻。旧文系图财害命案内应拟绞候者,俱入情实。盖以此项罪名,律系照强盗不分首从,均拟斩立决。例分别改为监候,已较律从宽,秋审未便再宽也。但其中情节亦有不同,沈司寇《条款附案》有云,图财害命固较谋杀为重,然谋杀不加功者仅拟流罪,即伤而不死加功之犯亦仅满流,此项未得财加功者与谋杀本律相同,其得财杀人不加功与得财伤人未死而加功者,若以谋杀本律而论,业已由流入绞,秋审宽其一线,似不为纵,云云。现修条款即本其义,故止将为首及未得财杀人加功二项照旧入实,其得财杀人不加功与得财伤人未死加功二项俱酌入缓决,总系重人命而轻财物之意,不但较旧文为轻,而办法亦平允得中。

一,各项罪人拒捕,杀所捕人者,应入情实。

按:此条仍系原文,并未改易一字。谢信斋有云,犯罪之人逞凶杀所捕人,其情正凶,其罪可诛,秋审以无缓案,故条款俱拟情实。但查老年成案,亦有因情轻酌缓者:有乾隆三十九年山东杨二一起。又,嘉庆十一年五月山东刘亮一起。杨二一起案情未详。刘亮一起系因护母起衅。可见从前不尽入实。近来虽一概入实,然其中情有可原声叙免勾者,成案甚伙,如贩私小民拒杀藉势滋扰之盐巡,及别项罪人被迫,无奈回殴,一伤适毙之类,临时须详查成案,但能声叙一案,即可救活一命,不可以条款不载缓决,遂谓求其生而不得也。

再,此等案件情有可原者,逢恩既得酌入缓决。如不逢恩,即可出语声叙,故看秋审有须查成案与赦款,合相参考,不可专守条款也。

一,因奸听从奸妇同谋杀死本夫之案,无论仅止代为买药买刀,及代为雇人帮杀并未在场下手者,俱入情实。

按:此条仍依旧文,亦无改易。谢信斋云,既毙本夫于非命,又陷奸妇于寸磔,淫凶难宽,例应入实,云云。是以此项从来并无缓案,即伤而未死,亦有改实成案,况已死乎。

一,非应许捉奸之人谋故杀死奸夫之案,果系本宗或亲友情好素密,实出一时义忿,并无起衅别情者,入于缓决。若另有挟嫌情事,应照寻常谋故定拟情实。

一,非应许捉奸之人殴死奸夫,果系本宗或亲友出于一时义忿,并无别情者,应酌入可矜。

按:此二条旧文本系一条。旧文实出一时义忿,无论谋故斗杀,均酌入缓。但历年成案，大概系谋故杀者入缓，系斗杀者入矜。故现在照此修改，分为两条。前条专指谋故有义忿者入缓，挟他嫌者入实；后条专指半杀有义忿者入矜，挟他嫌者仍照寻常斗杀，核其伤之多少，分别实缓，不必一概入实。若杀死奸妇亦可与奸夫同论，说见《条款附案》。

一，为父报仇谋故杀国法已伸人犯，无论正凶、余人，俱入缓决，收所工作十五年。如伊父罪犯重大不当为仇者，仍入情实。若为兄报仇谋故杀正凶者，亦得酌入缓决，收所工作。如所杀系案内余人，仍入情实。

按：此条大改虽本原文，但原文小注与正文并举，语多复杂，沈司寇《条款附案》已照原文删繁就简，改归明显，并援成案增入“伊父犯罪重大，不当为仇”一层，故此项即从其议修改。从前均系入缓，永远监禁。现行新律已将永远监禁罪名删除，改为作工十五年，故条款亦照律改定。谢信斋云，定例杀正凶而入缓决者，所以杜残杀；秋审并余人而亦比例入缓，所以广孝思，云云。可见例与条款各有取义，仍系交相为济。例从宽者，秋审以严济之；例从严者，秋审以宽济之。此古人立法之深心也。为兄报仇，旧日条款所无，后始添入小注，现在改为正文。《礼》云，父之仇不共戴天，兄弟之仇不反兵。可见弟兄复仇亦礼所许，不过较父稍轻，故杀死余人者不能酌缓。但条款止言兄而未及为弟复仇，有犯应当别论也。

一，致死一家二命及连毙二命非一家之案，无论一故一斗，或二命俱斗杀及共殴，俱应情实。如内有一命即系当场杀人之犯，或凶、余限外身死，或擅杀，或误伤旁人律不应抵罪止徒流者，只应核其另毙一命之情节轻重分别实缓。倘死者俱系奸盗罪人，凶犯无应捕之责，以及追赶落河，或追逐致令跌毙等项，其余各案理直情轻，实可矜原者，若一家二命仍拟情实，二命非一家之案尚可酌核入缓，但不宜过宽。

按：此条中间俱系原文，首尾略改从轻，更添入“一家二命”一项。缘殴死一家二命，旧例本系立决，现行新律改为从一科断，仍拟绞候，故条款添此一项。至二命内一命系当场杀人之犯，或限外身死、律不应抵，旧文亦入情实，殊不平允，故现与下数项均改缓决。但二命内或一命律不应抵，罪止流徒，或二命俱系罪恶人，凶犯无应捕之责，以及追赶落河跌毙，暨理直情轻可矜原等项，虽较二命俱系应抵之人情节稍轻，不必尽入情实，仍当视其二命是否一家，如系一家仍入情实，如非一家当可酌缓。缘一家二命情较可惨，现例虽改为从一科断，仍拟绞候，秋审仍当较非一家者加重，方为平允。再，误杀一项情各不同，因斗误杀旁人，现律已减为流，如更另毙一命，不必加重，可以酌缓。如误杀亲属一命，不应减等，仍拟绞罪，而又另毙一命仍当入实，不得以二命内有一误杀，不问轻重，概从宽缓也，须分别观之。

一，致毙二命之案，如殴溺一人又一人因捞救溺毙者，究与连毙二命有间，自可酌缓。若后溺之人系死者之父子、夫妇、兄弟、叔侄等项，虽非本犯意料所及，亦应就其一命之情节轻重分别实缓，比常斗略为加严。

按：此条大致仍本原文，惟较原文稍从轻宥。从前斗死一家二命，例本加重立决，故此条溺毙二命，如系一家，亦不可轻议缓决。现律一家二命改为从一科断，故此条溺毙一家二命者，亦略改从宽。原文溺毙二命非一家者亦有实案，现在一律改缓；原文溺毙二命系一家者，不可轻议缓决，现改为只就一命之情节分别实缓。总之，殴溺一人又一人因救致毙，无论是否一家，均非意料所及，与上条下手殴死二命者不同，虽上下两层以是否一家略分轻重，要非情节十分可惨，不入情实也。

一，擅杀二三命及火烧、活埋者，俱入缓决。若至四五命以上，情节实在惨忍者，亦酌拟情实。

按：此条仍依原文未改一字。谢信斋云，擅杀四五命以上，究由义忿所激，与连毙平人数命不同，虽曰酌拟情实，其间尚有缓案，云云。历查成案，亦不一律，有六七命入缓者，亦有一二命入实者，全在核其情节，不可专以四命上下为实缓关键。如果因幼孩拾取细物肆行惨杀，及误犯期功尊长，有关服制，虽一二命不妨入实。倘或窃匪拒捕，殴由被拒、被詈，并无残忍情状，或死系会匪、棍徒，殴由激于义忿，虽五六命亦可酌缓。况从前擅杀俱拟绞罪，现行新律已将擅杀情轻减流，秋审似可稍宽一步，若仍守旧不变则拘矣。

一，聚从共殴为从下手伤重致死一家二命之犯，俱入情实。如实在被殴危急一伤适毙，或死近罪人，死由跌溺者，酌量入缓。

按：此条旧文本系不论伤之多少、轻重，俱入情实。于嘉庆十八年经御史条陈奏准，添入“实在被殴危急，一伤适毙，及死近罪人，死由跌毙者，酌量入缓”等语。现即照此修改，较前稍为轻减。但今昔情形不同，旧例此等案件为首系拟立决，若从犯皆入情实，是以二命实抵二命，未免过严，故酌量入缓，似较平允。现行新律聚众共殴致死一家二命之案，为首非但不拟立决，仅照原谋加等拟遣，不拟死罪，若再将下手伤重之凶不入情实，是一家二命无一实抵，又未免过于宽纵。平情而论，现在此等案件为首既不拟抵，为从下手伤重之犯似应不论伤之多少，照旧一概入实，方为平允。

是在精通律义之人临时核酌办理，期于得中，不可沾沾拘泥条文也。

一，互毙二三命及致毙彼造二三命之案，俱按其起衅之曲直、两造人数之多寡强弱，分别办理。如衅起理直，或当时并未在场，后至拦劝，或情切救亲，父子共殴者不在此内。并身先受伤，死非徒手，及金刃抵戳一二伤，或一犯监毙已有一抵者，如俱有前项可原情节，则俱可缓决。若内有一二凶犯可原，则分案入缓。至二三命之案，如内有一家二命，苟非大有可原情节，则不可轻议缓决。

一，共殴致毙四命以上之案，概入情实。其情节实可矜宥者，如死由跌溺或伤近失误之类，随时酌核办理。惟救亲势在危急，在一命案内例得随本减流，及先后斗不同场，又非一衅相因者，酌入缓决。至死者人数，不分此造彼造，总以应抵名数合并计算。如内有一命系应抵正凶，或系误杀、擅杀及死因抽风，或在正、余除外，凶犯罪不应抵，或衅起各别，又非当场帮殴，或内有二命系彼此戳毙、互相抵偿之类，皆扣除计算。

按：以上二条旧本原系一条，现照《条款附案》所改，分为两条，不但删去繁冗，词意明显，而一条专指二三命之案，一系专指四命上之案，眉目亦较清楚。《志稿》有云，各毙一命之案，所谓双头人命是也。其中虽有轻重不等，但近年严惩凶斗之风，多有改实予勾之案，云云。条款分别加重，即此意也。前一条虽不尽入实，究较寻常斗殴、共殴之案办理加严。寻常斗殴、共殴金刃八九伤尚入缓决，此则只戳一二伤方能酌缓，若至四五伤以上即难缓矣。寻常救亲情切可以入矜，此则止可入缓而已。后条四命以上，则不论理之曲直、伤之多少，概入情实，必寻常斗殴案内可以入矜减流者，始可酌量入缓，较前条更为加严，则以情近械斗，案关多命，非从重不足以息凶暴之风也。然亦有四五人各毙一命，俱系他物伤轻，若拘于四命尽入情实，是一案而杀多命，又以多命实抵，又未免过于严重，故必斗系同场，一衅相因，方可照此办理。若先后斗不同场，起衅各别，或死系应抵正凶，或系误杀、擅杀，死在限外，死因抽风等项，则应在扣除之列，不可并计合算也。此等案件头绪每多繁重，而条款亦极细密，阅者尤宜格外详慎，不可掉以轻心。

一，殴毙人命后复另酿一命，亦可按其当场之起衅曲直、殴情轻重，分别实缓，比常斗稍为加严，不必尽入情实。若酿至二命以上，则应酌入情实。

按：此条仍依原文，并无改易。查另酿一命之案，如本案情伤不重者，其另酿一命多以死非意料，概不加重。若另酿一命如由畏罪闻拿自尽，则更与凶犯无涉，然亦未可概论。固当视本案之情伤轻重、多少，更当视另酿一命之情节轻重。向来成案，本案情伤重者固当入实，即本案虽轻而另酿之命情节较重亦有入实者。如嘉庆十四年浙江殳阿连，系赌匪推门寻衅，推溺其妻，又致其夫赶救同溺；又，二十四年四川刘泳茂，铁器殴毙妇女二伤，并将其夫殴伤，以致其夫因伤自缢，均经改实。此虽另酿一命，而情节较惨，未便以非意料所及为解。

至于另酿二命，则无论本案情伤轻重，亦无论另酿之命是否可惨，则应酌入情实者，人命为重，一案而至连死三人，则不可不予实抵矣。

一，一死一伤及二三伤，并另伤一人成废之案，如系情急抵御，或被伤之人系夺刀致划，俱不必因此加重入实。如一死而又另伤四人以上，则不可轻议缓决。其有起衅理直，实有以寡敌众、情急可原者，亦可酌量入缓。

按：此条亦系原文，并无改易。此等一死数伤之案，乾隆年间办理最严，虽一死一伤亦多入实。嘉庆以后渐从宽宥，即一死二三伤之案亦多入缓。条款虽以四人上下分别实缓，然亦未可拘泥，仍当视另伤之人是否妇女、是否老幼、是否死者亲属，抑系外人。另伤是否手足、他物，抑系凶器、金刃，且伤亦有轻重，是否成笃、成废，抑仅皮破、骨损，且另伤是否误中，抑系有意逞凶，情节种种不一。从前成案，亦有另伤二三人入实者，更有另伤四人入缓者，须统情、理与伤三者通盘合计，不可仅以人数为断。

一，殴毙人命后故杀子女图赖卸罪者，讯因畏罪起见，到案即被发觉，并未逞刁诬执者，应按当场之斗情轻重分别实缓。如始终诬执缠讼不休，或叠次上控，以致尸亲久受拖累者，即斗情虽轻，亦应酌入情实。

按：此条旧文本简，故杀子女图赖卸罪者入实，如无诈赖别情，只视当场之斗情轻重分别实缓。现在修改从详，以畏罪、图赖与始终诬执分别实缓，亦较允当。盖故杀子女罪止徒一年，即故杀子女图赖人，律止加一等徒一年半。凡斗杀之案，另犯军、流者向不加重。此止另犯徒罪，似亦可不必加重。从前成案实缓参差不齐，非实在情节残忍，或本案情伤俱重，不可轻易入实。

一，斗杀共殴并各项命案，或父母肇衅，或父母嘱令殴打致毙人命，父母因被殴气忿及畏罪畏累痛悔等情自尽，并非子孙犯罪致父母愁急轻生，仍照本律定拟者，既不在加拟立决之例，毋庸加重办理。

按：此条亦系原文，并无改易。查例载：谋故杀人致父母事发自尽者，照原犯拟以立决。盖专指谋故杀而言。以故杀本系例实，更致父母自尽，不妨加为立决，此专指斗杀、共殴并各项命案而言，故可不必加重。

再，旧例子孙因犯奸盗致纵容教令之父母自尽者，原拟死罪，现已改为止科本罪。以彼例此，此项嘱令殴打以致子孙致毙人命因而自尽，更可不必加重矣。

一，殴毙人命后，或乘便攫取财物，或临时起意移尸图诈、图赖，仍按其当场斗情分别实缓。

按：此条仍依旧文，亦无改易。谢信斋云，殴毙人命之后，其有攫取财物，移尸诈赖，均属杀人后始行起意，并非行凶之际别有所图，秋审仍按当场斗情分别实缓，向不以之加重，云云。此条即本于此。细玩文义，曰殴毙后，曰乘便，曰临时起意，可见搜取死者家财并非乘便攫取，或事前预存诈赖之心，即当从重别论，不得一概缓决也。

一，因斗殴而酿成重案，如启边衅之类。情伤虽轻，俱应酌入情实。

按：此条亦仍原文，并未改易。重案小注指启边衅，不过略举一端，其实并不止此。从前成案，有刃毙人命虽止一伤，又以一言挑衅致他人另行谋毙一人，而谋命凶犯在逃未获，案重情凶，若无抵命之人，无以惩健斗而靖民风，改入情实在案，此亦酿成重案之类，非必定启边衅也。

一，殴毙人命后，或焚尸、移尸灭迹，或致尸身漂没无获，或贿嘱仵作匿伤捏报，或诬卸他人，或狡供不认致尸遭蒸检，此与诬告致尸遭蒸检者不同。并贿买顶凶等项，有一于此，讯系畏罪起见者，仍按其当场斗情轻重分别实缓。倘狡供致尸一再蒸检，又有贿嘱舞弊、诬赖图卸种种狡诈情节，并酿成巨案，即斗情尚轻，应酌入情实。

按：此条亦系原文，并未改易。上半段种种情节可恶，皆因畏罪起见，故不加重。下段系有心狡诈。从前成案，有因弃尸河内无获从严者；有因支解尸身，割落尸头，情节凶残从严者；有事后烧尸，捏作死者放火扰害，首报刁狡加严者；有因贿嘱仵作捏报毒毙，致尸屡遭蒸检加严者。情形不一，总皆有心狡赖，非因畏罪起见，故均拟实也。

一，杀人免死赦回，或在配、在所复行杀人之案，倘两犯均系斗杀、共殴，除前后两案中有一情有可矜者仍应酌入缓决外，其余无论情节轻重，概拟情实。如前犯斗杀、共殴，后犯系误杀、擅杀，应抵，及杀死妻与卑幼，或前犯擅杀等项后犯斗杀、共殴，实系理直、情轻者，亦均酌入缓决。至前后两犯中或有一案系窃盗等项，并非杀人，只按其后犯情节定拟实缓。

按：此条仍依原文，止将中间嘉庆十八年本部议覆御史嵩安条奏云云删去。其余虽稍为移置，情节并无改易。此等案件，前罪业已蒙赦减除，即可毋庸并计。惟前后两犯俱系命案，而又均系应抵，殊属怙恶不悛，未便从宽议缓。然亦须两犯命案均在缓决之列，方可加重入实。如前后两犯虽系命案，其中有一案情节可矜，亦未便遽行入实。至前犯斗杀、共殴，后犯杀妻与卑幼，尚可酌缓。此“杀”字系专指殴死妻与殴死卑幼而言。若后犯系谋故杀妻，或谋致杀功缌卑幼，是情节较重，向有入实成案，不得一概宽宥。此中分别微细，须善念之。又，末后窃盗等项一语，系指窃赃逾贯或窃盗拒捕刃伤事主等项，虽系死罪，尚无关乎人命，究与命案不同，仍可稍从轻典。非但窃盗，即因奸拒捕刃伤捕人，或发冢、私铸、诈伪等项死罪，均系无关人命，亦可照窃盗办理。细玩“等项”二字，其余俱在包括之中也。

一，内外遣、流、徒各犯在配、在所杀人，及赦回复行杀人者，究与免死复犯不同，无论所杀系同配、同所罪犯，或系在配、在籍平人，均照常斗略为加严。其理直、伤轻，无凶暴情形者，俱可缓决。

按：此条亦系原文，并无改易。此等案件，虽较平人杀人稍重，究与前后两犯死罪者不同。即前后两犯死罪，其中有一案可矜，尚应酌缓。况此系军、流复犯命案，情节更轻，故历来多入缓决。非实在情伤凶暴，形同拒捕者，不轻入实。然此专指寻常遣、流人犯在配而言。若免死之遣、流人犯杀人，并在监之遣、流人犯杀人，则又当别论矣。

一，斗殴杀人之案，如刃伤要害奇重及洞胸贯胁，并金刃十伤以上，他物三十伤以上者，俱应入情实，其余可以缓决。若情同拒捕及情凶近故等项，则须临时酌核情节，伤痕虽不甚多，亦不得轻议缓决。

按：此条因原文过于详晰，阅之反不显明，图之删繁就简，俾阅者一目了然。然此项案件，每年居秋册十分之七八。其中情有轻重，理有曲直，伤有多寡。轻重又有致命、不致命，又有金刃、他物、手足之分。而他物中又有铁器、凶器、绳鞭之不同。金刃亦有巨刃、斧钺、小刃之各别。向来铁器二伤折刃一伤，木器三伤折刃一伤，而刃系巨刃如铡刀、如钺斧之类，一伤即可作两伤论。此条浑言他物，不过约略言之，临时尚须细为分别。要害专指咽喉，他处不得谓之要害。奇重者，食、气嗓俱断之谓。如食嗓断而气嗓不断，气嗓断而食嗓不断，或食、气嗓俱损破但有一丝系连，均不得谓之奇重。洞胸贯胁，系言前后、侧面透过之谓。其实亦不止胸胁两处，如由脊膂透过小腹，或由小腹斜穿过腰眼。但进刃、出刃两处均在致命部位，均可作洞胸贯胁论矣。再次之，如由肢体穿透，则出入均非致命之处，更不可以洞胸论矣。若夫同为金刃，而夺获者稍轻；同为数伤，而在倒地后者尤重。且伤痕虽同，而下手有先后之分，又有凶很、不凶很之别。其彼此互殴者稍轻，死未还手，一连叠砍者较重。且同一殒命，当时身死者较重，越一旬两旬者稍轻。其中详细情形，不可悉举，全在临时静心体察，查案比核，条款不过略举大纲而已。现虽修改从简，而旧条款仍不可废，详录于后，以备参考，慎之慎之。人命生死，全在阅者一时眼光，讵可忽哉。

附录旧条款

一，寻常斗殴杀人之案，最难参酌画一。有金刃一二伤而入实者（如洞胸贯胁，情近于故之类），有金刃过十伤而尚可缓者。如身受多伤，理直情急及死非徒手，死近罪人之类。有他物二三伤而应入实者（如理曲逞凶铁器伤在要害，骨断，骨裂之类），有他物二十余伤而尚可缓者（如受伤抵御，理直情急，并伤无损折，死近罪人之类）。起衅情节有以索欠、负欠分曲直者，亦未平允。如先系重利盘剥，后复强取牲畜什物作抵，则索欠者反理曲矣。如穷民尾欠无几，央缓不允，被债主陵逼不堪，因而抵殴致毙，则负欠者其情大有可原矣。又，倒地迭殴情节固重，然亦不可概入情实。北方风气刚劲，其一按一殴并架至空地扳倒行殴之案，不一而足。倘起衅理直，尚无凶残情状，亦可酌量入缓。大约斗杀之案，或理曲、情凶，刃毙徒手；或倒地迭殴、迭扎，至死方休；或死未还手，肆行毒殴很砍；或奸盗赌匪逞凶行殴。此等之类，情无可原，俱应入实。其余理直、情急、伤轻者，入缓无疑。但系理直、情急，伤虽多（金刃他物在内），或仅止二一伤损折、穿透，并仅系手足伤，俱可略伤而衡情，拟入缓决。论伤痕，铁器比他物为重，金刃比铁器为重。若用大石砸压，或用竹签、木杆等物插入耳鼻谷道致毙，及虽不用器械，或以毒物置人口鼻，或用盐卤灌入口内致毙。此等之类，情近于故，其情节非大有可原者，断难议缓。以上各项，历年成案均不画一，总须临时平心参核，先衡情，后论伤，汇比办理。

《志稿》云，斗杀案件，几居秋审之半。其中情节百出不穷，每屈［届］于可实可缓之间，此中宜有权衡。取五年以内近案相比，务期平等，不可稍有重轻。此条所列尚未赅备，其大要则先核起衅理曲、理直，次核行凶情弱、情强，次核伤痕多寡、轻重，次核凶器为金、为械，次核动手之先后、还殴之有无及死者持械、徒手，合参以定，自无枉纵。

乾隆四十二年九月初六日奉上谕：斗殴之案，情形本自不同。有并非互斗亦援斗殴律条问拟者，因系积久相沿，姑仍其旧。而秋谳时之分别情实缓决，则轻重当有权衡。如彼此俱以手足相殴，及各持金刃互格因而伤重致毙者，两造情事相等，原可入于缓决。若死者仅以詈骂起衅，或用手足先殴而凶犯辄持金刃抵拒杀伤，其为逞强毙命，已可概见。且金刃本可杀人之物，若死者并未持械，岂能徒手相当，即非顿起杀机，其与故杀亦所差一间，此等而不入于情实，又何以惩暴除凶？况为法司者，惟当准酌情理，务得其平。若稍存阴骘之见，曲从开脱，实乖明允之道。且死者何辜，宁不含冤地下乎？嗣后内外问刑衙门，于秋审斗殴案犯并当遵旨悉心定拟，毋有枉纵，庶好勇斗狠之徒共知儆戒，不敢轻蹈法网，所全实多，是即辟以止辟也。

一，原谋共殴下手伤重致死，金刃九伤以上，及听纠共殴下手伤重致死，金刃十伤以上，俱应入情实。其余可以缓决。若纠结多人，情凶势众，并原谋而兼主使者，虽伤痕不及此数，仍应酌核当场情节，分别实缓，不得过宽。

按：此条较旧文加详。旧本以纠殴、被纠分为两条，现并为一。且旧文系以理之曲直及情形之是否凶暴分别实缓，并不计伤之多少。惟近来此等纠殴、听纠之案虽较共殴为重，要非金刃八、九伤以上不轻入实，并不拘守条款。查恩赦条款，凡纠殴之犯，以金刃九伤为断；听纠之犯与斗殴同，以金刃十伤为断。如过此数，遇赦不准减免，止准改缓。现修条款即本赦款添入九伤、十伤两层。凡赦款不准援免者，秋审即不准入缓。较原文虽稍加详，惟止言金刃而未及他物，仍涉疏漏。如原谋下手铁器二十伤以上、木器三十伤以上，亦应入于情实，不可以条款止言金刃而他物一概入缓也。前半系以伤之多少为断，后半则略伤言情。如果情节凶横，虽伤少亦当入实，须前后合参，方得其平。再，此条系专指原谋下手者而言，若原谋并未下手，因人多手杂，不知系何人伤重致死，仍坐原谋抵命之案，则情节稍轻，不可轻易入实，后另有专条，须分别观之。

人命二

一，寻常共殴人致死之案，如死者先被余人殴伤，凶犯未曾目睹，或凶犯先殴数伤，即行歇手，或凶犯及余人身受多伤，或死者持有刀械、殴由抵御，势非得已，或余人亦有致命重伤，以该犯后下手并比较分寸拟抵，或义忿激于众怒，或死类棍徒，如此等类均应缓决。若同时刀械交加，鳞伤遍体，并数人捡按一人毒殴，或目睹余人已攒殴多伤而又肆加殴砍，伤痕独重，以及倒地迭殴，死系徒手，死未还手，情节种种凶横者，俱应入情实。

按：此条系本原文，惟删去原文上半节一段。原文有"衅起一时并无心撞遇拉劝帮护因而争殴，须看两比之人数多寡强弱、伤之轻重多少、共殴之是否同时，此造之有无受伤，一一详核比较。至于理之曲直，竟可不必深论"云云，议论极为中肯。现虽删去，仍当备参。比较前纠殴之案情节稍轻，彼系预先纠人共殴，此系临时帮殴。故彼条以金刃九伤为断，此与斗殴之案均以金刃十伤上下分别实缓也。但共殴计伤之法，专以正犯所殴伤之多少为断，不可将余人所殴之伤合计并算，致涉苛刻。但其中亦有分别，如余人如已先殴多伤，正犯当场督率又从下手殴伤，则情节较重。如正犯先已殴有重伤，余人又随后帮殴，则正犯殴时并不知余人以后帮殴，或同时并殴而余人亦殴有致命重伤，则正犯尚可稍宽。但亦须视共殴之人数多少、情之轻重。如十数人共殴一人，或父子、兄弟一家共殴一人，情凶势恶，而死者势孤情弱，并未还手，虽金刃未至十伤，他物未至三十伤，亦应入实，不可专论伤之多少也。又，《志稿》云，父子共殴之案宜加慎重，其中区别之处，如子先与人斗而父又加刃毙其命，其情较重。父先与人斗而子又加刃毙命，其情较轻。然亦不可将父先动手、子后杀人之案混援救父之例，曲为矜原云云，此亦查阅共殴之案者所宜知也。

一，套拉毙命之案，多近失误。如无凶横情节，可缓。

按：此条仍依原文，并未修改。套拉近于失误，故多入缓。然亦有死者不肯行走，用力很拉，因而毙命者，此究不可以失误为解，仍当视其情节如何。查光绪七年奉天穆胜阿，套拉致毙十三岁幼孩，事后复悬吊装缢，秋审以其情节凶狡，改实，可见并非一概酌缓也。

一，寻常共殴之案，定案时同殴伤轻之余人有病故者，亦属命有一抵，虽正凶情节略重，亦可酌入缓决。

按：此亦原文，并未改易。**凡非谋杀之案，不宜以二命抵其一命**。如殴有重伤之余人身死，例得随案减流，此因所殴伤轻不能随案减流。然既已病故，**即属命有一抵**，如再将正犯入实，则是二命抵一命矣。故在常斗案中情节略重可入实者，此亦可从宽缓决也。惟成案亦有入实者，必系情伤俱重，无一可原。如同治四年山西吉庵庵一起,系窃匪挟嫌纠伙寻殴伤重,虽余人病故,仍未入缓,殆因窃匪加重,不可以常案论也。

一,乱殴不知先后轻重罪坐初斗,及原谋未动手罪坐原谋之案,皆系罪疑惟轻,俱应缓决。如原谋首先下手,情势凶暴,并原谋而又当场喝令者,应入情实。(若首先下手伤轻,或仅止声称殴打,并无喝逼攒殴重情,亦可酌量入缓。)

按:此条仍系原文,小注亦系旧有,均未改易一字。罪坐初斗之案,较之罪坐原谋情节尤轻。原谋未曾动手,虽在可疑之列,然首先肇衅即属罪魁。如果喝令逼迫群殴,情凶伤多,从前亦有实案,所以严惩首祸也。如又首先下手,则更当从严办理。非实在伤轻且少,不轻议缓。至于罪坐初斗之案,系因乱殴不知先后轻重,于无可分别之中硬将初斗之人坐以死罪,案情既未确凿,则秋审不容臆断,故当概从宽缓。细观下半节入实项内止言"原谋"而不及"初斗",可见初斗之案从不入实也。

一,威力主使殴人致死之案,较凡斗为重。如衅起理直,伤亦不多,无恃强凶暴情形者,可以缓决。

按:此条仍依原文。威力主使虽较威力制缚稍轻,究较共殴、斗殴为重。近来办法,如斗殴金刃十伤入实者,主使之案八九伤以上即难议缓。然亦当视其情节是否凶横,如恃强喝众攒殴,或藉端毒殴残杀,或死系老人,或妄拷平人,虽伤少,亦有入实者。倘死系有罪之人,或系旧匪及误认贼赃,虽伤多,亦有入缓者。全在参酌情理定拟,不可专论伤之多少、轻重也。

一,威力制缚人拷打致死之案,较之威力主使尤重。如挟嫌藉事拷打,或非刑陵虐,或妄拷平人,一切凶暴不法情节,俱入情实。其余衅起理直,并疑窃有因,及制缚而未拷打,或邂逅伤轻致毙者,亦可缓决。

按:此条仍依原文,并未改易,此与上条重在用强。制缚拷打,本指豪强之徒而言,后来一概引用。即非豪强之人,凡共殴之案但系先经捆缚,后殴致毙者,即引威力制缚之例;但系喝令殴打,即引威力主使之例。其实非必有威之可畏也,特死者力有不敌耳。相沿已久,未便更改。但定案既从严例,秋审须有区别。故近来此等案件,必须实有凶暴重情,方可拟实。如论理无分曲直,衡情不甚凶横,不过较常斗略为加严。在常斗金刃十伤,他物三十伤入实者,此亦须有金刃八九伤,他物二十多伤方可入实。向来成案入缓者居多,职此故也。

一,凡火器杀人之案,如捕贼误杀,或当场致毙应抵正凶,或未经报部之巡役致毙盐匪，及无心点放照斗杀定拟之类，可入缓决，其余概入情实。

按：此条原文颇涉夹杂，旧条款以外又有嘉庆十八年及道光三年、十九年奏定章程，前后不归一律。本系分别实缓，嗣又一概入实，后又有酌缓之说。故现在修并为一，较觉简当。火器杀人即照故杀定拟，故杀既无缓案，故此项亦应概入情实。如因情节可原，定案照斗问拟不照故杀者，秋审自可酌缓。如定案既照故杀，秋审即应照故杀概入情实。即因情可宽宥，只可于黄册声叙免勾。如救亲及疑贼火器杀人并火器伤人、死在汤火伤余限外，及因死者追赶拉动火机之类，向俱入实。声叙既照故杀，不可遽改缓决，致与照斗杀之案无区别也。

一，摒去人服食致死之案，如情节不甚凶暴者，亦酌量拟缓。

按：此条仍依原文。此等案件多系剥衣抵欠，情虽可恶，究无杀人之心，故成案多入缓决。其情节凶暴，如嘉庆七年奉天沈义，冬月脱尽衣衫，抢拉冻毙；又如道光九年湖广毕盛修，帮抢孀妇，将乳哺幼孩弃置冻死两案，均入情实。一因冬月尽脱衣衫，显有致死之道；一因死系幼孩，情较惨忍，与寻常剥衣、死出意外者不同也。

一，以他物置人耳鼻孔窍致死，情同谋故者，应入情实。如系比照定拟，情有可原者，酌拟入缓。

按：此条仍依原文。惟末二句旧系小注，现在改作正文。此项旧律止拟绞罪，不照故杀拟斩。可见虽有伤人之意，原无杀人之心，未便遽入情实。其情同谋故，如用竹签、木杆插入耳鼻谷道，及以毒物置人口鼻，则是显有杀人之心，与用他物置入孔窍不同，故从严入实。其余有用笋毛调醋灌饮，欲令咳嗽；有用巴豆放入饭内，欲使腹泻；有用粪水灌服，欲使不能骂人；有用辣烟熏烧，欲令受罪；有撳在沟内吞食秽水，欲令呕吐；又有灌服盐卤，欲令成哮；又有烧酒灌入两耳，欲令成废。虽因而致死，究非意料所及，故成案均从宽入缓也。

一，热水烫泼致毙者，应入缓决。如情伤惨忍，或时值盛暑，有心淋泼，连片伤多者，应入情实。

按：此条虽本原文，但原文语多冗长，现改从简。原文并有小注，现亦删除。此项与前条均系无心致死，且汤火伤虽与金刃同列，究不同刃伤之立可毙命，故可从宽入缓。惟汤火用于暑月，或连泼数次，遍体鳞伤，则情凶近故，不得以尚非有心致死为解，故向有入实成案也。

一，金刃伤致命穿透之案，不论所透系前后、左右、斜直，及咽喉要害，食、气、嗓俱断者，皆情凶近故，应入情实。倘理直情急，受伤回抵仅止一二伤，或死者扑拢势猛，收手不及，并穿透一系不致命部位之类，亦可酌缓。其余髎脚胳膊等处穿透者，亦照寻常斗杀伤痕分别实缓。

按：此条仍依原文。惟原文止言胸前透脊背、肚腹透腰眼、左胁透右胁，尚涉遗漏。现改为前后、左右、斜直，但系致命穿透，俱入情实，较为赅括。且原文止言要害致命穿透，亦未明显。惟咽喉为要害之处，如食、气、嗓俱断，即为奇重入实，不论穿透、不穿透也。近来此等致命穿透及要害奇重之伤，多半入实，非情节大有可原，实系收手不及者，不轻酌缓。间有进刃、出刃有一处系在不致命部位，如左右肋之处，尚可酌缓。然亦必伤少，不过四五处者方可。如遇五伤以上，虽穿透有不致命之处，亦难议缓。又，有一处部位穿透者，如由小腹左透过右，肠出，亦照贯胁改实也。夫扑拢势猛止系空言，而穿透致命确有实据。从前致命穿透之案，多以"被扭带跌"、"夺扑势猛"、"拉夺挣扎"、"刀尖锋利"等词，曲为开脱，殊失严定此条之意。夫伤至穿透，其伤痕必自四五寸，七八寸不等，非下手极凶极很，必不能如此深透。固非仅仅扑拢势猛、刀尖锋利之所能致也。谓之情凶近故，夫复何词！故咸丰元年赦款章程，凡穿透伤在肢体并部位止在一处者，准其援免。若穿透在头腹胸背，及由肢体透入腹背，并穿透系两处部位者，均不准援免，止准酌入缓决办理，较前从严。以后秋审渐多入实，是以近年但系洞胸贯胁，要害奇重之伤，一概入实。必死系行窃匪徒，或因凶犯转身欲逃，死者从背后拉住不放，凶犯向后戳扎因而穿透，与对面有心直刺者不同，尚可从宽酌缓，然亦不多见也。

一，扳倒割筋剜目致毙人命之案，多入情实。如衅起理直，死非善类，并情节不甚凶残，意止欲令成废者，亦可缓决。

按：此条一依原文，并未改易。此项从前亦多入实，近自光绪年间多从宽缓。如七年李秀城，刃伤倒地后，余人帮同捆缚，挖出两眼；八年河南李小五，将死老者推倒刃伤，令余人按住，用刀挖出左眼，并将右眼戳损；十三年奉天王荣，纠殴致毙徒手，于余人殴扎多伤倒地后，复令余人揪按，自行挖瞎两眼，并用石灰揉擦。此等凶恶情形，均以意止欲令成废入缓，可谓宽矣。盖上条要害奇重、洞胸贯胁之案，较前为严，而此项则又较前为宽，亦一时风气使然，于条款颇有出入。此等之类，必须多查成案，庶几较有把握。

一，致毙老人幼孩之案，有欺凌情状者应入情实。如事本理直，伤由抵御，及手足他物伤轻，并金刃一二伤轻者，亦可入缓。

按：此条亦系原文，并未改易。此项固以情节是否欺凌为断，亦当核其伤之是否他物、金刃及多少、重轻。原文虽曰金刃一二伤，他物伤轻方可入缓，但近来办理从宽，金刃五六伤，他物八九伤，且有损折入缓之案，亦不一而足，须查成案，不可拘守条款。如金刃三四伤及他物伤重入实，必须实在理曲情凶、恃强欺凌，而又死太幼稚，或年逾八十以上者方可，否则仍多缓案。如寻常不分曲直，彼此互殴之案，必他物十伤以上，金刃七八伤以上，方可入实也。再，老幼亦有不同，致毙十岁以下即较十五岁以下稍重，而七岁以下更重；八十以上即较七十以上为重，而九十更重。亦有年近七十亦作老人，年十六七岁亦作幼孩者，虽不妨略照凡斗加重，究与真正老幼不可同论。**再，又当视凶犯年岁若干，如死者十五岁以下而凶犯亦止长二三岁，或死者年逾七十而凶犯亦年近七旬，则当稍从宽宥。又，有两幼相斗、两老相殴之条，则仍当照凡斗定拟，不能以致毙老幼论也。**

一，凡故杀及殴死伊妻同居前夫子女，情节惨忍死太幼稚者，应入情实。衅起管教者，入缓。不同居者，仍与凡人一律办理。

按：此条大致仍依原文，而略为增改。原文言听从伊妻谋杀前夫子女之案，此等案不经见，且助恶加功自无不实之理，故改谋杀为故杀，与殴死并为一处。故杀多入情实，殴杀实案甚少。然亦当视其情节是否惨忍，死者年岁长幼，并当视两造有无大功亲属，是否恩养年久，不可专以故杀、殴杀为轻重之分。容有故杀而入缓决，殴杀仍入情实者。总之，定案虽同凡拟绞，但既同居，即有继父名分，秋审仍当较凡加重。若自来不曾同居者，则与凡人实无分别也。

一，十五岁以下幼孩杀人之案，应入缓决。至老人毙命，仍以彼此强弱及情伤轻重分别实缓。其谋故等，亦与凡人同。

按：此条较原文简括。原文有“除谋故杀入实”一语，即斗杀之案，伤多、情重者亦入情实。现在新例已将幼孩杀人情轻之案，向应入矜者改为减流；其年长四岁以上向应缓决者，改为入矜。故条款亦改从轻宥，并采取外国惩治不科刑罚之义，删去旧日入实等语，改为一概缓决。无论斗杀入缓，即谋故杀者，亦不入实，此为前此未有之宽典。至老人杀人，律虽与幼一例轻减，而外国此等不加宥恤，即旧日条款亦无矜宥之文，故现在仍与凡人同论，不以年老而曲恕之。然果有年近八旬，与八十奏请之律止差一二岁；或犯罪时年止逾七，而现已八旬者，从前亦有入矜成案，仍当查案比核，不可专执条款，以为老人并无入矜之条，遂置情轻于不问也。

一，致毙妇女之案，如恃强欺凌，情凶伤重，及他物叠殴十伤以上，金刃六伤以上者，俱应入情实。其寻常互斗，理直伤轻者，可以缓决。

按：此条亦依原文。惟原文系他物七八伤以上，金刃四五伤以上，现改为他物十伤以上，金刃六伤以上，较前稍为从宽。但亦须核其情之强弱，理之曲直，并伤之轻重，不可专以伤数为断。他物伤亦有铁器、木器之分。十伤以上入实，在铁器则可，若木器则当别论，亦须迭殴致死。若彼此互殴，亦当别论。再，妇女亦有不同。《志稿》云，川广等省妇女强梁之状不亚男子，若老孀弱女，须分别观之，云云。检查成案，有木器一二伤入实者，亦有金刃六七伤入缓者。须先视有无欺凌情状，然后再论伤之轻重、多少也。

一，殴死祖妾、父妾，仍分别有无子女及是否年老，并情伤轻重，酌入实缓。（较兄妻尤应加严。）

按：此条一依原文，并无改易。凡致毙妇女较男子加严，兄妻较寻常妇女尤严。此项祖妾、父妾则较兄妻愈严。况生子女，则有服制名分，在寻常妇女他物十伤，金刃六伤入实者，此则他物五六伤，金刃三伤即应实矣。如理曲情凶，死系年老父妾，从前亦有一伤入实者。故条款止言情伤轻重，不计伤之多少也。

一，致毙兄妻之案，律以凡论，亦与致毙寻常妇女一律分别实缓，略为加严。至弟妻究与兄妻有间，应同寻常妇女论。

按：此条亦系原文，并未修改一字。殴伤兄妻较凡加等。殴死虽以凡论，秋审应为加严。再，兄妻亦有不同，如年老素有恩养，则当与叔母并论，岂止略为加严。倘或素不端正，与人通奸，虽故杀亦有酌缓成案。总之，案情轻重不同，全在临时酌情准理，查案比核，不可胶柱鼓瑟，专执一面也。

一，殴死双瞽笃疾及病人之案，情伤稍重者多入情实。如理直伤轻，亦可缓决。至笃疾杀人，稍有可原情节，即入缓决。

按：此条一依原文，并无改易。双瞽因系笃疾，即两肢俱废，亦在包括之中，并非专指双瞽一项而言。即未至成笃，果死系残废，亦可酌量从严。病人情状不一，凡痴、聋、喑哑、疯狂均是。若偶感风寒，动履如常者，不得谓之病人。

此项亦以是否欺凌逞凶为实缓关键。如殴情不重，虽伤多亦可酌缓，不过较凡斗略为加严耳。从前成案，亦有金刃八九伤入缓者，以其情节尚轻也。至笃疾杀人，如系谋故，仍应入实；斗杀则多缓决，非情伤十分俱重，不轻入实。如果情伤俱轻，后条尚可入矜，须与此条互参，然必系杀人之时系笃疾者，方可从轻。若杀人后始成笃疾，则未便以笃疾为解，向有入实成案，须分别观之。

一，奸匪、窃匪致毙人命之案，如系争赃争奸，殴戳伤多者，俱应入情实。其余衅非因奸因盗，系寻常口角争殴，或系死者怀妒忿急等类情急伤轻者，亦可缓决。至奸匪殴死纵奸本夫一项，死者亦属无耻，如非因奸起衅，亦可与常斗一律办理。

按：此条亦系原文，并无改易。本文固以是否争赃、争奸分别轻重，亦当视死者是否平人。如死者亦系奸匪、窃匪，虽有争赃争奸情节，亦可不必过严。如死系平人，即应照凡斗加严。如凡斗金刃十伤入实者，此项七八伤即应入实。倘死系平人而又案关奸通有服亲属，则是渎伦逞凶，更当加严办理。至死系纵奸本夫，向以因奸、非因奸分别轻重。因奸之案甚少；非因奸者入缓为多，间有入实者，则以伤多且重，或另酿奸妇一命也。非但纵奸本夫，即殴死其余纵奸之人，向亦照凡斗一体办理。条款未言，可以类推。

一，拒殴追摄致毙人命，与罪人拒捕不同，应分别情伤以定实缓。

按：此条仍本旧文，而删去支冗字句，较为简明。此项死者虽系官差，而凶犯究属无罪之人，故与罪人拒捕不同。按律，拒捕殴至折伤即绞，此殴至笃疾方绞。且彼曰拒捕，此曰拒殴，情节显有区别。惟究系由斩改绞之犯，较之凡斗稍重。其曰分别情伤以定实缓者，言不得同拒捕之案不分伤之轻重一体入实，非谓与常斗之案一体分别实缓也。向来成案入缓者固多，而入实者亦有。盖既曰拒殴，究较凡斗为重。如凡斗金刃十伤、他物二十五伤入实者，此项金刃七八伤，他物十五伤以上即难缓也。条款既未明言伤之多少，须查成案比核，方无贻误。

一，殴毙兵丁、差役之案，如情同拒捕者，俱应入实。其余亦照常斗分别实缓。

按：此条仍系原文，并无改易。兵丁、差役，其中虽良莠不齐，而倚势滋扰者居其多数。如平人因兵役倚势扰害，忿激致毙，虽伤多、伤重，亦可入缓。如兵役无滋扰，而凶犯系有干律议之人，情同拒捕者，虽伤少伤轻，亦可入实。此与上项大致不差，总当先衡其情之是否凶恶并理之曲直，不可专以伤为断也。

一，兵丁、差役殴毙人命之案，如索诈、索贿，倚势滋事，情节凶暴者，应入情实。其余照常斗分别实缓。

按：此条亦系原文，止删去“粮船水手”四字，以现例并无粮船水手名目也。兵丁、差役虽无甚分别，大概差役中索贿、索诈者居多；兵丁中倚势滋扰者居多。此等狐假虎威、凌虐乡愚，故例有蠹役索诈、差役酿命从重治罪专条。如殴毙人命，死系有干例议之人，尚可稍宽。若死系平人，即应从严办理。虽曰照常斗分别实缓，而从前成案入实者究居多数。匪但兵丁、差役，如革兵、游勇、假差、盐巡等项，均当一体照此办理。

一，部民殴本管官，折伤刃伤者，俱拟情实。其非本管官以凡斗论之案，如死者理曲，自取陵辱，情伤俱轻者，可以缓决，余俱入实。

按：此条仍系原文，并未改易。殴官之案向来从重者，以犯上之刁风不可长也。本管官固属例实，即非本管官，以凡斗论，亦多实案。但本管官名分虽重，究属人合，较以天合之期亲尊长稍轻。刃伤期尊，情节轻者尚可改为监候，免其勾决。如刃伤本管官，不论情节轻重，概予情实，似未平允。条文即系例实，虽不能曲予酌缓，但情节轻者，究不妨声叙，以冀免勾。至非本管官以凡斗论之案，虽名分稍差，然业已致死，与仅止刃伤者不同。如系京职或外官职位较崇，虽伤轻亦当入实。盖本管官刃伤即拟情实，非本管官殴死即不可缓。必实系甘居下贱、自取凌辱，或死系佐杂末秩者，始可缓决，然亦不可过宽。

奸盗上

一，轮奸为从及强奸十二岁以下幼女、幼童，无论曾否伤人，应入情实。强奸已成，如无刃伤本妇，又无另酿人命情事，以及诱奸幼女、幼童虽和同强之案，及冒奸已成者，均可酌入缓决。

按：此条虽本原文，究较原文略改从轻。轮奸、冒奸两项仍照原文。惟原文强奸已成并诱奸幼女、幼童虽和同强之案，一概入实，并无缓案。虽系严惩强暴之意，但强奸一项，不但外国未有死罪，即唐律止拟徒二年，明改为绞，已加数等。若再入实，非但严之又严，亦与古法不合。查现行新律，强奸酿命并强奸刃伤本妇之案，亦均改斩候为绞候入实。若将仅止强奸之案亦入情实，反致轻重无所区别。故现在改从轻恕，除另酿人命或刃伤本妇不妨照旧入实外，倘仅止强奸，并无以上重情，即可酌入缓决。**总之，妇女名节虽重，而人命亦不可不惜。杀人以偿名节，究非理法所安。**

再，强奸之罪不可轻拟，故注有殴伤肤体、毁裂衣服，并喊嚷有人听闻各项实据，方拟绞罪。今人不解律义，往往以强始终成之案遽拟强奸绞罪，及至秋审，遂以定案既照强奸，条款并无缓案，不核轻重，一概入实，因之枉杀多命，其冤多矣。至诱奸幼女、幼童之案，虽同强论，究系和诱而成，与真正强奸不同。若仍旧入实，则与真正强奸者亦无区别。况逢恩既有酌缓成案，现既减轻刑法，亦可酌入缓决，以持其平。若轮奸之案，旧例系照光棍惩办，未便稍为宽容。冒奸之案，旧日本系缓决，故现在均仍其旧耳。

一，因盗而强奸未成者，入于缓决。

按：此条原文本系情实，现改缓决。此项未成人犯，律文与已成者均拟斩候，例改已成者斩决，未成者绞候，视律稍轻，故旧文概拟情实。但强奸未成止拟流罪，即轮奸已成，未同奸者亦无死罪。此项虽系因窃盗而奸，情节可恶。但奸既未成，不但无人命可言，而于妇女名节亦无所损。如拟情实，殊未平允。上条强奸已成之案，既已分别实缓。此条未成之案，究较已成为轻，不应仍入情实。况窃盗刃伤事主之案现亦略改从轻，此强奸事主妇女未成，不应较刃伤事主为重，径改缓决，自是持平之道，非轻纵也。

一，因奸、因盗威逼人致死者，俱入情实。如死出不虞，案系比照定拟，与实在威逼有间者，尚可酌入缓决。

按：此条首二句仍系原文，现又添入“死出不虞”数语。此项威逼致死，情节不一，故例文增入“须有挟制窘辱”等语，可见此律不可轻引也。此系在乾隆各款情实二十八款之列，本无缓案。但案情百变，从前成案往往有实非因奸、因盗威逼人命，而因例无专条，比照此律问拟者，亦所多有。如谋抢未成，致令妇女自尽，或窃贼遗落火煤，致燃烧事主毙命，或行窃棉被，不知被内夹有幼孩，致令被夹气闭殒命之类。此等案件，虽比照威逼致死，究与实在挟制窘辱者有间。若因定案既照奸盗（畏）［威］逼一概入实，未免情轻法重。现在添入“情轻酌量入缓”一层，亦网开一面之法也。

一，语言、手足调戏妇女致令羞忿**自尽**者，可以缓决。其因强奸致妇女羞忿自尽，不论已成、未成及伙谋轮奸未成致本妇自尽者，俱应情实。

按：此条与原文大不相同。原文调戏致令自尽，如手足勾引者入实，仅止语言调戏者入实声叙。现在无论语言、手足勾引，均改缓决。又，原文尚有“良人子弟”及“污蔑奸情”两项，现均删去者。惟鸡奸男子之例新律已删，并无明文，而污蔑奸情一项，可比照诬告致死及捏造奸赃诸条，此处可无庸复述也。此外又添强奸、轮奸两层。盖强奸、轮奸致令妇女自尽，旧系斩罪，现改为绞，故秋审不得不实。若调戏自尽，并无强之可言，如亦照旧入实，则是强奸、调奸罪名相去悬绝，而一经酿命则一概入实，不分轻重，亦非情法之平。况调奸致其亲属自尽，并亵语戏谑致妇女自尽各案，旧例俱拟绞罪者，现例均从轻减。此项致令本妇自尽，罪既未减，而秋审复不轻宥，亦与他项诸多参差。查唐律自尽命案并无拟抵之文，今例自尽拟抵之条不一而足，而此项尤与古法不合。现修新律，未便遽改流罪，而秋审入缓，即为将来减流之端。盖旧日之从严，所以维风化也；现在从宽，所以重人命也。用意不同，未可一概而论。

一，凡亲属相奸，罪应绞候者，均入情实。如妇女始终被逼无奈，酌议缓决。至兄收弟妻、弟收兄妻，依奸兄弟妻绞律定拟之案，如男女私自配合及先奸后配者，应入情实；若由父母主令成婚及告知亲族、地保成婚，并无先行通奸情事者，亦可酌入缓决。

按：此条原文止言与夫兄弟通奸，如始终被逼无奈，酌议缓决。而无亲属相奸各项者，以亲属相奸，如律载从祖祖母诸项，本系立决，并不入于秋审。现律亲属相奸各项，已将绞决均改监候，故秋审条款必须增入，以昭完备。盖既改立决为监候，故秋审不得不实。惟其中妇女亦有情节可原者，如始终被逼无奈，并非甘心淫乱，亦可宽其一线，入于缓决。至于弟收嫂、兄收弟妻，旧文另有专条，现在修并为一。旧文分为三项，男女私自配合，先奸后配者绞决；乡愚不知例禁，告知亲族婚配者，绞候入实；由父母主令成婚者绞候，酌入缓决。现律立决改为监候，在私配及先奸后配之案既免立决，秋审不得不实。若告知亲族成婚，虽较父母主婚者为重，究较先奸私配者为轻，改为一律酌缓，是亦持平办法。但历来成案甚多，情节亦不一致。有由叔伯主婚比照父母者，更有不收为妻而收为妾者，更有父母逼迫勉从，成婚后旋即自尽者。案情各别，又在临时斟酌轻重，不可执守一隅也。

一，诬执夫兄欺奸者，应入情实。

按：此条仍依原文，并未改易。推其诬执之情，不过以家庭细故遽陷夫兄于重辟，其心最险，其情可恶，故拟入情实。但此等案件并不多见，即有此事，并不照律办理，故向来未见成案，不过姑存其文也。

一，奸夫图脱拒捕刃伤、折伤者，亦与窃盗固脱拒捕一律分别实缓，特不以奸所加重。其强奸、轮奸未成，执持金刃戳伤本妇，及拒捕致伤其夫与父母并有服亲属，不论伤之轻重、多寡，均入情实。

按：此条仍依原文，止于轮奸、强奸两项现添入其夫与父母并有服亲属等项，以昭完备。奸盗罪人例本同论，故因奸拒伤与因窃拒伤一律分别实缓。现在窃盗刃伤、折伤各款略改从轻，向以三伤上下分别实缓者，现改为五伤六伤，则此项因奸拒捕刃伤，亦应以五六伤为断。但窃盗拒捕系临时盗所者格外加严，因奸拒捕并不论是否奸所，一律办理，故曰特不以奸所加重也。至于强奸拒捕刃伤，旧文另为一条，现在并入此条，以省繁文。盖强奸拒捕究较和奸拒捕为重，故不问伤之多少、轻重，但系刃伤，即应入实。若轮奸，例内虽无拒捕刃伤之语，向俱照强奸办理，故条款补入此项，庶无遗漏。尤有疑者，上段奸夫拒捕系兼刃伤、折伤两层，刃伤在五六伤以上，折伤致成废疾者，方入情实，与下半强奸、轮奸不论伤之多少一概入实者稍轻，而下段强奸、轮奸止言刃伤一层，并不及折伤者，缘强奸拒捕仅止折伤，例内并不拟死，故条款不言折伤也。夫就条款论之，则强奸、轮奸较之和奸拒伤为严，而就例文论之，和奸拒捕，折伤拟绞，而强奸拒捕，折伤反无死罪，又似强奸拒捕较和奸拒捕反轻，是否定例显有参差，抑或别有用意之处，未敢臆断，姑阙其疑焉可也。

一，因奸拒捕伤人案内，或致奸妇被杀，或致奸妇自尽，其犯奸本罪律止拟徒者，仍核其拒捕情形，分别实缓，不必加重。

按：此条仍依原文，并未改易。此与斗杀案内另酿一命止核其本案之伤痕多少，分别实复[缓]，不必因此加重，同一道理。盖奸妇被杀或自尽，究非本犯意料所及，系在轻罪不议之列，故可不必加重。向来成案入实者甚少，即嘉庆二十五年直隶孔挪子一起，因在奸妇屋内被奸妇之父捉获，登时勒毙奸妇，复因图脱，刃拒奸妇之父三伤，系两犯绞罪，亦酌入缓决在案，可见此项并不加重也。

一，调奸、图奸未成，杀死本妇及拒捕杀死其夫与父母及有服亲属者，无论立时、越日，俱应情实。

按：此条旧本所无，系属新纂。调奸、图奸未成，杀死本妇及其亲属，旧例本无明文，光绪七年始定治罪章程。现已纂为定例，故条款纂入此项，以资引用。此与罪人拒捕杀人情罪相同，故条款亦一概入实。图奸、调奸未成，虽与真正奸盗罪人不同，究与别项罪人无异。别项罪人杀死捕人不能不实，故此项杀死本妇及其亲属亦不可入缓也。

一，强盗案内被胁同行入室、过船，并未随同搜劫者，应入缓决。其闻拿投首应拟绞候之犯，及伤人未得财首犯，亦可酌入缓决。

按：此条亦系新纂。强盗案内由立决量减监候之犯，向俱入实。即因情有可原，止可声叙免勾，并无缓案。但现在减轻刑章，强盗在外接赃之犯业经规复旧例减遣，此项被胁同行，并非甘心为盗，既以过船、入室不能减遣，然既量减监候，秋审即可从宽入缓。

至闻拿投首，虽较事未发而自首者为重，惟既因心存畏法，免其立决，秋审亦可宽其一线。又，伤人未得财之首犯，例内本系监候，较上两项由立决改监候者尤轻，况现在杀人未得财案内在场目击之从犯，例既载明入缓，此项虽系首犯，究止伤人，不应较彼项反为加严。现将以上三项均酌入缓，不但办法平允，亦与别项减轻之条不相背驰也。

一，伙盗供获首盗，伙盗供获伙盗在一半以上者，应入缓决。首盗供出全案伙盗于四个月指获者，如果并无别项重情，亦可酌入缓。

按：此项亦系新纂。首伙各盗供获伙盗，旧例本无明文。光绪年间始定有减轻章程，现已纂为定例，故条款列入，以昭完备。伙盗供获伙盗一半，向有入缓成案，故现在据以入缓。至首盗供获全案伙盗，事前纠人行劫，事后又复指获邀功，衡情极为险恶。章程本系酌量办理，现改缓决，未免稍宽。然有别项重情，仍须入实，并非一概酌缓也。别项重情，如放火杀伤人及闻拿拒捕，关系城池、仓库、衙署之类皆是。

一，期亲以下卑幼抢卖尊属、尊长之案，如因图财、图产致妇女不甘失节因而自尽者，应入情实。未酿命者可入缓决。至强嫁案内致妇女自尽之犯，其情事本与图财、图产不同，亦可酌入缓决。

按：此条虽本之原文，而与原文轻重大不相同。缘现行例文既改从轻减，故条款亦因之改轻。旧文本系疏远亲属，现例既将疏远亲族一层删除，故本条止言期服以下卑幼，而疏远不在其列。盖图财抢卖与强嫁本系两项，图财抢卖情节较重，故酿命者入实，未酿命者缓决。若强嫁之案，系因家贫，恐其不能终守，较之图财抢卖者情节为轻，惟致酿命始拟绞罪。若再入于情实，岂不与图财抢卖之案轻重无所区别乎？现改酌入缓决，自得情法之平。

一，诱拐略卖人口，被诱之人不知情案件，如被诱之人尚无下落，或诱拐二三案同时并发，内有一人尚无下落，或拐回奸宿转卖为娼，及拐逃不从而殴逼者，俱应入实。如无前项情节，虽诱拐多次，被拐之人均已给亲完聚，可以缓决。（案：道光十九年奏明，如仅有下落尚未给亲完聚者入缓，监禁十年方准减等。）

按：此条一依原文，并未改易一字。此等案件近来最多，而成案亦多从宽。虽诱拐多人，数犯绞罪，而秋审并不加重，仍入缓决。缘略诱律止拟流，例始改为绞罪，业已由轻加重，故秋审未便从严。条款虽以是否给亲完聚及有无奸污、转卖为娼，并是否逼殴为实缓关键。而历年办法仍多曲为原宥。其给亲完聚者固入缓决，即未给亲完聚，但系查有下落，或已病故，亦有酌缓成案。

又，嫁卖与人成婚，虽已失节，究与自行奸污不同，或被他人卖入娼家尚未被奸污，亦可从轻酌缓。至于"逼殴入实"一语，亦不可拘泥，如殴打未经成伤，或被转卖之人殴打，并非自行殴迫，但已给亲完聚，亦不可遽入情实。**总之，案无人命，但有一线可原，不妨开其生路。**《志稿》有云，此等案情比之谋杀人伤而未死者稍轻，比之诬告人死罪未决者相等，若非拐后有奸及转卖为娼，不可即从重论，云云，可谓切中之论。历来恩赦条款，此等案件轻则减等，重则酌缓。无论情节如何重大，并无不准酌缓之说。诚以既问绞罪，已属律外加重，未便再从严刻矣。

一，略卖因而杀人，或致被杀者，俱应情实。

按：此条亦仍原文，并未改易。此等案件情节最重，上条拐后逼殴者尚不入缓，况已杀人，尚何可原之有？无论谋杀、故杀、殴杀，亦无论杀系被拐之人或系旁人，即非自行杀人，但致所拐之人被人杀死，均应入实，并无缓案。

一，诱拐致被诱之人羞忿**自尽**者，应入情实。

按：此条照原文修改从简。原文系致其亲属自尽俱入情实，但现行新律，凡调奸、强夺致亲属自尽之案均改从轻，此项诱拐致其亲属自尽，不应仍旧从重，致与他例参差，故本条改"亲属"为"被拐之人"，似较平允。必系被拐之人**自尽**，方可入实。如系亲属自尽，不得照此一概入实，自可类推。此与调奸致本妇自尽情事不大相异，而调奸致本妇自尽现改缓决，此项仍入情实者，盖调奸本罪不过罚金，惟致本妇自尽始拟绞罪，故秋审不妨入缓。若诱拐之案，本罪已至于绞，再致被拐之人自尽，则情节更重，故拟入情实。案情轻重不同，故秋审实缓各异，参观互较，始知义各有当也。

一，强夺良家妇女奸占为妻妾之案，应以已、未成奸为断。已成奸者情实，未成奸者缓决。若本妇本欲改嫁，媒说未允，或本妇先经愿嫁，被人阻挠，纠抢尚属有因者，可以酌入缓决。若纠抢时有拒捕凶暴重情，并致本妇**自尽**者，无论已、未成奸，俱入情实。

按:此条原文较为妥当,修改之条意在求其明晰,反致与例相左。查例载:强夺良家妻女中途夺回及尚未奸污者,照已被奸占律减一等定拟,云云。详绎例文及字之义,可见强夺未成奸之案,即不得遽拟死罪。此条以已、未成奸为断,似未允当,拟改为是否以强逼成奸为断。强逼成奸者入实,非强逼者入缓。至于本妇本欲改嫁,并先经愿嫁,其奸非强逼,自不待言。既属抢出有因,自应入缓,并可不论是否成奸也。若致本妇**自尽**,较上条诱拐致本妇**自尽**者情节更重,入实自不待言。其纠抢时拒捕一层,须有凶暴重情,如殴伤本妇及其亲属,或捆缚凌虐方可入实。如拒捕尚未成伤,尚不得谓之凶暴,仍可酌量办理,不必概入情实也。

一,聚众伙谋抢夺妇女为从之犯,如果系拒杀事主,或火器拒伤事主,并分抢财物,不论事后曾否奸污、领卖,均应情实。至并未杀伤人及分抢财物之案,如曾经随同奸污,或本妇**自尽**时帮同逼迫,或本犯自行拒捕伤人,或由本犯领卖致被抢之人失身,及尚无下落者,概拟情实。如无前项情事,拟入缓决。其并未伙众抢夺、强卖之首犯,如妇女羞忿**自尽**,及被卖失身者,均应情实。若尚未被污,给亲完聚者,可以缓决。

按:此条原文而外,尚有光绪四年章程,现在修并为一,而办法较旧稍轻。原文以是否入室,虽未入室,是否架拉、奸污并是否伙抢一次,被抢是否数人,酿命是否逼迫,杀人曾否在场助势,领卖是否由于本犯,分别实缓。随后章程又添杀人及火器伤人,并分抢财物案内从犯不论是否入室,是否架拉、奸污、领卖各情,概拟情实。原系严惩抢夺之意,但现在新例修改从轻,必动手帮抢始拟绞罪,未动手帮抢止拟遣罪,并不拟死,故条款自不能仍计其入室与未入室及是否架拉也。若伙抢不止一次,及被抢数至三人,旧文虽系入实,而成案仍多缓决。其致亲属**自尽**,现例亦改从轻,故现在均不入实。惟致本妇**自尽**,帮同逼迫及随同奸污,或自行拒捕伤人,或由本犯领卖致令失身、无下落,并杀人、火器伤人、分抢财物等案内从犯,始均入于情实,余俱缓决,已较旧条款界限稍宽。其抢夺、兴贩妇女究与良家不同,例系由轻加重,秋审尚可从宽入缓。旧本另立一条,现在并入此门,省繁冗也。

奸盗下

一,抢夺逾贯之案,赃至五百两者入实。即未至五百两,而持械殴伤事主,或未持械而结伙五人以上,恃众凶殴伤人者,亦俱入实。其无前项重情者,可以缓决(如系纸币、钱票未经行使者，虽逾五百两，亦可酌缓）。

按：此条虽本原文，而办法稍轻，文亦加详。原文系虽未至五百两亦入情实，以窃盗赃五百两入实，抢夺究较窃盗为重，故未至五百两即入实也。但现律减轻刑法，窃盗五百两始拟绞罪，一千两始入情实。抢夺律虽未减，仍以一百二十两以上拟绞，而秋审究应从轻，故现在改为赃至五百两入实，其未至五百两必实系情节凶暴，始可入实。如并无凶暴重情，未可遽从重论也。凶暴重情，旧文以是否一人乘间抢夺为断，如已至二三人即难酌缓，亦涉过严，现改为持械殴伤事主，如未持械必结伙五人以上恃众殴伤人方可入实。如仅止拒殴，尚未成伤，即不谓之凶暴，尚可从宽酌缓，亦较旧文从宽。

盖抢夺之案，从前本与窃盗同论，虽赃至千两而情节不重，尚不遽入情实。嘉庆以后，始较窃盗加严，故有未至五百两入实之文。现改从轻，不但与新例减轻之宗旨相合，亦与从前办法不相背戾。其赃逾五百者固难从缓，然亦须赃未追出给主方可照此办理。若赃尚在手，业经追出给主，从前亦有酌缓成案。缘此等案件，本重在事主失财，财既未失，虽赃多亦可酌缓，不可拘泥条款五百两之文。至于银票、纸币，必行使方为实赃。若未使用，止可谓之虚赃。定案虽仍照律拟绞，而秋审究有可原，向俱入实声叙。现添小注，径改缓决，亦系持平办法，非开脱也。

一，抢夺拒捕，金刃三伤以上，并折伤至废疾者，俱入情实。如实系被扭图脱情急者，金刃三四伤亦可酌缓。如金刃至五伤以上，虽图脱情急，亦不可轻议缓决。

按：此条照原本改从轻减。原文系但经刃伤、折伤，无论伤之多少、轻重，俱入情实。惟小注有图脱刃划一二伤酌缓之文。可见非划伤者，虽情急图脱，亦不能缓，办理极为严重。**但此等案件究无人命，**查《志稿》有云，同一抢夺而轻重迥殊，有抢银两、货物者，有抢衣帽、食物者，但核其图脱情急之真伪与所攫赃物之轻重、事主被伤之情形，并贼犯有无被伤，合观之以定实缓，云云。可见从前此项罪犯办理本宽，嘉、道年间始改从严，即旧文所载不论伤之多少、轻重，俱应入实是也。现在减轻刑法，各项均从宽宥，故此条亦改从轻恕。先分情节轻重，是否情急图脱，其情同格斗、无图脱急情者，金刃以三伤上下为断，他物、手足折伤以是否成废为断。如系被扭不放，情急图脱，金刃以五伤上下为断。折伤虽未明言，但非图脱之案既以成废入实，则实系图脱者，似应以是否成笃为实缓关键，方见平允。且所谓刃伤者，专指砍伤、戳伤等项而言，带划伤向不并计。**总之，无关人命之案不妨略为从宽，抢夺轻于强盗**

而重于窃盗。窃盗与强盗现审均从轻减，故此项亦可网开一面，不为纵也。

一，窃赃逾贯之案，赃逾一千两者情实，未至一千两者缓决。（如系纸币、银票未经行使者，亦可酌入缓决。）

按：此条系照原文，止改五百两为一千两。以现律五百两始拟绞罪，故秋审不得不从宽减也。查原文五百两入实，系乾隆五十七年面奉谕旨，故以后均照此办理。然其中亦有不平之处，缘窃盗一项应兼论情节轻重，不可专论赃之多少。有赃多而情轻者，亦有赃少而情重者。若专以赃之多少为断，殊不平允。查《志稿》有云，窃情百变，正须按情分条，而赃至数千亦宜酌为区别。今拟两条于后，惟备临谳参考。一、向来满贯之案，俱酌情节重轻以定实缓。至情节何者为重，何者为轻，未定界限，明列条款，是以办理参差不一。今酌拟数项：或设计纠谋，或胆玩藐法，或怙终不悛，皆属情节较重，非寻常鼠窃可比，应入情实，其余可缓。一、窃盗到官定案则计赃拟绞，不问情节轻重，秋审则核案诛心，如一人独窃一千二百金与十人同窃一百二十金，同一绞罪，多者不能加重，少者不能减轻。盖赃为总名，以银为断。其中为金玉、宝玩、钱文，为绸布、衣物、器皿，种种不一，而价值之贵贱、轻重，偷窃之难易、强弱，亦种种不一。有壮夫伙抬箱笼而衣物仅止满贯者，有童稚顺取衣包而一带一髻价值数千者，赃虽多而值止满贯，不得以值少而稍宽。赃虽贵而犯时不知，亦不得以值多而加重。此诛心之本意，即齐非齐之总义也。且如挖壁逾墙，纠伙设策，赃止现银百余金，不能入实。又，剪绺掏摸鼠窃可谅。而误获珠宝，值价多金，即不能入缓。况窃银花用无存，珠宝旋归事主，其情又迥别。更有不肖事主，将无作有，失粗报精，失贱报贵，赃既无存，任听估值，而问官亦以通报在先，回护扶同，赃数全不足信，与偷现银情真数确者大有不同，仍应核其知窃、误窃，赃存、赃消，并窃情之弱强酌定，云云。此段议论详明曲尽，故向来成案有赃未至五百两，而或系为害行旅，或系被获诬扳、解审脱逃，或系结伙多人肆窃无忌，或系积年勾连巨窝、迭窃多次入情实者；亦有赃逾五百两，而窃出之银未敢花用，掷弃中途，使捕役呈案还主，因有畏法之心，酌量入缓者。并不专以赃数为断，均为办理此等案件者当知之事，不可拘守条款二语也。

再，向来定例以钱一千合银一两，黄金一两合银十两。近来金价、银价昂贵数倍，未便照此估计，是以光绪五年新章，京师地面计赃定罪之案，均以市面上价为凭。市价长落不常，大、宛两县按五日报部一次。而近来行使银元、铜元，价值更多参差，且又有库平、市平、京平之分。银元更有龙元、站人各项，均当按照时价折中估算，合足库平满至一千两以上者方可入实，否则仍照罪疑惟轻之说入缓。

总之，窃盗古无死刑，我朝虽从重办理，改拟绞罪，然非赃多情重，究不可以人命而为财物抵偿也。

一，窃脏逾贯未至一千两之案，如系纠窃库银、饷鞘并衙署官物已逾五百两，或持刀吓禁事主、迹近于强，及致事主失财窘迫**自尽**者，俱入情实。若系官员公寓，并非衙署，或止空言拒吓，并无持刀逞强情状，或图脱拒捕，将事主推跌及他物一二伤，情节不甚凶暴，或伙贼临时行强，已在该犯逃走之后，或二三次逾贯同时并发，或系积匪行窃逾贯者，俱可缓决。

按：此条原文本系六条，现采沈司寇《条款附案》，修并为一，较为简括。并改五百两为一千两，以归一律。其致事主窘迫**自尽**一项，旧文未载。惟此等案件情节较重，向有入实成案，均亦入于情实之列。上条以赃数之多少定实缓，此条以情节之轻重定实缓。虽分两条，仍当彼此互参。行窃库银、饷鞘，虽衙署赃少，固应入实。然亦有窃库得赃后拆开银封，止留十锭，余俱撩弃，意谓检得原赃可免追拿，究有畏法之心入缓者。又有虽在衙署行窃，究系住客行装，并非官物，并有行窃衙署内官亲衣物，并非本官之物，均酌绞者。

又，《志稿》云，明知系库银、饷鞘，虽乘间攫取，亦属藐法。若本非在库、在鞘，犯时不知为官帑，而窃取者仍可缓决，云云。可见此项仍有可缓之案，非尽入于情实也。至情形凶暴、迹近于强，必以是否持刀为断。如未持刀，无论空言拒吓及他物殴伤，亦尚在原之列。其伙贼行强既已逃走，未便加重。即连窃二三次逾贯同时并发，虽数罪均应拟绞，究与连毙二命者不同。从前成案，有行窃十二次，五次逾贯，三次系该犯为首，又复拒伤事主，积匪而又逞凶，尚可酌入缓决。盖因同时并发，例系从一科断，较后条前后两犯绞罪、怙恶不悛者情节为轻，故可不必加重也。

一，窃盗三犯流拟绞之案，应入缓决。其得免并计三犯流拟绞，免死减释后在配复窃罪应拟流，仍以三犯拟绞之案，与窃盗免死后至三犯者不同，亦可缓决。

按：此条仍照原文，止添开首两句。旧例窃盗三犯，但末后一犯赃至五十两者即拟绞罪，现例改轻，必三犯均计赃百两俱应拟流罪者，始加绞罪。故条款照例修改，于三犯之下增一“流”字，则大有分别矣。此条专指遇赦得免并计之后，三犯拟绞免死减释复犯流罪，虽系赦后一犯，并非三犯，但既经得免并计，恩不能以屡邀，虽一犯再犯，仍应以三犯论，按律拟绞，与后条免死后复犯至三次者不同。彼系前后各犯均系绞罪，此系先犯三次流应绞，免释后犯一次流，仍以三犯定罪拟绞。其实系先犯绞而后犯流，较彼条两犯绞者为轻，故彼可入实，此仍入缓也。其间分别甚细，须先看明例文，再重看此条得免并计四字自知。

查例载：窃盗犯案到官，应将从前犯案次数并计科罪。若遇恩赦，前犯系流罪以上罪，虽不免得免并计一次，徒罪以下咸予赦除，免其并计，有犯均以初犯论。如免并计之后再行犯窃，复遇恩赦后犯案到官，审系再犯、三犯，俱按照初次恩诏后所犯次数并计，照律科罪，云云。此条罪名即本此例，但例系统言徒、流罪名，条款止言流罪，徒不在内。缘现例三犯流者始能加绞，如内有一次犯徒即不能加人于死也，须分别观之。

一，前犯窃赃逾贯，及三犯拟绞免死减释在配复行窃逾贯，及三犯拟绞之案，又前后两犯均系刃伤事主，或前犯刃伤事主复犯逾贯及三犯，或前犯逾贯及三犯后犯刃伤事主，此等类皆怙恶不悛，但赃至五百两以上，金刃至四五伤者，俱入情实。

按：此条仍系原文，止改五百两以下为以上，并改金刃一二处为四五伤，与他条归于画一，此与前条连窃数次满贯从一科断之案，虽均系屡犯绞罪，但彼系同时并发到官，此系赦后又犯，怙恶不悛，情节轻重不同，并金刃伤人，俱系因窃拟绞之罪，如前后两犯中有三项之二者，均属怙恶不悛，未便宽缓。计赃逾贯并三犯流罪两项不分轻重，若刃伤事主一项，必至四五伤方可入实。如前后两犯内有一案刃伤事主止二三伤，尚有一线可原，且止言刃伤事主，未言折伤，如有折伤事主拟绞之案，亦当前后合计。此条前后两犯均系因窃拟死，无关人命之罪。如内有一案斗杀，或谋杀加功，则又当别论。须与《人命门》内“前后两犯斗杀”一条参看。

一，首犯脏逾一千两，从犯因三犯拟绞者，仍入缓决。

按：此条仍依原文，止改“五百两”为“一千两”，盖系首从各别之意。三犯拟流与旧例办法大有不同，旧例三犯至五十两即拟绞罪，现例改为三犯流者，拟绞必须三次均赃至百两以上，方拟绞罪。此等案件向不多见，间或有之，亦系例缓，并无实案。

一，窝窃逾贯之案，应照窃盗逾贯一律分别实缓。

按：此条虽本原文，而文义大为修改。原文并脏论罪，俱应情实。若暂时窝窃，非同积匪、巨窝者，酌入缓决。现在已将并赃论罪之例删除，故条款改为仍照窃盗办理。既照窃盗办理，必赃逾千两者始可入实，未至千两尚可酌缓，较旧日轻之多矣。但亦须详核情节，不可专以赃数为断。如纠伙多人、积年巨窝、为害地方，虽赃未至千两，亦可入实。如止暂时窝留，并未造意同行，而照窝窃拟绞之案，虽赃多亦可酌缓。向来成案甚多，须查核，俾归平允。

一，跟从行窃逾贯之案，如纠众已至三人，或假扮客商，昼则同行，夜则同住，志在必得，但经满贯，虽未至一千两，应入情实。若系独自起意，及仅止一二人暂时跟随，乘便攫取者，仍与寻常窃盗一体分别实缓。

按：此条仍照原文，止改五百两为一千两，并将上下文义略为倒置。从前此项不论多少，俱入情实，嘉庆十六年始改从轻，分别情节以定实缓，故现在仍依原文。此等案件重在为害行旅，必纠伙多人，蓄计已久，志在必得者，始可入实。若无以上重情，则与寻常鼠窃无异，仍照窃盗分别实缓，不可因此加重。从前缓案甚多，仍须详查。

一，船户、车夫、店家有主客相依之义，但经行窃逾贯，虽未至一千两，实属为害商旅，应俱入实。如系船上水手、店内雇工及一切挑脚人等乘间鼠窃，赃未至一千两，若有勾引外人伙窃情事者亦入情实，余俱缓决。

按：此条概依原文，止改五百两为一千两，亦因为害行旅，故较寻常窃盗从严。不但船户、车夫，即骡户、挑夫、店家，从前均照此办理。乾隆年间条款此项在入实之列。嘉道以后，实案甚少。必有蓄意、伙谋、积猾重情，始入情实，否则多从宽缓也。

一，船户等项盗卖客货逾贯之案，如蓄计盗卖，故意将船碰破，及有心放火烧毁房屋、船只、车辆者，其心最为毒险，应入情实。若系遭风失火，乘间盗卖客货者，可以酌入缓决。

按：此条文义仍依原文，删去逾贯下“赃未至五百两亦入情实”一语。原文末句系“近来亦多入实”，现改为“可以酌入缓决”，则较旧日办理稍宽。此与上条船户行窃情节相似，而实不同。行窃者乘本客之不防，盗卖者本客并未同行，或寄存店内，本客并不在店，船户受人寄托而起意盗卖，较之本客同行及在店者为重，故办理较上项窃稍严，然亦须有毒险重情，方可入实。如遭风、失火，因乏用情急而卖者，究属可原，亦可酌缓。上条以船户、店家是否店主、船主，抑系店内雇工、船上水手人等分别轻重；此条止言主人，而以有心故意与事出有因分别轻重。用意各有不同，须分别观之。

一，雇工行窃主财逾贯未至一千两，如系负恩勾引外贼肆窃者，应入情实。其一人乘间鼠窃，可以缓决。至兵役、水火夫人等行窃本主、本管官财物逾贯，亦照此分别实缓。

按:此条仍系原文,止照现律改"奴婢"为"雇工",并改"五百两"为"一千两"。奴、雇行窃主财,律本从轻减等,不拟死罪,例改以凡盗论,始有死罪。但今昔情形不同,前代宦家大户皆有奴仆数房,全家相依,恩义联属,故律照亲属相盗减等,以其为一家之人也。近来风气不同,除旗下外,汉人并不蓄奴,所用皆系雇工,此等朝秦暮楚、几无恩义可言,是以例改从严。《志稿》云,奴窃主财,援引亲属从严,甚为不允,自应较凡为重。如勾引外贼入室、暗通使女开门,及受恩昧良、暗设狡计,肆窃密室藏物殆尽者,自当拟实。其乘间掠取箱厨银物者,可与与凡窃同论,云云。议论切当,可以引为依据,不得以例系由轻加重等词曲为开脱。

至于勾引外人,情节亦有不同。从前成案有因勾引外人窝赃,并未勾引行窃入缓者;有因虽系勾引外人行窃,而主仆并无名分入缓者;有因外人勾引雇工,并非雇工勾引外人从宽入缓者;又有因勾引之人本在店内暂住,究与外人不同入缓者。均系原其一线之意,可以备参。

一,窃盗临时盗所拒捕刃伤事主之案,如连砍三伤,或连伤二人者,均入于情实。若实系被拉、被抱,确有图脱情急者,五伤以上情实,未至五伤者缓决。

按:此条虽本原文,而较原文办理从轻。原文以砍截、带划分别实缓,而划伤又分别图脱与格斗。其格斗者,情近于强,虽一划伤亦入情实。如系被拉图脱,与事后被迫图脱,可以酌缓,办法极为严厉。**现因减轻刑章,此等案件究无关乎人命,是以修改从宽**。系临时逞凶格斗之案,以三伤上下分别实缓。如系被拉图脱,以五伤上下分别实缓,而划伤亦不并计。又采乾隆年间条款增入"连伤二人"一项,较原文轻之多矣。盖此项乾隆年间旧条款本系以是否情形凶暴及三伤上下分别实缓,如伤由图脱,不论砍戳、带划,均可酌缓。道光三年以后始改从严,必系划伤方可酌缓。现改从宽,仍系规复乾隆年间旧条也。

一,窃贼已离盗所拒捕刃伤事主之案,如系护赃、护伙,情同格斗:但至五伤,即应入实,其余无前项重情,实系图脱情急,金刃未至八伤者,俱入缓决;内划伤、他物伤不算。若至八伤,仍入情实。如被追而未被获,无急情可原,辄纠伙转身迎拒,情势凶横者,虽止金刃五六伤,亦不可轻议缓决。

按:此条亦较旧条款减轻。旧条款护赃、护伙、格斗者,无论伤之多少均实。其无前项重情,实系图脱情急者,以三伤上下分别实缓,划伤不计。现改为格斗情重者，以五伤上下定实缓；图脱情轻者，以八伤上下分实缓，亦较旧日轻之多矣。上节是临时盗所拒捕，此是已离盗所拒捕。案情不同，故秋审办法亦异。**总缘均系无关人命，故不妨稍从未减。**从前带划两伤准作砍戳一伤，嗣后止论砍戳之伤，划伤并不计算，故此条小注仍照旧添入，亦系从宽之意。至于砍戳之伤，又有误戳及主使伙犯戳伤之别。误戳尚可从宽，不必并计，而主使伙贼戳伤则须并计。从前均有成案，亦所当知。

一，窃贼图脱拒捕致毙事主，无论情伤轻重，俱入情实。

按：此条一依原文，并未改易一字，与前犯罪拒杀捕人一条同为例实之案。惟其中有死在辜限以外，或因追赶跌毙，或因带跌致死，或自割襟辫误伤致死，虽不能酌缓，似可出语声叙，开其一线生路。是在临时斟酌办理，不可拘也。

一，窃贼图脱拒捕，除他物另伤一人不计外，如刃伤事主至二人均至三伤者，入于情实。若二人内有一人未至三伤，及二人均至三伤而内有划伤者，可酌入缓决。若一连刃伤事主三人，不论伤之多少及有无划伤，俱应入实。

按：此条虽本原文，而修改从轻。原文系"连伤二人俱入情实，惟内有一划伤者及二人俱系划伤始可酌缓"，现改为"连伤三人概入情实"。若连伤二人，非均至三伤尚不入实，亦宽之多矣。且所伤者必均系事主，且均系有心戳砍方可。若内有邻佑一人，或一人因自割衣辫误伤，向不并计，均有成案，临时须详为检查。

一，窃贼图脱拒捕，金刃未至五伤，亦无凶暴情形。此外或事主追逐自行跌毙者，亦可缓决。

按：此条仍依原文，止改"一二伤"为"未至五伤"，与他条归于一律。谢信斋有云，事主追逐跌毙，非本犯意料所及，与失财窘迫**自尽**者不同，向不加重，可以酌缓。此解本条与前条窘迫**自尽**分别实缓之故，虽颇分明，但两条比较，究有畸重、畸轻之病。盖失跌与窘迫同为因窃酿命，跌毙系死在当时，窘迫系死在事后。死在当时究较死在事后情节为重，乃秋审办法于彼条情轻者则予入实，而此条情重者反得酌缓，殊不平允。沈司寇《条款附案》援引斗杀失跌致死与此两相比较，言此条失平之处，极为透切。但现值减轻刑法之时，不便由轻加重，只好照旧酌缓，宁可使之漏网，不可自作网罗也。

一，窃贼图脱拒捕，他物殴伤事主致废疾、笃疾者，较刃伤平复为重，俱应入实。若扎伤平复，伤仅止骨节参差，或断一指、折一齿，事主不致贻累终身者，亦可缓决。

若盗田野谷麦等类，与实犯窃盗不同，虽拒捕致废疾，亦可酌入缓决。（道光二十年四川张在远、二十一年奉天李复兴两案，均奏明改缓。）

按：此条一依原文，并无改易，小注亦系照原文增入。窃盗拒捕刃伤事主之案，现俱改从轻减。此项折伤之案照旧未改，仍以是否成废为实缓分别者，盖伤至废笃，贻累终身，较之金刃多伤，业经平复者情节为重，故未便改从原宥也。

至盗田野谷麦，例谓之别项罪人，与窃盗不同，必殴至废疾，始拟绞罪。若仅止殴至折伤，例不拟死，故秋审可以缓决。然废疾尚可酌缓，若重至笃疾，则不可轻议缓决。条款虽未明言，向来成案俱系照此办理。总之，窃盗以是否成废为实缓之界，别项罪人以是否成笃为实缓之界，缘例文既分轻重，故秋审不能概论也。

一，两贼同时拒一事主及各自拒伤事主，各科各罪。如实系图脱情急，无彼此护伙凶横情节，金刃未至八伤者，亦可缓决。

按：此缘仍依原文，止改“三伤”为“八伤”，此与前条窃盗已离盗所拒捕刃伤之案，均系以八伤上下分别实缓。盖两贼同时拒伤一事主均拟绞罪，系嘉庆年间纂定之例，较之一贼拒伤者，事实虽同，而衡情究有可原。**若均拟情实，则是以一人受伤而杀两人以抵之，似乎过严。**此等案件，稍有可原尚可酌缓。即情节凶横，止可择一伤多且重者入实。若两人均实，未免重矣。盖凶贼固不可曲恕，而人命亦在所当惜也。

一，窃贼两次刃伤事主同时并发之案，两次均至三伤者入实。如内有一次未至三伤，或均至三伤而有划伤，亦可酌入缓决。

按：此条虽依原文，亦较原文略改从轻。原文系“虽各止一二伤亦入情实”，现改为“均系三伤始行入实”。若两次中有一次未至三伤，或有划伤，尚可酌缓。此等案件系同时并发，较之免死复犯先后均系刃伤事主者为轻，究较止犯一次者为重。核其情节，与连伤二人者无异，故即仿照彼条，亦以均至三伤为断，洵酌中之道也。

一，窃盗杀人为从帮殴之犯，如系护赃、护伙，或同场助势逞凶，或伙犯杀人由该犯被获喊救所致，及另有凶暴别情者，金刃五伤以上俱入情实。若实有被揪、被扭图脱急情，与首犯拒不同场者，无论伤之多少，可以缓决。其抢夺杀人案内帮殴之犯，但有以上重情，三伤即入情实。其余情轻之犯，虽三四伤，亦可缓决。

按：此条虽本原文，但原文历引例文，语甚冗长，办理亦涉严重。现在删繁就简，改从轻减。原文“图脱一伤始可入缓。如非图脱，虽一伤亦实”，现改为“如有图脱急情，不论伤之多少，概入缓决”。即情节凶恶，必至五伤以上始可入实，则轻减多矣。缘此等为从帮殴刃伤之犯，从前旧例止拟军罪，乾隆年间始改绞罪，业已由轻加重。**况首犯既拟斩罪，一命已有一抵，若再将帮殴从犯入实，则是以二命抵其一命，未免过严**。现改从轻，职此之故。较之拒捕图脱刃伤之案尤轻。图脱刃伤情节固轻，然八伤以上尚应入实，此则不论伤之多少，虽八伤以上亦可酌缓。总缘业已命有一抵，故从犯不妨从宽，非曲纵也。至于抢夺杀人案内帮殴之犯，从前本与窃盗并举。道光六年部议，抢夺究较窃盗为重，始将抢夺杀人为从之犯改照窃盗从严办理。现在即本此意，将抢夺从犯略为加重，在窃盗案内五伤入实者，抢夺案三伤即实；在窃盗不论伤之多少一概入缓者，抢夺案三四伤方可酌缓，过四伤即应人实。其中轻重权衡，一毫不差，锱铢悉称，阅者须细玩之。

一，无服亲属相盗拒毙捕人，仍依斗杀绞候者入于情实。如实系图脱情急，一伤适毙者，亦可缓决。至有服亲属相盗拒杀卑幼，定案依殴杀卑幼律拟绞者，不在此例。

按：此条仍依原文，但原文并无酌缓之说。现添“系情急图脱一伤适毙，亦可酌缓”二语，则较旧日界限稍宽矣。上半节系言无服之亲，下半节专言有服之亲，且下半节原系小注，现改为正文。盖亲属原不重盗，故拒杀仍照斗杀定拟，但无服之亲情谊已疏，不照拒杀从重，已属从宽，秋审未便再宽。其有服亲属，系杀尊长，固不必论；若系卑幼，无论缌麻、功服，情谊较亲，似未便因行窃之故而与卑幼实抵，然亦止言殴杀之案，若谋杀、故杀，向有人实成案，未可以此为拘。

一，蒙古抢夺伤人照《蒙古例》拟绞之案，如伤非金刃、伤轻平复，在刑例罪止拟遣者，概入缓决。若系金刃，即照民人抢夺伤人之案分别实缓。其行窃拒捕刃伤事主者，亦照民人行窃拒伤一体分别实缓。

按：此条前半节仍依原文，后半节略为修改，并添“窃盗刃伤”一项，以昭完备。抢夺刃伤，原文系“自难概宽，成案多入情实”，现改“照民人分别实缓”，则拒捕三伤以下、图脱四伤以下，尚在可缓之列，不必尽实也。蒙古抢夺，理藩院旧例本较民人为严，但系刃伤即应斩决，后改从轻，止拟绞候，又较民人为宽。现在新例，民、蒙多半不分，故此项抢夺、窃盗刃伤之案，均照民人一体分别实缓。但止言刃伤而未及折伤，殊涉疏漏。如蒙古抢窃殴事主至折伤以上者，亦应照民人抢窃折伤以是否成废分别实缓。条款虽未明言，可以类推。

一,蒙古抢劫什物未伤人,及抢夺十人以上并计赃逾贯为从者,俱入缓决。

按:此条仍依原文,并未改易一字。此项罪名《蒙古例》与刑例轻重不同。查理藩院定例,抢夺逾贯,首犯拟斩,从犯拟绞,声明秋审衡情,定拟实缓。向来成案,从犯均系缓决,从无实案,故现在仍依旧文也。

一,发冢开棺见棺见尸,为从帮同下手一二次入于缓决,三次以上入于情实。在外瞭望五次以下入于缓决,六次入于情实。其锯缝、凿孔为从之犯,帮同下手六次以上入于情实,不及六次俱入缓决。如仅止在外瞭望,不论次数多少概入缓决。至盗未殡、未埋尸柩为首,六次以上入于情实,为从不论次数,俱入缓决。

按:此条旧条款办理尚不甚严。同治四、五年两次经御史条陈改拟从严,光绪十二年又经御史条陈愈加严厉,近年均照新章办理,旧条款已虚设。光绪新章,见尸案内从犯不论次数,但经下手,虽一次亦入情实,瞭望三次以上亦入情实,未免严之又严矣。查《辑注》有云,在野之坟虽发冢开棺,不得同于强盗;已死之人虽残毁弃置,不得同于谋杀。是以唐、明之律,此项人犯为首止拟绞罪,为从并不拟死,自得情法之平。嗣后修例,见尸案内为首之犯改拟斩决,锯缝、凿孔案内首犯改拟绞决,为从均拟绞候,而又多半入实,是损及死人较之谋杀活人反为加重,按之情法,岂为得平?恭读乾隆四十年上谕,此等刨坟人犯虽例应入实,然皆贫民无奈为此,有司民之责者当引以为愧,而其实无人命之可偿也,等因。大哉言乎,可谓千古龟鉴矣。

再,发冢之案从前本不计次,雍正年间始以次数分别轻重。凡盗一棺者准作一次,不得以同时同地连发多冢者作为一次。旧例原有小注,现虽删去,仍系照旧办理。夫以次数分别轻重,本非古法,而又迭次加重,为首立决,为从多半入实,故沈司寇《附案》谓其过于严厉,必应变通者,此也。现在新例已将为首斩决之犯改为绞决,绞决改为绞候。为从虽仍旧拟绞,而秋审亦当从轻,是以分别递减,区为三等,开棺见尸为一等,锯缝、凿孔为一等,未殡、未埋尸柩为一等,而上两项仍各分帮同下手与在外瞭望。帮同下手者,见尸案以三次、凿孔案以六次定实缓。在外瞭望者,见尸案以六次上下定实缓,凿孔案不论多次,概入缓决。未殡未埋之案,则又以首从分别。首犯六次以上始入情实,从犯概行酌缓。办法较旧一概轻减,亦较旧稍为得平。然比诸唐、明律,犹有生死之分也。

一,贪图吉壤发冢致坏人尸棺骸罐者,亦以见尸科罪,应入情实。如系山地被人盗埋、盗葬,及心疑盗葬出于有因而发冢,坏人尸棺骸罐者,亦可酌入缓决。

按:此条一依原文,并未改易一字。此等案件亦以见尸科罪,究较见尸为轻。盖系照见尸之律,非照见尸之例也。照见尸之律,为首止科绞候,为从减等拟流,与见尸之例首拟绞决、从拟绞候者,大有轻重之别。定案既照律从轻,故秋审应有区别,未便一概从重。夫同一坏人尸棺、骸罐,而有心贪图,情节较重。若被人盗葬及心疑盗葬,均属事出有因,情尚可原,故以此分别实缓。嘉庆年间实案较多,道光以后多半从宽入缓,此亦刑罚世轻世重之一例也。

一,杀死抢窃族人例不照擅杀科断,仍照谋故斗杀定拟之案,如系谋故、火器杀人入于缓决,若系斗杀,酌入可矜。

按:此条仍本原文,惟添入末后酌矜一层。原文系道光七年通行,无论谋故斗杀酌入缓决,尚无入矜之说。现在擅杀业已改流,此等情近擅杀之案即可入矜,较之真正擅杀为重,究较谋故杀为轻,亦系持平办法。然成案仍有拟实者,以系连杀行窃族人一家二命也。现例一家二命准其从一科断,如有斗杀抢窃族人一家二命,犹可酌缓。盖秋审随例为转移,例既改轻,秋审即不能守旧也。此中消息,明眼细心人自能会悟,非尽可以言传也。

一,行窃遗落火煤,不期将事主烧毙,照因盗威逼人致死问拟之案,如烧毙一家二命及三命非一家者,入于情实。若止烧毙一命及二命非一家者,仍入缓决。(窃剥事主衣服致令冻毙,本犯投首免因,照摒去人服食致死拟绞者,如系一命,亦可酌入缓决。)

按:此条旧条款原分两说。前说系道光三年所纂,办法稍轻,除一家二命及三命入实外,如系一命,或非一家二命者酌缓。后说系道光四年所改,较前稍重。惟一命可缓,二命以上均实。现在遵用前说,而文义亦删繁就简。其小注数语仍系旧文,亦无改易。

按:此项与前因窃致事主追捕跌毙,并致事主窘迫**自尽**之案,情形大约相似,但前两项均系绞罪,此项旧例系拟斩罪,可见此项较彼稍重也。现在此项二命尚可入缓,而彼项行窃逾贯已犯死罪,又致事主**自尽**,是于绞罪外又复酿命,故不得不实。此项止系行窃,惟因烧毙人命始拟绞罪,与绞罪外酿命者不同,故二命亦可酌缓也。其中情形,界在几微,须详辨之。

近来成案,亦有烧毙一命仍拟情实,则以烧毙逃出后复敢放枪吓禁,情节凶暴故也。案情原不一致,未可胶柱鼓瑟。至小节注剥衣致令冻毙,情节较此更重,然亦可入缓者，则以投首得免所因之故。若未能得免所因，虽一命亦难率缓耳。

一，犯罪事发，官司差人拘捕，殴差成废、成笃之案，均入缓决。若殴伤二人均成笃疾者，入于情实。

按：此条仍依原文，而略为修改。原文系酌量情节有无凶横分别实缓，若至笃疾应入情实。现改为笃疾尚可酌缓，必伤二人成笃始入情实，则较轻矣。此项与窃贼殴伤事主、奸匪殴伤应捉奸之人，虽均系罪人拒捕，而情形究较彼为轻。彼系奸盗罪人，此系别项罪人；彼系殴伤事主及捉奸之人，此系殴伤差役；奸盗罪人但殴至折伤即拟绞罪，别项罪人必殴至废疾始拟绞罪。例既分别轻重，故秋审未便从同。**重至笃疾尚可入缓者，以其无关命，且与奸盗不同也。**若至二人成笃，则情节较重，不能不实。即二人内有一人成笃，一人成废，犹可从宽入缓也。

一，造妖书、妖言及传用惑众者，俱入情实。如情节实有可原，亦可酌缓。

按：此条仍依原文，并未改易。此等人犯旧系斩罪，现例改绞，已从宽矣，故秋审仍从其旧，未便再宽。从前成案多半入实，惟乾隆年间有两案从宽，一入实未勾，十次改缓，一原情入缓者，以系造妖言案内帮做衣帽裁缝故也。可见非实有可原情节，不能轻易酌缓。

一，盗砍红椿树株者，应入情实。如系回干树枝，于黄册内声叙。

按：此条仍系原文。惟原文均系入实，并无缓案。现在此项例文已改从轻，故秋审分别实缓办理。回干树株系应行招商变价之物，情节较轻。从前成案虽不能缓，皆于黄册内出语声叙，并不勾决。现在刑法多半轻减，故此项亦可径改缓决也。

杂项

一，伪造印信，如关系军机、钱粮者入实，其仅止诓骗得财者酌入缓决。

谨按：此条虽本原文，而删改从轻。原文系“冒支钱粮及诓骗得财者入实，诓骗未成者入缓”，现改“冒支钱粮”为“关系军机、钱粮”，盖指为从者而言。若系首犯，例已加重拟绞立决，自不在秋审之列矣。至诓骗一项，现例为数多者始拟绞罪，为数无多及诓骗未成均无死罪，较律拟罪从轻，故现在删去原文未成入缓一语，而于“诓骗得财”改实为缓，则不论赃数多少矣。此项须细玩现例，而不可执旧案为衡。盖旧案多半入实者，系在未经定例之前。现例既改从轻，故条款随之而轻也。

一，伪造凭劄自为假官，及为伪劄，或将有故官员凭劄卖与他人者，概入情实。

其买受伪劄、冒名赴任者，可以缓决。

谨按：此条虽本原文，而亦改从轻宥。原文无论自为假官及买受伪劄，均入情实。现在分别轻重，止将自为假官及将凭劄卖人两项照旧入实，而于买受凭劄冒名赴任一项改为缓决，似较平允。缘买受凭劄律文本无死罪，例始加重拟绞，已较律文加重，秋审未便再从严重，致与自为假官者无所区别也。至于自为凭劄假充职官，固属例实之案，然亦有未可概论者。从前旧案，如捏造系属委劄，究与部颁劄付不同，尚可从宽入缓，亦须知之。

一，私铸钱十千以上，或虽不及十千而私铸不止一次者，为首及匠人俱应情实。

谨按：此条亦本原文，准原文下有小注数语，与现例情罪不合，故概行删去。又，原文系为从、工匠人等，现例为从罪不至死，故改作为首及匠人，以符例文。查私铸一项，康熙年间旧例，首从均系立决，乾隆以后始改监候，已较旧例从宽，故秋审概拟入实。检查历来成案，不但并无缓案，并无声叙免勾之案，缘罪关圜法，未可轻纵。现律虽改斩为绞，然秋审仍概拟实，无可轻宥。至于私销之案，旧例本系立决，现律虽照私铸改为监候，秋审更当从严入实，而条款不言者，以私铸犹无缓案，私销更不待言。所谓举轻可以赅重，非遗之也。此外又有私铸银圆、铜圆及伪造纸币各项，例既载明秋审入实，故条款不载。

一，左道惑众及邪教为首者，俱应情实。

谨按：此条一本原文，止将“为从”二字改作“为首”，缘现例为从并无死罪也。盖左道、邪教虽与妖书、妖言稍异，然其为害于世道人心并无二致，故从来并无缓案，以其贻祸最大，而受害者非止一身一家也。

一，邪术医病致毙人命者，如有藉端陷害及传徒、惑众、诈财不法各重情，应入情实。其无前项情事，仍可酌拟缓决。

谨按：此条亦本原文，而稍改从项罪名载于《人命门》庸医杀人条内，与上条情节大不相同。盖左道异端一切人等作为法术医人致死，例既照斗杀问拟，秋审自应分别轻重，未可一律入实。从前旧案，有因诵《道德经》治病，究与邪术不同酌缓者。又有因跳神却病，止期治邪；或师巫烧香治病，图骗钱文，尚与书符、咒水实在邪术不同酌缓者。须详为参考，未可与上条并论，概拟情实也。

一，光棍为从，如系随从聚众罢市、辱官、毒害无辜等项种种凶恶不法者，应入情实。其余如听从随行，并无前项情事者，可入缓决。

谨按:此条虽本原文,而添改从轻。原文不问情节,一概入实,未免过于严厉。现改为情重者仍旧入实,情轻者酌缓,较为平允。查乾隆年间旧条款,光棍为从之犯本有分别,如系聚众罢考、辱官,毒害无辜,及强奸已成种种凶恶不法者入实,其余随从同行,并无前项重情者可以酌缓。又,《志稿》云,光棍为首已经立决,其余为从原属稍轻之案,除本条所开各款必入情实外,余可入缓云云。可见此等从犯,从前并非尽实。后改为一概入实,虽系严惩刁徒之意,未免漫无区别。现在修改从轻,仍系规复旧章,并非故从宽宥也。

一,投递匿名揭帖之案,其有私雕印信,假造官封重情者,应入情实。如无前项重情,或未破之案由该犯发觉,所告又皆得实,又揭帖内已列已名足资根究,与真正匿名有间者,尚可酌入缓决。

谨按:此条虽本原文,而添改从宽。原文不分情节轻重,一概入实,虽系严惩阴险刁诈之意,但此等案件究无人命可言,从前成案虽应入实,而因情节稍轻免勾者甚多。故现在采取其义,除有私刻假印、假造官封各项重情外,其余尚可酌量入缓,亦网开一面之意。

一,诬告叛逆,被诬之人未决者,如另有拖毙人命重情,应入情实。其并无人命者,仍可酌拟缓决。

谨按:此条亦本原文,而修改从宽。原文系钦遵嘉庆年间蒋伯能案内谕旨入实,并无缓案。惟查谢信斋有云,拖毙人命者入实予勾,未拖毙人命者入实免勾。是以从前亦有入实免勾,永远监禁之案。故现在采取其意,以有无人命分别实缓,不惟持论平允,而与近日减轻刑法之旨亦相符合。**总之,凡无关人命之案,非十分情罪重大、贻害风俗,未可遽议实勾也。**

一,诬告人致死并致死其有服亲属之案,如有挟嫌、图诈,或假捏奸赃,或事犯到官诬扳平人,或唆贼硬证,或贿差妄拿,图泄私忿,累毙无辜,及拖毙案外一二命者,俱应入情实。其余若因事本可疑,一时误认,死由追拿跌溺,并非被逼**自尽**,及死者本非善类,无前项刁恶惨毒情形者,尚可酌入缓决。其比照诬告定拟之案,亦照此办理。

谨按:此条一本原文,并未改易一字。止于末后添入"比照诬告定拟之条,亦照此办理"二语。查谢信斋云,诬告人致死,向以是否挟嫌图诈及事出怀疑分别实缓。又,《志稿》云,诬告致死本例,重在拖毙无辜,而秋审拟实,又重在致毙数命。若拖累由于官吏，则本犯情之可原，数命各有因由，则不能全罪本犯，随案定拟，难拘一格，云云。可谓此条铁板脚注。凡看此等案件者，须先参考以上二说，庶不致有错误。原文曰无辜，曰平人，曰案外，字字均宜着眼，不可忽视。又“致死”二字系指拷禁身死而言，若在押病故，尚可宽其一线。光绪六年有奉天张氏酌缓成案可援。

一，童稚无知，诬告人因而致死之案，应入缓决。

谨按：此条亦本原文，而修改从简。原文系嘉庆十五年周陇徕子案内谕旨：此案周陇徕子年甫九岁，即知挟嫌诬指，狡供捏证，以致毙无辜，殊为狡黠。但向来十岁以下犯死罪者尚准收赎，今刑部照诬告致死平人拟绞，并请永远监禁，未免过重，入于秋审缓决已足蔽辜。嗣后设有案犯相同者，着照此办理等因。此条即本于此。但此等案件并不多见，不过聊备一格，亦可为幼孩犯死罪者从宽之一证也。

一，挟仇诬告谋命，致尸遭蒸检之案，无论系平人、尊长之尸，俱应入实。如起衅本因妄疑，并未固执求检，或原验伤痕本有遗漏、错误，尚可酌入缓决。

谨按：此条一本原文，并无改易。惟原文末后有“蒸检卑幼之尸，无实在狡诈重情可缓”一句。现例已将卑幼之尸致遭蒸检改为流罪，不入秋审，故条款删去此层。

至于尊长尸遭蒸检，现例虽与平人同系绞罪，旧例究有轻重之分，秋审仍应较平人稍重。此等案件，条款虽以挟仇、怀疑分别实缓，但从前成案入实者固多，而勾决者甚少，皆以无关人命故也。前《人命门》亦有尸遭蒸检一项，但彼系殴毙后狡供不认致尸遭蒸检，此系诬告致尸遭蒸检，情节各有不同，须分别观之。又，“蒸检”二字须看重“蒸”字，从前有致尸遭检验尚未蒸者从宽酌缓之案。

一，刁徒平空讹诈酿命之案，有拷打者应入情实，无拷打者如酿至二命，及串差倚势并假捏奸赃一切刁恶凶横者，亦应入实。其余情有可原者，俱入缓决。

谨按：此条仍照原文删繁就简，而情节并无改易。**此等案件情固可恶，但死者究由自尽，业经拟绞，已足蔽辜，如再拟实勾，是与下手杀人者无所区别，似非刑法之平。**再，此等刁徒究较蠹役倚势作威诈赃毙命亦觉有间，彼系知法犯法，尚可入实；此非实在刁恶凶横，不妨从宽。

至于有拷打者，旧例本系斩罪，现例已经从轻改绞，秋审不妨从严入实。至无拷打之案，嘉庆初年条款本系一概入缓，并无实案。嗣改为分别实缓，是以历年秋审虽无拷打而因情节凶横入实者，不一而足。平心而论，未免涉于严重。**现在减轻刑法，各项均改从宽，此等死由自尽之案，非但外国均不拟死，即明、唐律法亦无抵命之条。**

现虽不能径改为免其死罪，以符古法，秋审似可从宽入缓，俾与各项减轻之旨相合，亦与嘉庆初年条款相符。但去年修条款时未经见及，姑记于此，以待来者。

一，诬良为窃，逼毙人命者，应入情实。其事出有因，并非有心诬捏，及死本旧匪者，可以缓决。

谨按：此条全本原文，并未改易一字。此项诬窃逼命之案，旧例本有分别，系拷打致死者斩候，捆缚吓诈致令自尽者绞候。现虽一律拟绞，然秋审究应细为分别，不可一概并论。如拷打致死，系旧例拟斩之犯，自应入实。倘死由自尽，并未拷打致伤，似可酌量入缓。至于事出有因，即未可竟谓之诬；死本旧匪，即未便遽谓之良，其可缓自不待言。即实系诬良为窃，然亦应分别是否拷打以定实缓，不可概拟入实，致与现行例义不符。此条尚待修改，否则与他条不归一律，明眼人自能辨之。

一，捕役私拷吓诈致毙人命者，应入情实。如事出因公，无图诈邀功情事，及死系旧匪者，酌入缓决。

谨按：此条亦本原文。"如事出因公"以下数语原系小注，现移作正文而略为修改。此与上项罪名均在《诬告门》内，但上条系泛指诬窃之人，此条专指捕役，稍有不同。查现例，捕役诬窃为盗，其吓诈逼认因而致死及致死二命者，俱照诬告致死律绞候；拷打致死者，照故杀律绞候，云云。可见同一捕役吓诈致毙人命，而例文分别两层，一照诬告致死律，一照故杀律，则情节轻重自有不同。在拷打致死者，既照故杀定拟，系旧例应斩之案，入实自不待言。其因而致死者，系属监毙，并非拷打致死，似尚可分别情节轻重，未可一概入实。如致毙二命，不妨入实。倘系一命，非实在凶横可恶，即有图诈、邀功情事，亦尚可以酌缓也。此条亦与现例宗旨不甚符合，尚应修改。

一，蠹役诈赃致毙作奸犯科、有干例议之人，系拷打致死者，不论赃数多寡、已未入手，应入情实。系吓逼致令自尽者，核其吓逼情状，不甚凶狠尚可酌入缓决。

谨按：此条虽本原文，而大为修改。原文不论赃数多少、已未入手，俱入情实，系据乾隆年间旧例而言。后咸丰年间将此项蠹役诈赃毙命改为立决，系拷打致死改为斩决，吓逼自尽者改为绞决。如死系作奸犯科之人，始拟绞候入于秋审。例文既改从重，故条款即难仍守旧文。现修新例，此项虽复改从轻，斩决者改为绞决，绞决改为绞候。但绞候之犯例内声明入于情实，则条款即可不载，故现在条款止言致毙作奸犯科一项。其致毙平人者，例已载明立决情实，即无缓之可言，故从略也。惟致毙作奸犯科之人，旧例本系流罪，现改绞罪，案经由生入死，秋审似可从宽。如系拷打致死，不妨稍严；若吓逼**自尽**，似可概从宽缓。原文核其情状不甚凶很尚可酌缓，可见凶很者仍当入实矣。虽系严惩蠹役而设，但与前后捕役假差两项轻重殊欠平允，亦与各项减轻之旨诸多背戾。盖通盘合算，互相参证，自知其失。

上条捕役私拷吓诈毙命，下条假差吓诈拷打毙命，俱云死系旧匪者入缓。此条蠹役拷死犯科之人，不论赃数、已未入手，即应情实。盖既曰作奸犯科，即与旧匪无异，乃同为拷打毙命，而一缓一实，岂以捕役与蠹役不同，而假差与蠹役亦有分别，遂［遽］尔区分实缓乎？然假差吓诈之案，例内载明照蠹役问拟，而秋审复另生枝节，亦何说也？

一，假差吓诈，被诈之人**自尽**，或拷打致死，或忿争殴杀者，应入情实。如死系旧匪，或并非无辜、死由**自尽**者，可以酌缓。至假差诈赃逾贯之案，如并未捏有签票，仅止口称奉差吓唬，局骗得赃逾贯，无逞凶酿命重情者，亦可缓决。

谨按：此条虽本旧文，而修改加详。“死系旧匪”数语原系小注，现改为正文。末后诈赃逾贯一项，原文所无，系采道光四年旧案内按语补入，以昭完备。盖赃逾满贯之案，以有无逞凶酿命分别实缓，甚为平允，所谓人命为重而财物较轻也。至吓诈逼命一项，如拷打致死及忿争殴故杀被诈之人，例既照罪人拒杀问拟，且系旧例拟斩之犯，秋审自应入实。若致令**自尽**之案，究与拷打殴杀者不同，旧例止拟绞罪，似可从宽入缓。在死系旧匪并非无辜者固可缓，即系平人亦尚可缓也。**总之，轻生自尽究非被人杀死，古律从无抵命之法，现例拟绞，已属从严，未可再拟情实也。**

一，贿买案外之人顶凶已成，原犯应拟缓决者，照例入于情实。如贿买同案之人顶凶，及顶凶尚未成招，原犯系斗杀问拟绞候，仍核其本案情节，分别实缓。

谨按：此条亦本旧文，而修改详明，并删去旧文小注“受贿顶凶”一项。缘顶凶之犯，现例正凶已获者得减等拟流，不入秋审；正凶未获虽拟死罪，但未便遽行处决，致将来罪有出入，止可监候缓决，以待正凶获日再审，故条款可以不载。至贿买之犯仍以案内、案外之人与已、否成招为实缓关键，即系案外之人业已成招，但必原犯缓决者方可入实。如原犯系可矜者，仍当从轻入缓，未可遽得人实。然亦有未成招而从严者、或情伤较重，或尸遭蒸检，从前亦有入实成案，须参考互证，未可拘守条款“案内案外”、“未成招”等语为断也。

一，死罪人犯越狱脱逃，仍核其原犯情罪轻重，分别实缓，惟较常犯略为加严。

谨按：此条较旧文大为轻减。旧例死罪人犯越狱，系纠伙三人者，即加拟立决。即非纠伙，系缓决者亦改情实，系情实者即加立决。现在已将此例删除，死罪并不加重，仍照原犯定拟，秋审自应加严，以昭平允。但本文仅言照常犯略为加严，似尚未分晰均平。此项似应分别轻重，以定实缓。如纠众越狱，系旧例应加立决之犯，不论原犯情节轻重，应入情实。如未纠众，止系一二人越狱者，自可略为加严。盖例既改从轻，秋审不宜再宽，至涉曲纵也。

一，斩、绞等犯因变逸出被获者，仍核其本案情节，分别实缓。

谨按：此条仍本原文，止删中间“并非起意越狱、仍照原犯”二语。盖因变逸出本与越狱不同，例既不予加重，秋审自应照常分别实缓。上条越狱脱逃，现例虽不加重，究系旧例加重之案，秋审自应略为加严。此条旧例本不加重，故秋审仍核本案情节定拟，条款无庸修改也。查因变本系专指兵变而言，如贼匪滋扰，将监犯逼胁裹逃者是也，水、火等变原不在内。随后办法，水、火等变亦照此办理。又，道光三十五年浙江赵根本等，系反狱案内乘机脱逃之犯，仍依常律定拟照缓，此亦可作因变逸出论者，录之以备参考。

一，杀人在逃年久始行就获之案，仍照寻常斗杀分别实缓，不必因此加重。

谨按：此条仍本原文而略为修改。查旧例，杀人之犯在逃二年后就获，系情重者即改立决，情轻者仍照原罪。又查从前成案，此等人犯秋审亦有加严入实者。现在已将情重加拟立决之例删除，故秋审仍照寻常分别实缓。谢信斋云，杀人在逃系畏罪常情，秋审向不加重，即此意也。

一，犯一应死罪事发在逃复犯死罪者，应入情实。若逃后犯遣、流等罪，或先犯遣、流后犯死罪，本案及另案俱情轻者，可入缓决。

谨按：此条全本原文，止改军流为遣、流。盖两犯死罪，固应从重入实。若先犯遣、流后犯死罪，或先犯死罪俟犯遣、流，从前亦多实案。必本案及另案情节俱轻，始可入缓。查旧例，遣犯配逃复犯死罪，系应情实者即改立决，应缓者即改情实。若免死遣犯逃后行凶为匪，无论轻重，即行正法。若军、流复犯死罪，并不加重。现虽删去此例，但寻常流罪在逃又犯死罪，尚可稍宽。若遣犯复犯死罪，系内遣亦尚可原。如系外遣，系旧例应加立决之犯，未便稍从宽缓。盖军、流可无分别，而遣、流究有不同，外遣更有不同。现合遣、流一体并论，殊失例义。此条可与《人命门》杀人免死在配在所复行杀人，及《抢窃门》前犯窃赃逾贯拟绞减等发配复犯窃拟绞两条参看。虽均系两犯死罪，但免死发配与事发在逃不同，而事发在逃又与在配脱逃不同，命案亦与窃案不同。互相参考，其中各有理由，毫厘之差，误以千里，是在细心人明辨之。

一，盐枭拒捕伤人者，应入情实。

谨按：此条仍本原文，止删为从一项，以现例盐枭伤人为从并不拟死也。此项伤人，不问伤之轻重、是否金刃、他物，均拟死罪入实，盖因盐枭而格外从严也。盐枭者，结伙十人以上，持有军器。如寻常贩私拒捕之案，究与大伙私枭不同，必拒捕在折伤以上，或刃伤者，方拟绞罪。秋审必金刃四五伤，他物成废，方可入实。与此不同，须分别观之。

一，聚众夺犯伤差者，应入情实。如另有不法重情，及数至十人以上，虽未伤差，亦入情实。

谨按：此条仍本原文，止删去中间“未伤差”一项。缘未伤差旧例拟绞，现律止拟流罪，不入秋审也。盖夺犯伤差载在《劫囚门》，情罪最为凶恶。从前办理綦严，虽为从亦加重拟绞入实。谢信斋云，纠众夺犯伤差，向不问首犯之有无下手及差役受伤之多寡、轻重，秋审概入情实，深恶之也。但现在减轻刑法，其未伤差之犯概不拟死，而伤差之犯似应分伤之轻重、多寡，以定实缓。若不问伤之轻重概入情实，似不足以昭平允。至数在十人以上，虽不伤差，亦入实者，恶其人多势众，相聚为乱。与劫囚相似，上问凶之夺不夺，不必更问差之伤不伤也。

一，贼犯拒杀差役案内为从帮殴有伤之犯，系刃伤、折伤者，俱入情实。他物伤轻者，亦可缓决。

谨按：此条仍本原文，而删节从简，并改首句“犯罪”二字为“贼犯”，以符例文。此项与寻常拒捕不同：曰“贼犯”，则别项罪人不在其列；曰“拒杀差役”，则未持票之差役亦不得引用此例。盖寻常拒捕杀人，首犯止拟绞候，为从帮殴之犯不过减等拟流。此等拒杀差役之案，为首绞决，为从下手伤重者虽拟绞候，载明秋审入实。此条帮殴有伤之犯，不但较首犯为轻，亦与为从下手伤重之犯有别，故必刃伤、折伤始可入实；若他物伤轻，尚可缓决。然杀一差而数人实抵，例文未免过于严厉。业将为首及下手伤重各犯均予勾决，此项帮殴有伤之犯，似可不问伤之轻重，秋审概入缓决，方为平允。故此条亦在可改之列，留待后之深明法律者。

一，挟嫌放火之案，俱入情实。如误烧他人者，亦可酌拟缓决。

谨按：此条一本原文，并未改易一字。查挟嫌放火，例拟绞候之犯共分三项：一为挟仇放火烧毁房屋杀人案内为从下手燃火者，一为伤人案内为首者，一为未伤人案内为首者。三项虽均系绞候，而情节轻重不同。在伤人案内首犯并杀人案内从犯，尚可入实。若未伤人案内首犯，似可酌缓。此条不分伤人，一概入实，必误烧他人者方可入缓，似尚未能平允，须查历来成案，未可专守条款。

一，捉人勒索之案，如任意凌虐，及虽未凌虐致令情急**自尽**者，或被捉数在三人以上为首者，或掳捉已至三次为首者，或所捉系十五岁以下幼孩为首者，或将被捉之人谋故、拒殴身死案内为从加功帮殴成伤者，俱应情实。如无前项情事，尚可酌入缓决。其勒索得赃数在一百二十两以上为首之犯，即照抢夺之案办理。

谨按：此条原文简略，缘从前捉人一项，惟苗人有此情事，嗣后延及两广，现在各省均有，故定例迭次修改加严，条款亦迭加增修。现行新例，三人以上持械入室掳捉者，既照强盗问拟立决，其掳捉幼童或非幼童而数在三人以上，或连捉三次并赃逾满贯四项兼有其二者，旧例绞决，现例虽改监候，而载明入于情实，故条款均未列入。其余不在以上数项者，即以是否凌虐、是否酿命及三人上下、三次上下、十五岁上下，并是否帮殴有伤，分别实缓。至赃逾满贯之案，仍照抢夺以五百两上下分别实缓。其分晰虽详，细核例文究未平允。**缘以上各情节系定案生死界限，不应仍作为秋审实缓界限也**。盖例文惟其凌虐、惟其致令**自尽**、惟其三人三次并幼童，或帮殴有伤，始拟绞罪。若未凌虐、未酿命、未至三人三次，或非幼童，或帮殴未伤，照现例并不能拟以死罪，尚何秋审实缓之可言乎？此条似应修改为："凌虐有伤，或致令**自尽**数命者入实。其凌虐并未成伤，或止酿一命者尚可酌缓。其捉掳三次或三人，或系幼童，首犯情重者入实，其情节较轻并从犯酌入缓决。至帮殴有伤之犯，如系谋杀加功，或帮殴金刃三伤，或他物至折伤者入实。他物未至折伤，金刃未至三伤，尚可酌缓。"如此分别，方为允当，亦与例文不相触背。**盖此项条款仍系钞录前数年章程，岂知现例既改从轻，秋审条款即不能仍从其旧，致与例文不相融贯甚矣。修例定章，未许浅学从事也**。

一，受财故纵罪囚无获者，应入情实。已经拿获者，可以缓决。

谨按：此条亦本原文，止删去"一时疏忽、并无受贿"二句，缘现例必贿纵方拟死罪。若疏忽而无受贿，则罪不至于死，即无秋审可言。盖受贿故纵，较之故纵情节尤重。此以未拿获分别实缓，虽系原本旧章，究尚未尽平允。谢信斋云，贿纵罪囚，按例与囚同罪，应视罪囚轻重分别实缓。又，乾隆十八年定例，斩绞重犯脱逃，审系狱卒贿纵者，即视所纵囚犯之罪科断。如本犯应入秋审情实者，亦入情实。故嘉庆二年直隶李若奉，受贿故纵窃贼，以罪囚赃未至五百两入缓。又，二十四年浙江王忠，纵贼得赃，因罪囚赃已逾千改实在案。可见此等案犯，向多以所纵之囚本罪实缓为该犯实缓之分，不仅以已未拿获为断也。此条尚应添修，俾归完备。

一，枉法赃实犯死罪者，应入情实。须执法之人方是。（或系在官人役，亦不可轻议缓决）如系听从分赃者，酌入缓决。

谨按：此条仍依原文，止添末后“酌缓”一语。枉法之赃定案原系不分首从，各计入己之数定拟。但秋审衡情，在起意受财者固应从重入实，而听从分赃者似尚可从宽入缓。况从前成案虽均入实，然原情免勾者不一而足。如乾隆三十八年朝审万保住一起，万保住起意冒锁帑项得脏，入实勾决，其听从之福住、德官、松海三犯，均入实未勾。又，五十三年福建林长春，贿拔弁缺得赃，亦入实未勾在案。可见此等案件，名为严重，其实不尽勾决。现在分别首从以定缓，似得情法之平，亦与向来成案办理实相符合。再，条款止言枉法赃，而不枉法之赃亦有死罪，条款未经议及实缓，似涉遗漏，岂均可以酌缓耶？

一，结拜弟兄未及四十人，年少居首，并无歃血、焚表等情之案，如聚众已至二十人以上者，应入情实。未至二十人者，酌入缓决。

谨按：此条亦本原文。但原文概入情实，现改从轻，以二十人上下为实缓界限，已较旧文为宽。然细按之，其中仍有未叶。盖旧例四十人以上之案拟绞立决，故四十人以下之案俱入情实。现例已改从轻，四十人以上亦拟绞候，秋审入实。若四十人以下、二十人以上亦入情实，则与四十人以上之案亦复何所分别？似应改为俱入缓决，其有倚众滋事重情者仍入情实，以昭平允。但业经奏定颁行之书，未便意为更易，只好留待后来而已。此外又有歃血、订盟、焚表、结拜不及二十人为首一项，现例亦拟绞候，而条款未经议及实缓，似亦缺漏。

一，雇工刃伤家长及家长期亲，总以名分为重，多入情实。如实在被殴被揪、理直情急图脱，伤由失误者，可以缓决。

谨按：此条一本原文，并未改易一字。雇工之于家长，名分固重，但现律已将良贱相犯之条一例删除，条款仍守旧文。此项仅止刃伤，究无人命，拟绞已足蔽辜，秋审似可酌缓。在刃伤家长之案尚可入实，若系家长期亲，不妨入缓。况伤有轻重、多寡，在伤重且多之案尚可入实，若系伤轻且少，似可酌缓。况现律奴婢干犯家长均照雇工定拟,如系奴婢比照雇工之案,究与真正雇工不同,尚可入实。若真正雇工,亦不妨从轻入缓,以昭平允。况雇工于家长虽有名分,究(轻)(较贼犯之于事主为轻。贼犯刃伤事主必四五伤以上始入情实。若雇工刃伤家长,不问伤之多少、轻重,概入情实,亦与彼条轻重失宜。此项尚应再加查考,未可拘定条款为断也。

一,诈为制书者,应入情实。

谨按:此条旧无明文,系现在续纂。查旧例,诈为制书已施行者斩候,未施行绞候。向来成案不论斩、绞,均入情实。现律已施行者改绞候,未施行者减为流罪,秋审即无未施行之犯。其已施行者业经由斩改绞,向来并无缓案,自应入实,但情节轻者,尚可声叙免勾也。

一,诈传诏旨者,应入情实。

谨按:此条系现在续纂。此与上条诈为制书,成案均无缓案,故亦定为入实。盖事关诏旨,关系极为重大。即因情节稍有可原,只可入实声叙,未便遽行入缓也。

一,擅入御在所者,应入情实。

谨按:此条亦新纂,旧条款并无明文。此等案件向不多见,止有乾隆十四年朝审李知止一案,因思揽牟利,妄行喊诉,擅入御在所,入实未勾。又有同治年间刘振生一案,改为立决。两案宽严不同,多有取义,故现在定为入实,其情轻者,可援李知止一起声叙免勾也。

一,持刃入宫殿门者,可以酌入缓决。

谨按:此条亦因旧无明文,现行续纂。宫殿门虽为禁地,究较御在所为轻。查从前同治元年朝审,有执持金刃在紫禁城内行窃欲行拒捕一案,入缓在案。故现在援以为据,定为缓决,不与上三项同入情实。然果有阴谋不轨重情,亦可从严办理,未可以此为拘。

一,越紫禁城者,核其偷越情由,分别轻重,以定实缓。

谨按:此条亦系续纂。按旧律,越皇城者绞监候。不言紫禁城者,举轻以赅重也。缘前明皇城以内均属禁地,故皇城与紫禁城并重。本朝皇城内东、西、北三面多系民居,并非应禁之地,与从前情形大有不同,故现律改皇城为紫禁城,必越紫禁城方拟死罪,止越皇城者自不在拟绞之列,故条款止言紫禁城一项。其应否入实,现以情由分别轻重。如匪徒越城潜通消息,阴谋不法,自应入实。如窃匪越城偷窃仓米,计赃无多,从前亦有缓案,未便遽行入实也。

矜缓比较

一，擅杀案件，如系谋故、火器杀人，或连毙二命，及各毙各命人数在四名以上者，并误杀其人之祖父母、父母、伯叔父母、妻兄弟、子孙及在室女者，概拟缓决，俟三次后再行查办。

谨按：此条从前分作五六条，现在修并为一，较为简括。盖擅杀一项，旧例无论情轻情重，均拟绞罪。惟情轻者秋审缓决，旧本入矜，后改缓决，一次即予减等，所谓年例减等，仍与入矜无异。其情重者，如谋故杀等项，必缓三次后始准查办减等。至擅杀四命以上之案，更有从重入实者，此旧日办法也。现例已将情轻之犯随案减流，不问死罪，止留情重五项问拟绞罪，故仍照旧办法，必缓决三次后再行查办。其擅杀四命以上之案，仍照旧分别实缓，载在《人命门》内，与此条参看。至误杀一项，旧例亦均拟绞，现例亦将误杀旁人者改为流罪。其误杀人之父母等项仍旧拟绞，与擅杀情重之犯一体俟三次后查办，此现定此条之大概也。平情而论，情轻之案，旧拟绞罪者业经由死减流，而情重之犯仍照旧留与斗杀情轻之犯缓决三次后查办，未免不甚均平，似应将擅杀、误杀情重之犯照旧日情轻之犯办理，俾令年例减等，既较情轻者办理从严，亦与真正斗杀者稍有区别，似乎铢两匀称。但业经奏定，未便轻易更变，姑记于此，以待下次修改。

再，此项既不入矜，应即移于《人命门》内。若仍入《矜缓门》，殊不一类。又，误杀旁人现例业已减流，然亦有因死系幼孩或老人从重拟绞者，此等案件条款未载，究较其人之子孙稍轻，近有入矜成案，尚须详加查考。

一，救亲毙命之案，除实系事在危急，及死系犯亲本宗、外姻有服卑幼，例得声请减等，并案系谋故、火器杀人例应情实外，凡照本律拟绞者，如死非犯亲有服卑幼，因见父母受伤救护起衅者，不论伤痕多寡，是否互斗，酌入可矜。若父母并未受伤，其势亦非危急，但系情切救护，伤止一二处，无互斗情形者，亦可入矜。倘已有互斗情形，或所殴已至三伤，或父母仅被揪扭并未向殴，或衅虽救护，死者业已歇手，向凶犯殴打，即属互斗，或案系互殴，或各毙一命，或彼造一死一伤，俱无可矜，只应缓决。至听从父母主令将人殴死，或父母先与人寻衅，助势共殴，及理曲肇衅累父母被殴、已复逞凶致毙人命，虽死系犯亲卑幼，父母业经受伤，例不准举请减等者，仍随案酌核情节轻重，分别实缓，不得轻拟可矜。其孙于祖父母、妻于夫情切救护致毙人命之案,亦照此办理。至义子于义父母,如恩养年久,例得与亲予同论者,亦可入矜。

谨按:此条虽本原文,但原文系迭次增添,后又添有小注,看去殊涉参差。现采沈司寇《条款附案》略加修改,较为详明允当。此等案件头绪最为纷繁,成案亦不一律,故《志稿》有云,父子共殴之案往往搀入救亲拟矜,此中界限最宜分明。其说最为允当。凡阅此案,须先辨明是否事在危急,此为生死界限,若非危急方拟绞罪。再细分实缓关键,其谋故、火器或父子共殴,或肇衅贻累、逞凶伤重且多者,仍入情实,不得以救亲为解免之地。如无以上重情,然后再细分情伤,以定矜缓。其应入矜者,大略有二:一为亲已受伤,则不论是否互斗及伤痕多少,均应入矜;一为亲未受伤而被殴救护,即非互斗之案,未至三伤亦可入矜。如亲未受伤,亦未被殴,即属互斗之案,三伤固不矜,即二三伤亦难矜宥。至于案系共殴,或各毙一命,或一死一伤,均不能矜,此矜缓之大略也。然成案亦不一律,有案非互斗,而三伤亦入矜者;亦有仅被拉抱,势在欲殴而救护一伤毙命仍入矜者;有见亲受伤,情切救护,而因伤多且重反不入矜者。此皆与条款不符而酌量变通办理者。此外又有死系老人、幼孩、妇女,虽救亲情切,亦不矜者。总须酌核情节,查考成案,俾求允当。条款不过略举大要,固不可背,亦不可拘也。

一,殴致毙命,非重伤越入九日因风身死者,概入可矜越七日者亦有矜案。其非致命,又非重伤,越四日因风身死者亦同。

谨按:此绦仍依原文,并未改易一字,小注亦系原文所有。上项越十日例准减流,则越七八日身死者,止差二三日,不得减流;下项越五日例准减流,则越四日身死,止差一日,不得減流,故均可以入矜。谢信斋云,此条系属例矜,然必死届七、八、九日。若越五六日,则情无可矜矣,拟缓为允。可见一日一时之间,关系生死出入,此保辜所以必先立定文案,而时刻不可稍涉含混也。此外,殴至致命伤重,越五十日因风身死,例得减二等拟徒。若死在四十八九日,止差二一日不得减徒,秋审衡情,似亦可矜。条款虽未载及,似可补入。

一,殴死卑幼之案,如死者理曲干犯,金刃止一二伤,及殴杀为匪卑幼仍照本律定拟,尚无惨忍重情者,酌入可矜。

谨按:此条虽系新添,仍为乾隆年间旧条款所有,现仍照旧修复耳。查乾隆三十二年条款:卑幼干犯尊长训诫,反被顶撞,气忿致毙,并殴死为匪之人者,应入可矜。又,《志稿》云,卑幼宜看服制之亲疏,为匪亦看何等之情罪。如不孝、不弟,邪教、窝盗重情，则有关合族祸患、颜面，尚可酌矜。如尊长理曲逞凶，则应入缓。设图谋财产，情近于故，仍宜酌改情实，云云。此论最为允当。上项既非为匪卑幼，则以是否理曲及金刃三伤上下为矜缓之界；下项既系为匪卑幼，则不必以二三伤为拘。但无十分惨忍重伤，虽三伤以上亦尚可矜。此处“为匪”二字，系指情轻尚非怙恶不悛者而言，尊长亦指疏远之尊长而言。若为匪玷辱祖宗，或系亲近之尊长，则全得减流，罪不至死，尚可矜缓之可言乎？故判此罪者，须与尊长殴死为匪卑幼之例文参看，方能折衷至当。

一，妇女斗杀男子之案，如系被死者欺逼及还殴适毙、情节较轻者，酌入可矜。

谨按：此条亦系修复乾隆年间旧章，而为原本未有之项。查乾隆三十二年条款：妇女斗杀男子，如事属互斗，殴有伤多者缓决。其被凶徒欺逼及被殴还抵，情非得已者，应人可矜。又，《志稿》云，女子力弱，本可原情。然惟一二伤者可以量减。若刃伤至三五处以上，有凶斗之状者，则无分男女，仍照斗杀定例分别实缓，妇女亦不必有意从轻方允，云云。可为办理此等案件之根据。盖妇女毙命，固当以伤之多少为衡。然妇女亦有不同，如系老妇或柔弱妇女，或护夫情节，不妨稍轻。若强悍之妇逞刁撒泼，未可曲为开脱。总宜统察全案情形，酌中定拟，未可拘泥一节也。

又按：此门旧本条款甚多，现例多半随案改流，故删去十有四条，止留三条，后又续纂二条，合之其为五条。

吉同钧年谱

吉同钧(1854～1934),字石笙,陕西韩城人,晚年自署顽石山人,清末著名律学家,陕派律学的重要代表,诗人。

谱前

1820年七月初二日亥时,嘉庆二十五年,薛允升生于陕西省长安县马务村,长吉同钧34岁。孙家鼐《墓志铭》:"公生于嘉庆庚辰十月初一日亥时。"姚永朴《光禄大夫刑部尚书薛公状》:"曾祖腾彦,祖生苌,父丰泰,县学生,候选按察司照磨,三世皆累增光禄大夫。公讳允升,字克猷,号云阶,世居陕西长安县沣水西之马务村。"

1848年六月二十八日,道光二十八年,**赵舒翘**生于长安县大原村。**赵舒翘**,字展如,号琴舫,晚年号慎斋。《慎斋年谱》叙其世系云:本生父讳宗谦,字德柄,配任氏。兼祧父讳宗让,字礼闲,配董氏。均以先生贵,赠封光禄大夫、一品夫人。

同年九月二十四日,张成勋生于安康汉阴厅(今汉阴县涧池镇),字麟阁,号云门通。[1]

赵舒翘、张成勋长吉同钧6岁。

1854年,咸丰四年,甲寅

吉同钧一岁。

二月二十八日,出生于陕西省韩城县城北赳赳寨子(现属韩城市盘乐村)。《乐

① 《汉阴县志》。刘勇先:《清代张成勋〈奏折抄存〉》,载《收藏》2005年第7期。

素堂主人自叙赋》:“寅年逢虎,卯月听莺。物当春而争盛,我应候以诞生。”自注:“余以甲寅二月二十八日生。”吉同钧《贡生薛汝迪七秩寿序》:“韩城北关赳赳寨,寨有元武庙,《诗》曰:‘赳赳武夫,公侯干城’,寨名即因此而起。寨多旧族,薛、吉两姓尤有名望。”

是年,江南大营累与太平军战于南京附近,江北大营与战于瓜洲一带,小刀会盘踞上海县城。

1855 年,咸丰五年,乙卯

吉同钧二岁。

七月,云南回民杜文秀起事。

1856 年,咸丰六年,丙辰

吉同钧三岁。

九月,亚罗船事件起,英人巴夏礼借机起衅。是岁,自江南大营溃后,清军移驻丹阳与太平军相持。江北则相持于瓜洲一带。

是年,薛允升三十七岁,中进士,以主事签分刑部。姚永朴《光禄大夫刑部尚书薛公状》:“咸丰六年,太夫人促之行,遂成进士,授主事分刑部。寻丁忧归,服阕,补刑部四川司主事,洊升郎中。”

《诰授光禄大夫刑部尚书云阶府君行述》:“咸丰丙辰春,先大母谕以显亲为孝,促之行,遂捷南宫,观政秋曹。”

雷榜荣中进士。《续修陕西通志稿》:“授刑部主事。字瀛仙,朝邑人(今大荔县两宜镇大夫雷村人),家贫力学,能文善书。后荐升郎中,总办秋审处、律例馆事务,皆有声。”

1857 年,咸丰七年,丁巳

吉同钧四岁。

五月,石达开因疑惧私离天京,走安庆。是岁,石达开与湘军战于江西,互有得失。

1858年,咸丰八年,戊午

吉同钧五岁。

薛允升三十九岁。其子薛浚中举。孙家鼐《皇清诰授光禄大夫紫禁城骑马重赴鹿鸣筵刑部尚书云阶薛公墓志铭:"一子浚,咸丰戊午举于乡,官内阁中书。"

1859年,咸丰九年,己未

吉同钧六岁。

二月,以去年京师乡试舞弊,杀大学士柏葰。四月,蓝大顺、蓝二顺起事云南。五月,英、法使者北来换约,强入白河,开炮挑衅,僧格林沁御退之,交涉又起。

薛允升四十岁。

二月,薛允升丧父。《诰授光禄大夫刑部尚书云阶府君行述》:"己未二月正拟请假归省而凶耗至,以未获侍疾视殓,因为终身痛。"

1860年,咸丰十年,庚申

吉同钧七岁。

七岁开始接受启蒙教育。《乐素堂主人自叙赋》云:"七岁方亲书史。"

是年,薛允升四十一岁。二月廿八日,薛允升之子薛浚往见翁同龢。《翁记》:"门生王勱、薛浚来见。薛系丙辰同年允升之子,甚英发。"①

赵舒翘十三岁。《慎斋年谱》:"从族祖赞五公读书马务村,学业大进。"赵舒翘《时艺论叙》:"余十二三岁时,从族祖赞五夫子学作文,即以仁在堂家法口授,盖赞五夫子受业於李兆林先生焌,而兆林先生为路门高第弟子也。故余虽甫成童而遭乱离,学文日浅,尚未差谬者,实赖仁在堂批语先入为主耳。今读德舆年伯先生所集《仁在堂时艺论》,分门别类,更便初学,乃作文之宝筏也。"②

正月廿四日,"刑部候补主事何秋涛辑《峨啰斯事实》八十卷进呈,赐名《朔方备乘》,并命在懋勤殿行走。"③七月,英法侵略军入天津,桂良等往议和约。八月,和议破裂,英法联军复进扰,咸丰帝奔热河,命恭亲王奕䜣留京与英法商谈。英法焚掠圆

① 《翁同龢日记》第一册第46页。
② 《慎斋别集》。
③ 《翁同龢日记》第一册第43页。

明园。

1861年,咸丰十一年,辛酉

吉同钧八岁。

七月,咸丰死于热河。

1862年,同治元年,壬戌

吉同钧九岁。

三月,赖文光入陕西,与蓝二顺合。四月,赖文光合张宗禹偪西安,旋东走河南。五月,同州等处回汉互斗,遂引起陕、甘多处回民起事。六月,陕回攻西安。八月,胜保援西安。十二月,胜保革职拿问,多隆阿代为钦差,先攻同州一带回军。

1963年,同治二年,癸亥

吉同钧十岁。

四月,陕回占据仓头镇,为多隆阿所破,东路势力渐衰。十月,蓝大顺占盩厔。

幼年适逢陕西回、捻等战乱,其《**自叙赋**》云:"十岁即遭燹兵。维时犬羊蹂躏,豺虎纵横。士林失学,农亩辍耕。飞狼烟于芝镇,扬龙旐于柳营。盛都统(保)纵兵淫掠,多将军(隆阿)整旅严明。避难则东奔西窜,思家则忍泪吞声。学校丛为茂草,书斋委诸榛荆。求食则佣奴杂作,谋生则贩竖同行。"

1864年,同治三年,甲子

吉同钧十一岁。

二月,多隆阿攻蓝大顺于盩厔,受伤死,其部下旋攻破盩厔,蓝大顺走死。陕西战事逐渐平熄,《**自叙赋**》云:"既而兵消烽火,灶起炊烟。农回阡陌,商反市廛。捻幅聚歼于东境,回匪追逐于西边。鹿洞之讲坛骏起,鹅湖之学舍蝉联。未从师于刘向,先受业于张骞。"吉同钧仍从师,其《**自叙赋**》云:"蒙师先从张公名罗,后从刘公名湧清。"

1865年,同治四年,乙丑

吉同钧十二岁。

是年,陕西全境基本无战事。

1866年,同治五年,丙寅

吉同钧十三岁。

高祖培出生。字植卿,米脂县城东街人。

王之杰出生。字汉三、瀚珊,号莲溪,性狷介,不妄取予。嗜读,工诗文。咸宁人,今霸陵乡马渡王村人。

是年四月,以陕西回军活动于甘肃者复回陕境,杨岳斌等尽力防堵。八月,命左宗棠为陕甘总督。十月,捻军张宗禹入陕西。十一月,张宗禹一度偪西安。十二月,张宗禹大破刘厚基等于灞桥,围西安。

1867年,同治六年,丁卯

吉同钧十四岁。

五月十八日,段维出生。

字冈北,一曰纲伯,号用霖,岐山凤凰村人(今岐山县凤鸣镇凤凰村)。曾祖讳廷福,妣氏郭。祖讳玉,妣氏郭,旌表节孝,入祀节义祠,载邑乘。考讳清华,妣氏罗,以君贵赠封如例。君幼慧,成童入泮,旋食饩。[①]

《段冈北先生年谱》:"始生之夕,先曾祖母郭太恭入梦,有物似龙降庭中,醒而惊异,已而公生,时回乱方炽,弥月后,先祖母即携之避难。"

正月,湘军刘松山入陕,张宗禹解西安围。二月,张宗禹为刘松山所败,渡渭水而北。三月,张宗禹走同州。四月,张宗禹攻西安,刘松山等拒却之,西走盩厔。七月,张宗禹败于富平,走三原。九月,张宗禹入陕北,十月破延川,又与回军合破绥德。十一月,张宗禹图援东捻军,由陕西宜川龙王辿渡河入山西。十二月,入河南。

---

① 《续陕西通志稿》卷二百十一,文征十一。

1868年,同治七年,戊辰

吉同钧十五岁。

赵舒翘二十一岁。《慎斋年谱》:“县试第一,受知学使仁和周伯荪先生(讳兰),补县学生,旋诣扶风奉祖母暨两庶祖匶归正丘,首祭告先墓。”

二月,陕西回军沿渭水东走,偪西安。另支攻榆林等地。七月,陕西分投攻堵回军。

1869年,同治八年,己巳

吉同钧十六岁。

薛允升五十岁。《续陕西通志稿》:薛允升“甫任事,念刑名关人生命,非他曹比,精研律例,剖析毫芒,有心得及疑义,辄笔记之。用法廉平,所定案牍明慎周详,不能增易一字。各长官皆倚重焉,尚书桑春荣谓部中不可一日无此人。凡疑难大案及各司不能讯结者,悉属之。每岁现审秋审案千百起,皆一手核定。无顷刻间,历主四川司稿、秋审处坐办、律例馆提调,由郎中加四品衔,俸满截取知府。”

萧之葆九月二十七日出生于扶风县学署。

萧之葆,三水县(今旬邑)马栏镇人,字养泉,号筱梅。其父廷彦,咸丰辛酉科举人,母萧申氏。其时,萧父任扶风训导。

二月,董志原回军十八营禹得彦、白彦虎等大举攻长武等地,败走全积堡。五月,左宗棠奏陕西回军皆入甘肃。六月,陕西办理渭北招垦。八月,太监安德海私行出京,山东巡抚丁宝桢截获,就地正法。

1870年,同治九年,庚午

吉同钧十七岁。

薛允升五十一岁。《清史列传·薛允升》:“九年二月,京察一等,六月,补授郎中。”

正月,刘松山攻金积堡,受伤死。七月,左宗棠奏安插甘肃境内之陕西回民情形。八月,两江总督马新贻被刺。

1871年,同治十年,辛未

吉同钧十八岁。

十二月二十二日,谭文蔚生于陕西省凤翔府凤翔县谭家庄。字秀亭,号可斋,行一。(见《陕西乡试朱卷》光绪丁酉科,谭文炳履历)

1872年,同治十一年,壬申

吉同钧十九岁。

考取秀才,并娶妻高氏。

《**自叙赋**》:"书田笔耨,铁砚墨穿。学因苦得,志以穷坚。攻文则韩潮苏海,读史则盲左腐迁。理溯周程诸子,诗吟李杜百篇。试帖步趋正味,时文祖述震川。名高榜首,试列前茅。既获采芹于弱冠,并期折桂于英年。苏武看羊之岁,石笙奠雁之期。值重三之佳节,迓二八之丽姿。宜吉人之家室,壮高氏之门楣。花迎笑面,柳画细眉。"自注云:"以县试第一名入泮。"又云:"十九岁入泮后娶元配高氏,年方十六。"

是年七月,薛允升五十三岁,"俸满截取,奉旨记名以繁缺知府用"。(《清史列传》本传)

马步瀛出生。字海峰,大荔洪善村人。

七月,左宗棠安插陕西回军投降者于甘肃平凉等地。十一月,岑毓英攻大理,杜文秀服毒未死,其部下解献军前被杀。是岁,第一次派三十学童赴美留学。日本宣布吞并琉球。

1873年,同治十二年,癸酉

吉同钧二十岁。

参加乡试却落第,留省肄业关中书院。《自叙赋》:"望棘围而应试,入槐布以求师。癸酉乡试报罢,留省肄业关中书院。久作青门之客,虚填黄绢之词。"

七月,薛允升"授江西饶州府"。

姚永朴《光禄大夫刑部尚书薛公状》:"在饶州振兴文教,乐平诸县多械斗狱,亲诣惩办,悍俗为衰。"

是年，赵舒翘二十六岁，中陕甘乡试第二十二名，赴京应试。

党蒙中举。**党蒙**，字养山，号泌亭，韩城党家村人。

张成勋二十六岁。中举。眉县**王步瀛**也同年中举。

1874年，同治十三年，甲戌

吉同钧二十一岁。

《自叙赋》：“虽立程门之雪，仍垂董子之帷。”自注：“时就程公之馆藉以用功，程系县试受知之师。”

1875年，光绪元年，乙亥

吉同钧二十二岁。

参加乙亥恩科乡试，名落孙山。

《自叙赋》：“几经寒暑，无懈吟披。文为生活，笔作斧资。朱衣难遇，青眼谁垂？屡点龙门之额，莫题雁塔之碑。”自注：“乙亥、丙子两科连落孙山。”

1876年，光绪二年，丙子

吉同钧二十三岁。

参加丙子科乡试，又名落孙山。

1877年，光绪三年，丁丑

二十四岁。

吉同钧在咸阳、兴平等地设馆。

直隶、山西、陕西、河南大旱，发生“丁丑旱荒”。《自序赋》：“加以岁逢荒旱，家苦饥寒。磨石英而为面，煮榆屑以为糜。百里负仲由之米，半途弃伯道之儿。”自注：“丁丑奇荒，人相食。高妻生女，以无乳委弃于野。”

“光绪丁丑，秦晋大祲，人相食，吾韩户口二十余万，仅余八万有零。余（吉同钧）奉家严入省避荒，感伤时事，率成三首”，诗云：

天降荒年饥馑臻，乡邻离散远逃奔。家牲宰尽食人肉，野菜挑残茹草根。造物有心垂警戒，小民无地觅生存。剧怜处处鬻儿女，忍爱割慈谋一飧。

风俗奢华元气伤，上干天怒酿奇荒。朱门酒肉餍豚犬，黎庶脂膏饱虎狼。欲救疮痍安井里，须除蟊贼整官方。岁星何日转丰稔，喜见家家足稻粱。

生年记甲寅，浩劫逢丁丑。大旱苦延长，奇荒曾未有。素封无几家，赤地盈千亩。易子食充饥，鬻儿任远走。形容尽鹄鸠，鸣吠绝鸡狗。感我罹凶灾，举家靡饭糗。高堂悯白头，弱息怜黄口。将欲获生全，安能长困守。孤雏委谷中，幼弟逃山右。仅有结褵妻，留扶长病母。绝裾出里门，侍父登冈阜。回顾暗伤心，溺饥谁援手？儿为失路人，父作穷途叟。目迷华顶云，肩息灞桥柳。跋涉抵青门，流离依素友。藿藜备两餐，短褐露双肘。养老恃肥甘，无钱沽脯酒。长安不易居，坐食恐难久。卖卜日谋生，佣书时献丑。但凭苦学文，藉此干升斗。天运转阳和，耕夫联比耦。送亲返旧乡，合室始相偶。念此痛中肠，不堪回远首。作诗写苦衷，用以贻吾后。

吉同钧《长安旅舍望月思家》诗云：

长安城上月黄昏，回首家山欲断魂。无望科名题雁塔，徒余归梦到龙门。关河悠远人千里，书剑飘零酒一尊。无限离怀何处诉，聊寻鹦鹉说愁烦。

“青门春日，值祖母寿辰，（吉同钧）感室家离散，年岁祲荒，不能亲身叩祝，因赋二律自遣”，《诗》云：

雨霁青门天气新，高堂此日际生辰。怕吟令伯《陈情表》，暂作郗生入幕宾。金尽囊中添客虑，磬悬室内感家贫。遥知桑梓瞻依处，戏舞莱衣少一人。

共言五福寿居先，有寿无财亦可怜。纵使百龄尊齿德，还须万贯壮腰缠。贫穷反惹室人谪，富贵争夸季子贤。毕竟承欢资粟帛，何当归载满囊钱。

吉同钧《代闺人忆远行》诗云：

良人远驾赴咸秦，相思一日如三旬。昨宵梦见飞鸿至，趁早门来报信人。言说游学到槐市，已作长安入幕宾。从此暗中怀别恨，独居双泪湿红巾。翡翠帘前悲孤影，鸳鸯帐里负芳春。妾在深闺坐愁老，郎行千里为家贫。岂知富贵何重轻，青年一去不再更。同居贫贱亦欢乐，何必富贵方慰情。富贵分离居两地，身虽安处心萦萦。看花须趁枝头红，莫教花落怨东风。劝郎早把迷惑破，蝇利蜗名总是空。

1878 年,光绪四年,戊寅

吉同钧二十五岁。

是年,作《寄妹歌》:一纸家书落枕前,开缄读罢泪潸然。遥知深闺小弱妹,一病三月减食眠。衣裳供兄怜汝慧,调羹奉母赖尔贤。嗟余少年多辛苦,何汝青春亦颠连。伤哉我生命不辰,姊妹无多汝一人。药饵有灵须时进,饮食多缺最伤身。勉饰仪容安父母,暂停针线养心神。长路遥遥见无缘,中怀耿耿如火煎。

1879 年,光绪五年,己卯

二十六岁。

秋,参加乡试又不第,回乡设馆。《自叙赋》:"乃罢关中之宾馆,仍设乡里之皋比。"自注:"己卯乡试又落,乃回家设馆于本寨。"

1880 年,光绪六年

吉同钧二十七岁。

1881 年,光绪七年,辛巳

吉同钧二十八岁。

高妻病亡。《自叙赋》:"恨别读江淹之赋,悼亡吟元稹之诗。"自注:"阅三岁,高妻病亡。"

1882 年,光绪八年,壬午

廿九岁,中举。《**自叙赋**》:"尝生平难堪之楚苦,历人间未有之艰危。年逾廿载,齿近三旬,始赴鹿鸣之宴,欣逢鹗荐之辰。出太邱之房内,作元礼之门人。"自注:"廿九岁,壬午登乡荐,房师为长乐陈公名兆焕,座师为邵公曰濂①、李公士彬②。"

是年继娶史妻,又先纳刘妾。

① 邵曰濂,浙江余姚人,曾任陕西省学政。
② 李士彬(1835~1913)字百之,晚号石叟,南河人,曾任陕西乡试副考官。

《自叙赋》:"鹍絃绝而又续,怨枕旧而复新。更赋小星之嘒,知怀樛木之仁。子则谷、那分产,妻则邢、尹各尊。"

1883 年,光绪九年,癸未

三十岁。

第一次参加会试,落第后就馆于河东道唐咸仰。"癸未落第后就河东道唐公(即唐咸仰)之馆。"

《自叙赋》:"於是公车北上,征马东巡。绕羊肠于山曲,踏雁齿于河津。石凿凿兮韩侯岭,风萧萧兮易水滨。过卢沟之晓月,浣燕市之征尘。礼闱纳卷,矮屋屈身。士多如鲫,号密排鳞。迄泥金之报罢,步云路而无因。徒作逢场之戏,难同观国之宾。既马蹄之先蹶,遂蠖曲而待申。阙辞帝座,驾返故乡。金门日远,驿路天长。玉伤卞和之璞,金尽苏子之囊。又入郗生之幕,暂荒陆氏之庄。设讲幄于河东道暑(署),授学徒于洛北山房。"

秋游洛阳龙门、香山,并赋诗。其《秋游龙门》诗云:

双峰对峙一河通,绝顶登临眼界空。山涌龙泉喷雪浪,石排虎齿啸秋风。窝中安乐邵康节,社里耆英文潞公。尘鬓年来徒扰攘,花开辜负故园红。北枕邙山南近嵩,秀钟伊阙耸天中。佛龛静印千潭月,岭树高蟠百尺桐。酒泛菊花斟嫩绿,霜经枫叶斗残红。归来鞍马秋风里,回首峰头月半弓。

香山"与龙门对峙,中隔伊水。"其《谒香山祠》诗云:

读公诗卷忆公容,今向香山访旧踪。伊水环祠渠凿莽,阙门对面象蟠龙。千条杨柳蛮腰细,一曲琵琶客泪浓。莫笑骚人多放浪,磷磷劲节秀孤松。

李杜诗名冠有唐,惟公旗鼓足相当。要知咏物皆诠道,更借歌辞作谏章。晚节高风垂巩洛,居官遗爱在苏杭。凭栏北望关陵近[1],忠爱风流百世芳。

其《洛阳看菊》诗云:

去年京兆过重阳,今岁伊川赏菊黄。人逐浮云离梓里,花仍冒雨似坷乡。独留晚节傲霜露,不向韶华斗紫苍。羡尔东篱甘冷淡,应嗤热客太颠狂。

《晚眺》诗云:

---

① 自注:关帝陵在河南府南十里。

邙岭苍苍洛水流，汉家城阙魏宫楼。寒碪千杵敲乡思，孤雁一声叫客愁。蛩怨清宵鸣四壁，叶辞故树泊三秋。年来旅况如何似，王粲过江客倚刘。

《荥阳道中》诗云：

消尽轮蹄踏遍霜，征车指日过大梁。即从洛口通河口，转自荥阳望汝阳。雨坏田庐车作屋，水侵禾稼芋为粮。我来正值斯民瘼，自愧无权请发棠。

吉同钧《郑州怀古》诗云：

走马西来过郑州，凄凉世事感蜉蝣。更无东里词华润，空见北门溱洧流。子产爱民讥虿尾，弦高却敌犒牛头。古人已往风流歇，愁煞长安一旅游。

吉同钧"过峡石山"。山"在河南陕州东八十里，春秋晋师败秦于崤即此地。"《过峡石山》诗云：

轮蹄消尽尚遄征，晋豫山川未易行。河洛浪高船屡退，崤西路险马时倾。仲宣楼上赋乡思，子美野中吞哭声。惟有二陵峰上月，团圆犹似故乡明。

吉同钧过太行山，"太行山上有狄梁公望白云处。"作《白云》诗云：

山上白云四面垂，乡关不见使人悲。遥怜慈母倚门日，正是游人陟屺时。贫不治生文作活，病因多愤药难医。怕看河鲤游波浪，点额还来空鼓鬐。

《落叶》：

萧然一叶下高枝，念尔飘飘何所之。零落有时随水去，往来无定任风移。无缘谁和韩苹句，有恨空题于祐诗。岂向空山甘萎弃，妆成红紫嘲妍姿。

是年，妾生大鹏，妻生小鹏。

1884年，光绪十年

吉同钧三十一岁。

后唐道咸仰升豫臬，吉同钧复由洛至汴。《自叙赋》："继停骖于汴水，遂安研于大梁。藩暑（署）之薇香冉冉，臬台之柏影苍苍。忝列西宾之席，屡叨东道之觞。思亲泪落，念子情伤。月临函谷，云望太行。辞良朋而返旆，拜老母以登堂。薄绝裾之温峤，学扇枕之黄香。承欢两载，侍寝三霜。子夏洒西河之泪，王褒废蓼莪之章。"

《**律学馆第一集课艺序**》："鄙人为诸生时，作幕豫臬署中，时陈臬者为南宁唐公，以平反王树汶大案由黄堂骤陟柏台，鄙人时听绪论，即欲弃儒司法。"

吉同钧《汴梁》"莲府宏开柏署中，桂林公子坐春风。闲来走马夷门外，曾向朱仙吊岳公。停车屠肆访英雄，朱亥侯嬴故宅空。何处刎头送公子，大梁城北汴河东。”诗自注：“桂林唐公咸仰时任豫臬台，延余教读。”

在豫期间，赋诗多首。《梁园感怀》诗云：

有酒难消客恨多，无才空令岁蹉跎。双飞却羡西归鸟，溧阳徒随东逝波。乡树依微秦土宇，名都喧杂宋山河。风尘憔悴游踪倦，醉倚长天一浩歌。

《登楼》诗云：

抛得田园事远游，风尘扰攘几时休。行踪往返云中雁，身世浮沈海上鸥。为触离怀愁见月，思排旅恨强登楼。谁知望远愁愈远，极目萧条万里秋。

《忆内》三首：

十年一事慨无成，赢得深闺薄幸名。水待鱼游翻碧浪，花无蝶恋落朱英。雌雄树上孤飞鸟，姊妹花边百啭莺。惟有月明千里共，遥遥两地各含情。

遗得细君肉味尝，风流千载想东方。登云无路惭红粉，咏雪有才羡素妆。抚掌能添文兴敏，画眉不碍吏声良。花开虚度春光好，蝶粉如痴合断肠。

误人毕竟是功名，抛却田园事远行。步月思家怜杜老，作宾入幕愧郗生。鸳衾辜负绸缪愿，鲤信难传暧昧情。夜夜罗帏春梦结，枕边犹觉唤卿卿。

吉同钧“自豫回韩潼关道中偶成三首”，诗云：

风光转瞬一年更，又向秦中赋晓行。月照函关鸡唱远，雨经沙苑马蹄轻。诗成半是悼亡作，酒好难消羁旅情。屈指征途逢九日，遥看太华是前程。

崎岖阅尽见康平，更喜秋风放晚晴。华顶云开逢燕过，潼关日出见人行。吟诗锦字怜苏蕙，作赋高才愧马卿。回首梁园歌舞地，菱歌竹唱不胜情。

作客几登王粲楼，今朝反旆别中州。河流南北分秦晋，陕列东西想召周。地近乡园情转怯，人居侯馆梦多愁。风尘荏苒行踪倦，赢得萧萧雪满头。

是年，妾刘氏亡。作《悼刘妾》四首：

寡情不鼓漆园盆，清泪时流枕上痕。悯我多情生白发，怜卿薄命侍朱门。养儿方慰生前愿，恋主难安死后魂。以此衾裯悲冷落，凄风苦雨坐黄昏。

一到家山百感萦，落花啼鸟总伤情。潘安有恨空垂泪，奉倩多情太瘦生。扪腹只应呼负负，齐眉常忆唤卿卿。伤心更有难堪处，襁褓窝中泣母声。

刘妾所生之长子大鹏遂亦亡，《自叙赋》自注：“由豫回家，长子大鹏患痘亡命。”

1885 年，光绪十一年，乙酉

吉同钧三十二岁。

《自叙赋》："贫难读礼，远复游方。荫庭椿老，侥膝兰芳。仍追随乎长乐，佐书记于夏阳。臭味拟苔岑之契，往来驰韩郃之疆。"自注："佐陈师收鳌于芝川。"

是年，游终南山。其《游终南山》诗云：俯压咸京仰拱辰，双峰对峙势嶙峋。五台突兀高凌汉，八水潆洄远抱秦。嶂插云霄天有路，流喷雪浪地无垠。昂头帝座通呼吸，千仞高冈置此身。太乙峰头有纪堂，凭栏俯视拓秦疆。花含荟蔚通佳气，石孕琳琅灿宝光。二曲於今说韦杜，双峰自古隐裴王。无疆寿考德音茂，好诵台莱第四章。

1886 年，光绪十二年，丙戌

吉同钧三十三岁。

《自叙赋》："再瞻都会，重整行装。何青云之无路，遭红勒于文场。"自注："丙戌会试又落。"

是年，吉同钧母亡。

1887 年，光绪十三年，丁亥

吉同钧三十四岁。

是年，作《九日游龙门放歌》：

乐土自昔称韩原，西环象岭北龙门。龙门至今留禹迹，峥嵘鬼斧劈无痕。双峰对峙河東中，上有百尺无枝桐。常留奇气生英哲，前有史迁后王通。登临正值重阳节，风送云阴宿雾结。一声晚雷峰送雨。千重瀑布浪喷雪。忆昔太华作重九，左手持螯右把酒。今日禹门骋遨游，临风长啸众山吼。君不见洛阳城南有伊阙，凿山导流中断绝。彼亦相传为龙门，对此直在儿孙列。吁嗟乎！我从去年点额还，坐对兹山有厚颜，鼓鬐空怀烧尾愿，风云无路绝登攀。迨看明年春浪高，平地一声霹雳号。声价果能增十倍，置身千仞占峰鳌。

1888 年，光绪十四年，戊子

吉同钧三十五岁。

是年，有《九日登大佛寺望乡》：又向客中过重阳，风光虽好是他乡。经霜红叶煊秋色，冒雨黄花殿众芳。佛寺高穷千里目，泾流曲似九回肠。故园东望知何处，满目云山路渺茫。

《同陈筱师葆子均同年登邠州清凉山》：蒹葭萎露菊经霜，与客同登百仞冈。岁暮风声号栗烈，穴居山洞凿清凉。先生德继太邱长，公子名高比部郎。朗朗照人珠与玉，自惭抱璞守岩廊。

1889 年，光绪十五年，己丑

吉同钧三十六岁。

参加己丑科会试，不中，留京准备明年恩科会试。《自叙赋》："五逢秋试，四上春官。榜张龙虎，名殿鹓鸾。"自注："己丑又落，留京。次年庚寅始捷南宫，已四入会场矣。"

1890 年，光绪十六年，庚寅

三十七岁。

参加庚寅会试，中进士，榜下分刑部任职，**受薛允升和赵舒翘的指点。《秋审条款讲义序》**："同钧庚寅分部，时值乡先正薛赵二公先后为长官，谆谆以多看秋审相告语，并为摘要指示。"

吉同钧依例请假回家省亲，衣锦还乡。《自叙赋》："对策入保和之殿，唱名凭太液之栏。荣出身于二甲，羡绝艺于三端。分部则西曹行走，引见则南海游观。头衔虽耀，筋力已殚。年未盈乎四秩，岁少止乎三单。夺标羡肇，衣锦归韩。风暖则马蹄行疾，云高则鹏翼飞抟。渭水贯天门之象，华岳峨司寇之冠。衣裳璀璨，桑梓盘桓。"

1891 年，光绪十七年，辛卯

三十八岁。

吉同钧回家第二年，父亡。《自叙赋》："科名既显，境遇多乖。杖未扶乎曾子，血已泣乎高柴。悔鸡豚之失养，睹风木以怆怀。太史之遗书徒讬，黔娄之泪眼空揩。"自注："到家二年，先严弃世。"

1892 年,光绪十八年,壬辰

三十九岁。

在家为父守丧,同时读律。前法部大臣定成谓:“石翁为愚同司老友,榜下分刑部,三年未入署供职,在家埋头读律,手抄《大清律》全部,皆能成诵。旁搜律例根源数千卷,并远绍汉唐元明诸律,参考互证,必求融会贯通而后已。学成入署,即越级派充正主稿,从此名重一时,部中疑难案件及秋审实缓皆待君审定,虽职属候补主政而事权则驾实缺员郎之上。惟性情耿直,遇事抗言驳辩,虽长官前亦不稍阿附,尝作说帖,历指堂官定案用人之失。某堂官阅之不喜,诸事掣肘,沈滞郎署数年。”

是年,妻史氏亡,复纳妾茅氏。

《自叙赋》:“加之瑶絃再断,香雾重埋。儿未成而遽弃,夫将老而不偕。忍见床空帐冷,怕看坠履遗钗。昔如宾而如友,今营奠而营斋。虽箧室不乏衾裯之抱,而深闺究失伉俪之谐。”自注:“史妻又殁,复纳妾茅氏。”

1893 年,光绪十九年,癸巳

四十岁。

在家守丧。

是年,薛允升授刑部尚书。

1894 年,光绪二十年,甲午

四十一岁。

在家为父守丧三年期满。续娶王氏为妻,携眷入京,开始任职于刑部。《自叙赋》:“镜虽再破,月又三圆。卜乘龙于逸少,中射雀于李渊。德曜之相夫不以富,伯鸾之择配惟其贤。造舟渭涘,种玉蓝田。妃怜嘉耦,郎愧华年。既联秦晋,乃适幽燕。加以葬亲事毕,从兹入仕心专。爰携眷属,爰整鞍鞯。载细君于后乘,著士雅之先鞭。白云亭畔,丹凤阙前,班随鹓鹭,座落貂蝉。听旨于玉泉山外,虑囚于金水桥边。”自注:“续娶王氏于凤翔,王乃陕西知府公亮之女,时余年已四十有一。”

是年,王之杰中进士,授刑部主事。

1895 年，光绪二十一年，乙未

四十二岁。

《自叙赋》："叙雪堂中之仙吏，古云楼下之司员。"自注："旧刑部秋审处，古名叙雪堂，非甲科不得入。""刑部四川司名古云楼，有王渔洋题咏楹额。"

是年，赵舒翘授江苏巡抚。萧之葆中进士，以庶吉士入翰林院深造。高祖培中进士，授刑部主事兼管秋审处。

1896 年，光绪二十二年，丙申

四十三岁。

是年，太监李苌材案发，薛允升秉公执法。

是年，张成勋**四十九岁**。积资简放四川川北兵备道，阅兵察吏，无所瞻绚，风气为之一振。任职三年，丁艰归，服阕。

是年三月，萧之葆"家居无赖，拟为入蜀之行"，沿途多有诗作。

1897 年，光绪二十三年，丁酉

四十四岁。

吉同钧作《哭杨姬四律》，又《绝句》十八首：

花下几番惜落红，如何恩爱又成空。廿年四次余悲悼[①]，万里一身汝厄穷。弱质不谙居北地，乡心到了恋昭通[②]。临终一语叮咛我，爱惜精神留办公。

美人易得解人难，衣履盈箱未忍看。篷室三人怜汝慧，香衾一载结余欢。念伊疾笃调汤药，为我家贫减肉餐。此意何堪回首想，灯前不住泪汍澜。

病骨可怜瘦似柴，空将药灶费安排。恩情似我绵绵薄，命运如卿事事乖。奉帚三年三易主，遗簪一顾一怆怀。浮屠果可消灾患，何惜为君广设斋。

送汝灵輀到九天，纸灰飞作满街钱。天宁寺外香埋玉，荷泊桥边泪涌泉。肠断

① 自注：辛巳（1881 年）悼妻高氏；甲申（1884 年）悼妾刘氏；壬辰（1892 年）悼妻史氏；今又悼杨氏，合已四次。

② 自注：姬云南昭通人。

孤坟新马鬣，心伤委地旧花钿。九泉嫡室如相问，为报郎君胜昔年。[1]

管理提牢之钥[2]，总司秋审之权。[3] 主稿于京畿、直隶，掌印于两广、四川。戴南海之褒嘉犹后，赵长安之赏识最先。[4]

是年十一月，刑部尚书薛允升降调为宗人府府丞。江苏巡抚赵舒翘到刑部任职。

1898 年，光绪二十四年，戊戌

吉同钧四十五岁。

《自叙赋》："监修御苑皇城之路，删订金科玉律之编。"自注："又蒙赵尚书派充皇城工程监督，又蒙沈侍郎派充律例馆纂修。"

三子再杨生。

是年，"戊戌政变"。

1899 年，光绪二十五年，己亥

四十六岁。

是年，慈禧立端王之子溥儁为"大阿哥"，为进一步废光绪做准备，是谓己亥立储。

1900 年，光绪二十六年，庚子

四十七岁。

是岁，义和团兴起于山东，漫延至京畿。吉同钧《自叙赋》："不期拳匪肇乱，首祸兴戎。术讬白莲之异，才逞黄巢之雄。卒驱林绿，号假阳红。妄称神兵以仗义，遂招敌国而来攻。当燄威之初炽，亲贵均受其朦胧。端、庄资其羽翼，刚、启假以旌弓。纵烧九市，枉杀三忠。焚使馆而火延社树，攻洋楼而矢集宸枫。城街付之一炬，廛市

---

① 自注：妾厝彰仪门外九天庙北，邻天宁寺，近南荷泊。

② 自注：提牢总管两监，乃刑部要差。一年任满，即得优叙。

③ 自注：秋审处乃一部总汇，天下刑名群决于此。其职有总办、减等总办、提调各名目，至提调已到极地，虽堂官将以宾礼之。余曾历充其选。

④ 自注：入部三年，即蒙赵尚书派充奉天、四川各司正主稿。

尽于祝融。犹复召号亡命，愚异顽童。屯貔貅于辇毂，布鹅鹳于津通。据一隅之海港，抗八国之艟艨。鼓衰矢竭，兽困鸟穷。遂使尸浮水面，指掬舟中。聂提督士成膏霑野草，裕制军禄魂转飞蓬。王太史廷相杀身殉节，李钦差秉衡报国鞠躬。缳投徐相桐，水葬崇公绮。战士则尸包马革，狱囚则身脱鸟笼。震惊九庙，出走两宫。驱嫔妃而井坠，伤车驾之尘蒙。宣大之素衣欲敝，昌平之麦饭难供。洋兵入京，电掣雷轰，五城分地，四面设营。外屯德美，内驻日英。抢掠则九门弛禁，奸淫则三日纵兵。降则白旗插户，抗则碧血盈城。金马沦诸草莽，铜驼委于棘荆。系马于颐和园树，倚弓于仁寿殿楹。逃者妻孥星散，居者甑釜尘盈。身未殭而心死，躯已腐而魂生。惨矣腥风血雨，悲哉猿叫狐鸣。望敌则心肝俱碎，闻兵则鸡犬皆惊。天无云而亦暗，地有月而不明。隶奴官吏，粪土簪缨。种杂而黄沦于白，姘生则吕易乎嬴(羸)。凡此生民之涂炭，肇于枢府之贪横。刘、石之沦晋洛，回、番之逼唐京。汴都被侵于女直，明社受辱于自成。试为由今以证古，同此雷厉而风行。”

为避战祸，京官纷纷出京，吉同钧也先期携眷回韩城，两宫也逃难至西安。其《自叙赋》：“先是战争初起，祸患方滋，决回乡土，尽挈妻儿。杜子美携家而走，章曼枝断毂而驰。庾信之蓬扉掩迹，季鹰之莼菜萦思。桑乾河广，仁义山崎。暑雨多而川涨，泥水淖而马疲。车因沈而屡覆，路以绕而多岐。易轴于太原客店，唤渡于临晋河湄。火流七月，时阅五旬。几经险阻，始抵乡邻。幸黄河之东渡，闻翠辇之西巡。六龙幸晋，八骏入奉[秦]。迎风辂于骊山之下，迓鸾舆于灞水之滨。道旁稽首，仗外伏身。祥云移乎雉尾，旭日照乎龙鳞。丹铅饰壁，黄土清尘。御膳则酒肴列鼎，行宫则锦绣累裀。虎视龙兴之域，甘泉陆海之珍(畛)。北院南院之路，东都西都之宾。山呼万岁，民祝千春。兵车雷动，士庶云屯。百务皆归草创，万端方待经纶。当是时，千官雾散，百吏星稀。多方召集，渐次来归。粗分六部，整理万几[机]。”

是岁，赵舒翘以庇护义和拳被革职，薛允升以八十余岁高龄被启用。《自叙赋》：“既遭兵祸，又值岁饥。尽法以惩墨吏，减刑而恤赭衣。赵展如退出政府，薛允阶起任尚书。议和就绪，祸首先除。杀谋臣于都市，降王子为皂舆。痛老成之彫谢，哀知己之沦胥。吴江伤乎伍子，湘水弔乎三闾。国忧正炽，家难未纾。文君方奔司马，孔氏又丧伯鱼。茫茫后嗣，懔懔前车。强破涕而为笑，思责有以课虚。勉学达观于庄子，聊同卧病之相如。”

自注：“时供职长安，次儿小鹏又夭，年已十八。又纳妾花氏。”

1901 年，光绪二十七年，辛丑

四十八岁。“因随扈出力，经刑部奏保，赏加四品衔。”[①]

《自叙赋》：“闻回銮兮喜色，望徙跸而欢颜。沐鸿恩于御陛，列扈从之仙班。梅鹤暂留井田，花莺随侍行间。尘洗温泉之水，云开仙掌之山。渡瀍涧而蛟龙舜壑，陟崤函而虎豹当关。周览香山之碑碣，静听伊水之潺湲。维时孟冬，驻跸开封。新丧合肥相国，又颓太华云峰。[②] 日下之恶氛未靖，云间之驿路犹壅。迟交冬至，乃启行踪。汛舟漳卫，迂道邯郸。渡滹沱而吊光武，过真定而念子龙。思去岁豆羹之惨，愧今朝玉食之供。舆马任闲于厩，火车新刷其锋。铁路方逾顷刻，金门已抵九重。[③] 河山再造，日月重光。赔彼二十京之兵费，还吾四百里之畿疆。”

是年，正月初六，赵舒翘被赐自尽。九月，薛允升随扈两宫至开封病故。

1902 年，光绪二十八年，壬寅

四十九岁。

是年，作《和萧小梅比部之葆纳宠催妆原韵》四首：

含香豆蔻发春华，簇簇仙梅吐玉芽。今夜鸾凤新结侣，从兹无意恋闲花。

绿珠红拂张丽华，艳福今钟颖士家。北地胭脂南国粉，好风吹放碧桃花。

衾裯香暖合欢时，独有情郎念故枝。记得天寒人翠袖，纤纤病体唤扶持。

梅花岭上正开时，毕竟新枝胜旧枝。寄语东风休猛浪，夜来香梦倩扶持。

1903 年，光绪二十九年，癸卯

吉同钧五十岁。

自述履历：“经前大学士裕德奏派，随住蒙古查办事件。”

正月，随大学士裕德去奉天（即沈阳）查办内蒙古哲里木盟图什业图亲王被旗下逼死案件。刘敦谨撰《韩城吉石笙先生德教碑记》：吉同钧“生平精于法学，遇事能断，历任长官咸倚任之。凡疑狱巨案，必待先生审定。大学士裕公德奏调随往蒙古

---

① 自述履历表。
② 自注：时全权大臣李文忠、薛云阶尚书均卒。
③ 自注：时京汉铁路修至真定，至此始上火车。

查办事件。蒙王激变蒙众，被逼自尽，株连数百人，案积年不决，先生连讯三次，即定谳，仅诛渠魁四人，余皆分别责释，全活无数。”

夏，赛金华因殴毙小鬟，入刑部狱，吉同钧适代署提牢，有《狱中观妓赛金花感赋》，其序言：

赛金花，故沪上名妓也，一名傅彩云，以色艺擅长。时某侍郎方奉使欧洲，廉知欧俗，每盛讌必合男女为礼，故宾主酬酢之际，角巾钗索恒影交焉，遂出缠头赎金花以往。至欧，习与外国人语，久之，口吻维肖，即土著弗辨也。于是金花以能操欧语鸣中外，然性淫荡，不守闰[闺]训。侍郎殁后，不甘寂寞，复落勾拦理旧业矣。初居沪，旋携姊妹花入京，遂隶乐籍，为诸录事长，五陵豪贵咸以先睹为快。庚子之变，联军入都，德督瓦某僭居西苑，金花以能操德语前往迎迓，瓦见而狎焉。瓦好杀，居民苦之，金花为之缓颊，多获宥者，由是名倾一时，知与不知皆仰慕之，洋人至影其像以相夸异，其动人欣羡如此。今夏，以毙小鬟逮入狱，人皆指为淫报，而怜香惜玉者流又复群相惋惜，替花请命。嗟嗟！人各有心，憎花者固为方领矩步之俦，而怜花者亦不尽倚翠偎红之辈，其用情皆未可厚非也。余久耳其名，观其像，未获目睹其容。今闻定谳，拟递籍，行有日矣。窃谓薛涛、苏小，好事者想像其美，至于累牍连篇，相与歌咏于数百年后。今绝世名媛近在咫尺，而不一睹芳容，讵非憾事？适代署提牢，入狱察诸囚，次及花，果然丽出肌表，虽秋娘已老，犹娇娆如处子，洵天生尤物哉！见余遥屈一膝，似有乞怜意。夫猛虎在深山，百兽震恐，一入陷井之中，摇尾而求食。赛金花当得意时，非达官贵人不得一接芳泽，及幽身圜扉，虽以余之卑老，犹若贴耳俯首，望其救援，岂不重可惜哉！士大夫一朝失足，致干吏议，当此之时，见狱吏则头抢地，视徒隶则心惕息，如赛金花者何可胜道？独怪夫当世豪贵，日以声色自娱，粉白黛绿，争妍取怜，曾不计一朝瞑目而琵琶别抱，委身他人。

作《提牢厅代班述怀作》二首：

势利场中少特操，无求方见品清高。但愿自修堪自信，一凭人贬与人褒。功名迟暮思田里，心绪愁烦付酒醪。白发自惭年老大，强将微职署提牢。

十载云司案牍劳，暂抛孔孟习萧曹。衰朝民命轻鸡犬，末世刑章细羽毛。敢诩发奸胸似镜，常惭判案笔如刀。庭前花落阶生草，春意满腔秋气消。

《秋日颐和园早朝》二首：

嵯峨宫殿倚云开，水绕山环晓翠来。带露鹓鸿趋玉陛，凌霜鹰隼下瑶台。登朝有党分牛李，献赋无才愧马枚。归去桂香携满袖，昂头红日上蓬莱。

扶桑日出射仙墀，仁寿宫前入觐时。露湿黄花迎凤辇，风飘紫桂护龙池。双悬日月光华焕，再造河山建树奇。圣世威稜秋并肃，自携丹笔守云司。

1904 年，光绪三十年，甲辰

吉同钧五十一岁。

是年，三子再杨夭亡，吉同钧作《哭杨儿》：

行年五十一，稚子方七龄。藉此襁褓物，慰我迟暮情。京居三五载，无日不萦心。喃喃学唤父，梦里如闻声。思汝告归里，一见笑相迎。恋恋不离侧，绕膝发宁馨。气骨玉山朗，目光秋水清。出入携肘腋，跬步不离形。一朝遘疠疫，白屑缠喉中。汤水不下咽，针药术俱穷。须臾气幽闭，百唤不一应。顾况泪成血，卜商目丧明。我生命运舛，后嗣叹彫零。大儿十八岁，鸠毒戕厥生。长女年三七，玉兰萎秋风。晚年得一子，舐犊爱偏钟。今复被夭折，痛如肉剜胸。千行欠尔泪，六载负余功。勉学庄生达，福禄盼晚成。因果虽渺冥，善念可通灵。丹桂花晚发，佳梦兆维熊。不信同伯道，天道常懵懵。

吉同钧"同曹俊卿大令邦彦、王凤章广文增诰、胡云卿监州增祥春游象岭"，赋诗云：

五岳天下勝，我已游其三。中土分为九，五州遍停骖。京华三十载，未得一日闲。无心云出岫，倦飞鸟知还。去冬告归里，劳碌暂息肩。旧雨来三五，镇日肆高谈。曹子捷春闱，看花遍长安。薄此花县令，归养怡庭萱。卓卓王教谕，高尚不求官。饱餐莼鲈味，弃却苜蓿盘。更有胡安定，丰度自翩翩。监州不屑就，乡里乐盘桓。三君皆高士，能脱势利缘。顾我热中客，相对有厚颜。良辰三月半，登临兴未阑。象岭罗西北，相约共陟攀。出郭二三里，绿树合村边。未观朝霞景，先步骚人坛。入门佳儿侍，向客备茶烟。香茗甘且冽，饮之清肺肝。遗我竹节杖，稳步十八湾。虔心谒斗母，悯我后嗣艰。愿赐宁馨子，书香一线延。谒罢登绝顶，一览众山小。顷刻狂风起，烟雾迷层峦。我生溺名利，捷径借终南。坐对清净域，五内辄增惭。深山有灵异，应移文讥弹。不如且归去，免遭山神鞭。下山逢王子，邀我具晚餐。野蔬饶至味，饱此腹便便。美酒十觞醉，一洗百忧煎。感君殷勤意，揖别入城关。归来日已暮，稚女候门前。

补授提牢，吉同钧作《秋日南海早朝》：

芰荷万顷驾长虹，宫殿宏开引上公。凤辇临轩迎晓日，龙舟掠水起清风。秋生桂苑兰池外，人在金鼇玉蝀中。十五年前来此地，回头岁月惜匆匆。

是年，吉同钧作《上修律大臣酌除重法说帖》一文，“自记”云：“此文虽无足观，惟余一生仕宦升沈，实以此文为枢纽。当未上书之前，先将稿底质诸契友**罗君维垣**、**萧君之葆**。二君以现时公理湮没，直道难行，言之过切，不惟於事无济，且恐反以招祸，不如止之。余曰：吾现在任提牢，有代囚伸冤之责，祸福在所不计。若对本部长官尚不敢直言不隐，他日为侍御、为给谏，又何敢犯颜谏诤乎？书上后，果干尚书葛公之怒[①]，侍郎沈公面加许可，即将**定张氏**等释放。其后葛公怀恨在心，补缺派差，遇事遏抑，皆因此文拂其意旨，暗中下石，以致沈於下僚者数年。嗣后余以**秋审失出**，降为光禄寺署正，葛亦以变法裁缺落职，沈公调任大理院正卿，继长法部者为戴公鸿慈、绍公昌、张公仁黻。三公皆翰林起家，不谙刑法。时沈公组织大理院新官制，与法部争执权限，法部诸被压抑，因求熟于法律、可与沈公抵抗者专办与大理院交涉事件，左丞**定镇平**持余此文相荐，戴公阅之，极为佩服，随即奏请调回法部，委以京畿科主稿，专核大理院稿件，据法斥驳数十起，均经遵驳更正，各堂大加倚重，本年即升补员外，升郎中，随时预保参议，次年又保列京察一等，记名道府，奏加三品衔，种种升阶，皆因此篇文字得来。是前数年被葛公沮尼，以此文而触其怒；后数年蒙戴公超擢，亦以此文而邀其赏。”吉同钧云“嗣后余以**秋审失出**，降为光禄寺署正，葛亦以变法裁缺落职”殆指此事而言。

吉同钧《大清律例讲义》一书，由法部核定出版，沈家本欣然为之作序：“韩城吉石生郎中同钧，於《大清律例》一书，讲之有素，考订乎沿革，推阐乎义例，其同异重轻之繁而难纪者，又尝参稽而明辨之，博综而审定之，余心折之久矣。”沈家本又说：“其於沿革之源流，义例之本末，同异之比较，重轻之等差，悉本其所学引伸而发明之，辞无弗达，义无弗宣，洵足启法家之秘钥而为初学者之津梁矣。”

“石笙先生本文章巨手。其治律也，直登其乡先生薛云阶尚书之堂而蒧其醢。西曹中久推老宿，比年名益隆，以法部正郎承政厅会办兼光法律馆总纂，并分主吾律学馆及法律、法政两学堂、大理院讲司所四处讲习，一时执弟子礼者千数百人。所著

---

① 指葛宝华，浙江山阴人，光绪九年进士，辛丑年十二月，调补刑部尚书。

法律书稿綦富，而《大清律例讲义》一种乃至风行半天下。"

妻王氏亡，三子再杨殇。《自叙赋》注："又堕潘安之泪，更怀顾况之伤。"自注："王妻又殁，三儿再杨亦殇，时已七岁。本年花妾始生龙儿。"

生子伯龙。《自叙赋》注："五十一岁生子伯龙。"

（三子再杨亡与伯龙出生似不在同年，此处或有误。）

1905年，光绪三十一年，乙巳

五十二岁。"提牢期满，议叙题补浙江司主事，充秋审处坐办、律例馆提调，兼充工巡分局承审官。"①

冬，吉同钧以秋审失出降职。《自叙赋》："年逾知命，官始迁郎。鬓发则千茎白雪，髭须则九月青霜。忽塞翁之失马，复补牢于亡羊。往还光禄之寺，出入朝审之房。"自注："秋审失出，降为光禄寺署正。嗣复调回法部，仍复原官。"

吉同钧《谪官》十首诗有四条夹注，阐明此事原委：

（1）"乙巳冬月，上谕朝审李氏殴毙养女一起。刑部率行陈请，堂司各官均交部议处，李氏仍勾决。"

（2）"刑部律例馆共有提调五人，同钧名居其末。此事本系首座饶提调主持拟稿，同钧赞成。及奏，奉议处，同钧以饶有老母，恐碍升迁，代任主稿重咎，是以独受严议降调。"

（3）"吏部议处，以同钧主稿，应降一级调用，饶郎中及六堂均应降一级留任，均系公罪，例应准其抵销。奏奉谕旨，均不准抵。"

（4）"由主事降为光禄寺署正，随即告假回家，拟不再出。嗣奉沈侍郎函招，委任法律学堂教习。又蒙戴尚书奏调回部，复充原官，从此又入苦海矣！"

作《谪官》十首：

仰体好生恤下民，谁知震怒犯枫宸。甘分重咎膺严议，为悯良朋有老亲。囚命原难逃法网，臣心要可质明神。寄言司法诸君子，毕竟生人胜杀人。

天将容我作闲身，吏议偏难恕小臣。镌级只应安义命，辞官依旧守清贫。宦途升降原无定，人事迁移信有真。从此束书甘隐遁，桃花源里访秦民。

---

① 自述履历。

久苦西司案牍劳，而今离署任游遨。狱参经义空推隽，辞赋归来合慕陶。励节一蚨严取与，吠声百犬任呼号。十年辛苦付流水，从此功名等羽毛。

一封丹奏上龙墀，讵料天威谴责随。事后始知陈请率，当时唯恐救人迟。生求不得死无憾，功欲自居过诿谁。因此休官何所恨，寸心只有鬼神知。

丈夫志气说轩昂，事到风波一己当。独犯龙颜争蚁命，要留鲠骨愧鹈梁。寥寥知己谁援手，衮衮诸公尽括囊。叙雪题名良有义，莫教公道久埋藏。

远离乡井三千里，滥厕刑曹十五年。律溯汉唐劳讨论，法参欧亚费钻研。为怜人命镌双级，[1]不倚狱官名一钱。秋册如山堆案上，从今朱墨一齐捐。

为悯死囚冀生全，何嫌双级一齐镌。从无良吏避公罪，未有名臣免谪迁。万里潮阳韩吏部，三年儋耳苏谪仙。雷霆雨露皆君赐，但求此心不愧天。[2]

渔洋昔日长秋官，失出狱囚应左迁。满汉堂司群委咎，先生因此坐归田。[3] 秋谳年年法网宽，反因王五解原官。我思先哲自相慰，从此归休心亦安。[4]

渔洋六载职仍还，我复原官阅一年。足见人心公道在，愚夫头上有青天。

1906年，光绪三十二年，丙午

五十三岁。

吉同钧“是年春季回里，秋季复奉召入京，开复原职，未出一年，升员外郎，转郎中，兼修订法律馆总簒[纂]，并任法律、法政四处教习，日无暇晷，故历丁未（1907年）、戊申（1908年）、己酉（1909年）三年并未作诗。至庚戌（1910年）入闱，见猎心喜，复续前吟。阅两年，壬子国变，即弃官谢客，混迹燕市中，吟风弄月，不知老之将至矣。”作《辞职告归路经清化道中》五首：

编篱削篾隔门阑，烧笋蒸梨佐夕餐。此地堪容高士隐，买山何必向长安。

绿云千亩浥红尘，贩竹生涯不算贫。劚罢猫头披凤尾，满街争卖竹夫人。

山当户牖水围村，竹笋穿篱桑葚繁。到此尘心应尽涴，恍疑身到武陵源。

---

① 自注：前任提劳，因失囚降一级，今又降一级。

② 自注：曾文正公有言：当官者私罪不可有，公罪不可无。

③ 自注：王渔洋为刑部尚书，力从宽大。于秋朝审改正全活甚众。后因失出王五一案，司官委咎于堂官，满堂官又委咎于汉堂官，渔洋因此落职回里。后六年复还原职。

④ 自注：王渔洋为刑部尚书，力从宽大，于秋审政正全活甚众，后因失出王五一案，司官委咎于堂官，满堂官又委咎于汉堂官，渔洋因此落职回里，后六年复还原职。

花栽满县思潘岳，柳拂门前忆陶潜。等是风流分显晦，是谁吏隐一身兼。

火轮南下抵河阳，策马舍车上太行。仕宦浑如行路险，前途升降总茫茫。

是年，京师开办法律学堂，吉同钧兼任法律学堂、法政学堂、法部律学馆、大理院讲习所四处教习，主讲《大清律》。其自述：“从前国家以帖括取士，法律并不设科。自光绪末年变法，废科举而设学堂，始立法律之门。京师讲习法律之地有四，余曾兼摄教事，一为法律学堂，系法律馆大臣所立，分速成科、正科，考取六部九卿衙门司员及各省举贡职官入堂肄业。一为法政学堂，系学部所立，分讲习科、别科。讲习科专收京官，别科由本堂招考及外省保送。一为法部律学馆，专教授本部司官及各级推检官。一为大理院讲习所，专教本院录事。各学堂功课约分六七门，余专任《大清律》一门，每月分双单日轮讲，每日分讲两处，每处共讲三堂，共六堂为三大时，下余三时入署办公，夜分三时以作讲义、阅课卷，古称一月得四十五日者其即余功课之数乎？自光绪三十二年起至宣统三年止，共主讲席六年，前后学成卒业者二千余人，将来得位乘时，为法界大放明光，庶不负训迪之苦心也。呜呼！郎署二十年，既不能俯首低眉，干权位以建功业，皋比五六载，犹可持婆心苦口，阐法理以倍[培]人材，士人学优则仕，至于仕不得志，复藉教以传所学，其遇亦可悲矣。若云藉脩脯以赡身家，犹余事也。”(《乐素堂文集》卷五)

开学时，吉同钧演讲词云：

“今日开学之期，修律大臣沈公及日本冈田教习均经次第演说，鄙人承乏中律教习，敢将中律切于实用之理，约略言之。律者，民命所系，根极乎天理民彝，称量乎人情事变，况《大清律》融会汉唐元明之精意，又经列祖列宗斟酌损益，纂辑成书，义精仁至，巨细靡遗，非特经国治民之圭臬，即寻常应事接物，苟不知律，必至动辄得咎。故《吏律》载有“讲读律令”一条，内外百司官吏务要熟读讲明，若有不晓律意者，官罚俸，吏拟笞，及百工技艺诸色人等有能熟读通晓律意者，如犯过失连累之罪，并免一次云云。此可见凡属军民，皆当知律，况学古入官，尤有人民社稷之责，设使临民治国，不能深通律意，但取办于临事之检查，或听命于幕友书吏之手，将一案之误，动累数人，一例之差，贻害数世，岂不大可惧哉！现今新学竞尚，士多见异思迁，剽窃外国法政学说以为禄利之阶，遂致中国经史旧学渐就荒芜，而法律一门尤为《广陵之散》，不绝如线。平心而论，外国法政各有精意，固当采集所长以资补救，惟《大清律例》恰当乎中国风土，尤当深切究明，以为判案之资。凡我学友，固不可守旧而鄙新，亦不可务外而忘本。鄙人自问德薄能鲜，殊觉有愧皋比，惟供职刑曹二十年，受业於长安薛大司寇之门，律学稍有会悟，今应当道之聘，忝列讲席，以作识途老马，惟祈与诸学友相观而善，共相勉励，先研究中律精意，然后涉猎东西各国刑法大要，庶几操乐不背土风，数典无忘祖制，勉副修律大臣造士之苦心，以仰体皇上立宪变法、修订法律之至意，是则区区之心所深愿也夫。"（《乐素堂文集》卷五）

1907 年，光绪三十三年，丁未

五十四岁。

补授审录司员外郎。二陵《二陵谈荟》："光绪三十三年冬，荣庆由刑部尚书入直军机。一日由军机处退值，即至刑部，因有要公请秋审处提坐商酌。时刑部最大之乌布为则例馆提调秋审处坐办，无一至者。刑部惯例：四月一日为早衙门，早八钟到署，十二钟出署。八月初一日后下午一时到署，六时出署。荣庆由军机散值时，尚未至十一时，候至一时，司员始有至者。荣庆见秋审处提坐，时饶昌麟吉同钧为秋审处坐办，兼则例馆提调，大为不满，并云堂官已到，何以司员不到？大有元帅伺候先行，先行伺候元帅之意。昌麟首应之曰：司官到署，系办公，并非伺候堂官；且现在系晚衙门，司官到署并未过一钟。荣庆语塞，云诸君如此固执，我这差事亦不能当矣。昌麟等复应之曰：大人如不能当，尽可奏请开缺，何须对司官等言。荣庆辞穷，不欢而散。未几，荣庆调户部，继为尚书者溥兴。是年本京南城外李马氏虐毙养女一案，归入秋审，时秋审分情实缓决二项，击打人至死，无金刃铁器伤，三伤入缓，四伤入实，鳞份虽无金刃铁器伤亦入实；非鳞伤而伤逾四处者，入实后得夹签声请。李马氏者系业养人，即鸨母，殴毙之女，伤在六处，在入实入缓之间。秋审处以之入实，而夹签声请，本无不合。时满司员某，因争一等不得，不满意于溥兴葛宝芳[华]汉尚书，兼恨秋审处之把持，遂夜至荣庆宅，将是案始末尽为荣庆言之。荣庆本不惬于刑部秋审处诸人，得此机会，实脩怨之好题目，秋审入奏，指摘此案为失出，各堂官均罚俸，承办此案之司员，昌麟降一级留任，同钧降一级调用，降大理寺司丞。迨刑部改法部，戴鸿总为法部尚书，采众望，奏调同钧回法部，补审录主事。两相比较，一时舆论颇左戴右荣云。”①

1908年，光绪三十四年，戊申

五十五岁。

暮春，吉同钧编成《审判要略》三十则，自序：

生民不能无争而讼兴焉，《易》卦自乾坤屯蒙后，继之以讼，讼固与天地相终极者也。孔子曰听讼，又曰折狱。到官曰讼，定罪为狱。先之以听，继之以折。讼不听无以判真伪，狱不折无以定曲直。然折狱之任，得人为难。《书》曰：非佞折狱，惟良折狱。《易》之贲卦曰：明庶政，无敢折狱。可见，狱之难折有百倍于庶政者，其中有法窍焉，未可以卤莽为之也。《周礼·小司寇》听狱讼曰词听、色听、气听、耳听、目听。《吕刑》详折狱之法，于单辞则曰明清，于两词则曰中听，诚以法有一定而情伪万变。执一定之法，治万变之情，不在口才之辨给，亦不恃势力之威严，必虚心研求，视前人所已行已言者而规其则，庶几可得其平焉。京师自奏设各级审判厅以来，百废维新，一洗官吏旧日延迟勒索之弊，可谓改厥良矣。惟是审案之法，中国与外国不同，而京师五方杂处，人心巧诈尤与外省不同。以外国诉讼之法审中国之案，固多凿枘。即以外省审判之法断京师之狱，亦有抵牾。同钧任此事者近二十年，久官西曹，周历塞外，更事既多，颇悉其中情伪，因采集前人成说，附以生平阅历之语，汇为一册，逐条分析，名曰《审判要略》。总之，罪因情科，案凭证定。未审之先，固不可先存成见。已审之后，又不可漫无定见。此篇所录，言虽浅近，而事理分明，或亦初膺司法者所取资焉。是为序。

秋，吉同钧作祭文，遥祭乡试房师陈兆焕。祭文曰：

光绪戊申之秋，谨以香楮酒醴遥奠于长乐筱文夫子之灵前，曰：呜呼！我师竟长逝耶？我师生为循吏，没为明神，撒手上升，脱谢红尘，回视儿女竹立，孙曾兰茁，亦復何恨？所最难遣怀者，惟此二千里外之白发门生耳！同钧幼遭困穷，弱冠藉砚田糊口，备极苦况。二十九岁登贤书，受知我师门下，当时展谒试院，一见如故，从此得侍函丈、饮食，教诲备叨恩值。十余年来，除岁杪省亲、春明应试外，无日不相追随。分虽师生，情逾骨肉，虽古人沆[沆]瀣之契、苔岑之合不是过也。庚寅捷南宫，供职

① 二陵：《二陂谈荟》，载《越风》半月刊第十六期，中华民国廿五年六月六十三日。

西曹，由是蓟云秦树，天各一方，相隔十有五年，其间惟庚子八月随扈入关，始会晤于长安。是时师卧病旅次，钧以虎口余生乍见，疑梦，且悲且喜，甫经欢聚两月，师复奉檄出省，随复莅任二曲，钧两次抵盩省视，联床共话，彻夜忘寝，纵谈时事，尚论古人，极人间之乐事。嗣以圣驾东归，催促出关，当时师虽须发皓白而精神矍铄，方冀后会有期，藉申孺慕。呜呼！孰意此别竟成永诀耶！

师宦秦三十四年，历任繁简各缺不下十余县，権厘卞[卡]七八处，而身后萧条，箧无长物，不能成殓，其廉节固近今所罕见，而畸行尤有难及者，即求诸古人亦不多得。师在任之日，所得俸薪不入私橐，遇有地方公益，或朋友肝胆相投，虽千金亦不吝惜。去官时不携地方一钱，甫交卸回省，即典当度日，性嗜书，家储数千卷，一遇赋闲久，宁可卖书求活，曾不向人借贷。寅友有悯其清贫，餽以钱者，辄却之不受，曰：我岂受人怜者耶？宰大荔时，邑绅李某富甲一省，当道广通声气，官斯邑者多慑其气焰，曲为逢迎，师独正色拒之。又其时朝邑相国告归在籍，朝距荔仅三十里，相国时入郡城，道府以下争出郭迎迓，师独自高崖岸，不通拜谒，有劝之者，则曰：县令虽卑，然一邑父母也；宰相官显，我非所属，既无公事，何往见为？终不往。后逢岁祲，李绅恃富抗捐，府尊无如之何。师亲率吏役捉入署，日夜以粗粝陪食，该绅不堪其苦，遂捐出巨款，贫民赖以生活。其生平不避权贵率如此，此岂近人所及乎？

钧自辛丑随扈北上，暌违皋比八年之中，无月不通音讯。悯钧之抱痛西河也，则以寒花晚香慰之；怜钧之因公降职也，则以盘根错节勉之。去冬来函云：现在禁烟令严，余以病躯染此，自分有玷官班。钧曾作书劝慰，谓年老气衰力弱，官可不作，烟不必断。今春来函，又谓到醴泉县任，触发肝疾，恐不可救，当即作函安慰，以为十年旧恙，虽不能愈，亦不至骤然脱败，孰意覆禀甫去，而讣音忽来。呜呼！其竟以断烟而殒生乎？抑因旧疾而不救乎？伤哉！师少遭悯厄，极人世难堪之境，生平来了之愿，惟此归宗一事与钧时时筹画，而今已矣！九泉之下何以瞑目乎？

钧今年五十有五矣，父母早逝，妻室继殁，十余年来连殇三子五女，境遇之苦不可言状，近复官运坎坷，屡遭摈斥，所可以谈心腹、诉苦衷者惟师一人，今一旦舍我而去，其能不摧肝椎心也乎！呜呼痛哉！犹记昔年在陕，曾告钧曰：余性不能积财，而子孙不肖，百年后恐不能回闽，果尔，请子于省南卜地一区葬我夫妇于此，死且不朽。尔时视为戏言，以为何至于此，而今事已至此，钧能漠然置之耶？现已函商世兄，灵柩如能回籍，当以百金相助，如不能归，可暂寄城外，俟二三年后当请假回陕，卜葬师灵于五原之上以践前言。呜呼！言有穷而情无尽，灵如不寐，尚其来飨！

“升补郎中，充审录司掌印兼参议厅会办，并经修律大臣奏充法律馆总纂官。”①

1909年，宣统元年，己酉

五十六岁。

闰二月上《请照覆吴御史规覆强盗旧例说帖》。

六月，吉同钧将其1906年以来在法律学堂开设的《大清律例》一课讲议编成《大清律例讲义》一书，**沈家本**为之作序，其中说道：

独是《律例》为专门之学，人多惮其难，故虽著讲读之律，而世之从事斯学者实鲜。官西曹者，职守所关，尚多相与讨论。当光绪之初，有豫、陕两派，豫人以陈雅依、田雨田为最著，陕则长安薛大司寇为一大家。余若故尚书赵公及张麟阁总厅丞，于《律例》一书，固皆读之讲之而会通之。余尝周旋其间，自视弗如也。近年则豫派渐衰矣，陕则承其乡先达之流风遗韵，犹多精此学者。韩城吉石生郎中同钧，于《大清律例》一书，讲之有素，考订乎沿革，推阐于义例，其同异轻重之繁而难纪者，又尝参稽而明辨之，博综而审定之，余心折之久矣。迨偕顺德伍秩庸侍郎奏请专设法律学堂，于丙午九月开学，学堂科目特设有《大清律例》一门，即延吉石生主讲。於今已阅五学期，所编讲义积成六册。其于沿革之源流，义例之本末，同异之比较，重轻之等差，悉本其所学引伸而发明之，辞无弗达，义无弗宣，洵足启法家之秘钥而为初学者之津梁矣。余奉命修律，采用西法互证参稽，同异相半。然不深究夫中律之本原而考其得失，而遽以西法杂糅之，正如枘凿之不相入，安望其会通哉？是中律讲读之功，仍不可废也。余嘉是编之成，幸斯学之未坠，而后来者有门径之可寻也，故乐为之序。

京察一等，嗣给本部预保左右参议，又因律学馆教授有方，奏请赏换三品顶戴。（自述履历）

是年，王之杰病逝北京。吉同钧撰挽联：“山邱零落，君得所归，可怜门祚单微，只余一妻一妾一子女。蒲柳衰残，我将何依，从此琴书寂寞，谁与谈经谈史谈科条。”（《乐素堂对联》）

---

① 自述履历。

1910年,宣统二年,庚戌

五十七岁。

“八月,京师第一次考试法官,奉旨派充襄校官。”

“十二月,京师补行考验各级审判检察厅人员,奏请派充襄校官。”(自述履历)

吉同钧上书法部长官,陈请开差缺,其书云:

为详陈下情、恳祈开去差缺、专理教务事。窃司官自庚寅(1890年)榜下分部,闭门三年,潜心读律,奏留后始进署供职。未出三月,即派主稿,历充奉天、四川各司正主稿,历充总看减等秋审处坐办、律例馆提调及提牢厅总管各要差,中间虽因公获咎降调光禄寺署正,然求[救]生不得,可告无憾,且以同官十余人合办之事,司官一人独任其咎,虽败亦有荣焉。嗣蒙奏调回部,适值变法之际,创设京畿科,专管大理院以下各级审判厅,现审稿件派委司官主稿一切,草创规模,与大理院往复驳辨,几无虚日。遇有疑难交厅丞参,藉端推诿,司官奋然独任,不避劳怨,力为其难。三年以来,指驳改正稿件关系生死出入者均十余起,军流出入者约数十起,徒罪以下不可胜数,皆有案卷可稽。再部章:凡在外司掌印者,即专办司事,不预承政厅事。司官即掌审录司印,又兼在承政厅办理秋审,每年秋册千余起,均经一手查核,其中改正实缓者,无岁不有数起,此亦有案可稽者。此司官之尽心部务,不遗余力者也。至本部律学馆教习,司官兼充已历四年,馆中功课,司官独任繁重,不敢告劳者,教育人材,俾部务日有起色,是夙昔素愿,虽苦亦乐为之。现在造就毕业、委任各审判厅者因实繁有徒,即素称法曹老手,精于律学如现任罗参议维垣、萧郎中之葆、谭副部文蔚等,从前皆经司官与讲律义、役课出题、劝勉作文,以有今日。此司官之尽心教务可告无愧者也。查州县审拟错误、关系生死出入,经上司查究,改拟得当者,例有送部引见明文。司官数年来改正生死出入之案不一而足,虽不敢援例邀功,惟此次钦派外省考试法官,系司官专门之学,满拟我堂宪开列前茅,得邀钦简,藉此考查风俗、开拓识见,并搜罗人材,上备司法之用,下为宗族交游光宠,稍酬数十年读律苦心。不料初次开列前茅,嗣被他人运动,抑置在后。命下,果以名次在后,致落孙山之外,因此万念俱灰,绝意上进矣。司官命运坎坷,功名既已如此,而家境又连年不顺,本拟及早归田,只以廿载京宦,债台重重,到家买山无资,仍不免交谪之苦,反复思维,拟仍藉讲堂舌耕,以为举家糊口之资,至于部务公事,则兴致已索,即难胜任。况鬓发颁白，后来均已居上，犹复旅进旅退，随人步趋，自顾已觉增惭，为此详陈下情，请开差缺，专办教务，以尽所学。盖为部中培一人材，较为部中办一要案，其用宏而其益更大，且当此奔竞成风之际，俾知部中尚有不恋差缺、淡于进取之人，是亦砥砺廉隅，挽回浇风之一端也。谨此具陈，伏乞垂鉴允准。

再者，此次奉命考试，非止个人之荣，关系国家前途甚大。盖民人生命操诸法官，法官优劣全在考试，今请简放试官，为本部开宗明义第一新举，诚宜登明选公，整齐划一，慎择精通中外法律，并素有经验之员，实事求是，似不宜参以私见，授人指摘之端。夫明法人员，胥萃于法部，而法部人才，全聚于两厅会办，会办之员几经历练，几经考验，始膺其选。故三年大计，即以会办之员充京察之数，京察名次向以得差先后为序，法官可独不然？即不如此，或以科分迟早分先后，或以补缺迟早分先后，或照从前主考之例，专取甲榜，亦均有说可据。若仅以资俸之深浅定人才之优劣，未免诸多屈抑。且即以资俸论，则宜一体计俸，而张、颜二员，甫经调部，资俸最浅，何以列于资深各员之前？似此自乱其例，忽计资俸，忽论官阶，忽专取实缺，忽夹杂候补，忽专用甲榜，忽参入他途，不惟本署退有后言，亦恐外人交相訾议，谓我堂宪以朝廷抡才大典为位置私人之地，岂不名实两败乎？司官前后食俸十六年，上年虽由正六品降为从六品，中间并未断俸，今硬谓之食俸四年，则是郎员之俸为俸，主事署正之俸不为俸；法部之俸为俸，前刑部与光禄夺之俸不为俸？不知何所据而为此颟顸办法也！总之，此事关系司官一人之功名称小，关系一署之声名甚大。一人之事犹可不办，一署之事不敢缄默。谨再具呈。

是年，清朝“初次举行考试法官，定（指时任大理卿的定成，字镇平）派阅卷大臣，同钧充襄校官。”作《和定镇平正卿成闱中见寄原韵》三首：

儒雅久钦白乐天[①]，云司旧结文字缘。仰君直节追包老，愧我幽居类史迁。变色风云悲世事，寄身诗酒乐残年。悬崖急勒狂奔马，祖逖何须先著鞭。

云裳共詠大罗天，旧雨重逢亦夙缘。素荷吹嘘同小草，敢将枯朽比君迁。材抡鸠署欣良会，桂折蟾宫忆昔年。少陵诗律鄺侯笔，愿向公门作执鞭。[②]

自断此生莫问天，升沈亦各有因缘。顾我素餐图一饱，祝君黄阁岁三迁。归田

① 自注：用成句。
② 自注：君迁，木名，见子山《枯树赋》。

拟学陶元亮，调鼎端推杨大年。他日相逢车共下，莫教走马快扬鞭。

针对此次全国法官考试，吉同钧说："余任京师法律法政学堂教习五年，毕业者三千余人。此次考试录取三百六十余人，半为余学堂受业门生。"作《闱中示诸生》二首：

宦途最重是文衡[①]，法学从兹放光明。他年桃李盈天下，尽是老夫培植成。

刑名道德相济成，法学原从经学生。洛闽经义萧曹笔，莫向申韩去问程。

同年，清朝又对京畿现任推检官考试，吉同钧任阅卷官。他在《和善芝樵参议佺考试法官闱中即事原韵》自注中说"前考各省法官，此考京畿现任推检官，芝樵充监试官，余任阅卷官。"诗五首：

君平难定命升沈，独抱冰壶一片心。末世淫词横猛兽，圣朝远物却珍禽。梁公门下盈桃李，清献船中贉鹤琴。指日海棠西府发，绿章夜奏乞春阴。

荐士香焚海国沈，聊同寅友话知心。九回肠似汉司马，三黜身如柳展禽。座有曹瞒挝弥鼓，世无钟子罢牙琴。幸逢世珥金貂客，外戚南阳本姓阴。[②]

白首冯唐下位沈，间［闲］云出岫本无心。直声素慕触邪豸，乐意时闻对语禽。烈士情怀三尺剑，高人志趣七絃琴。青莲自是词臣选，曾记骑驴过华阴。

雪满云楼晓雾沈，后彫共保岁寒心。鸿文价重唐张鷟，燕翼恩深鲁伯禽。大木在山随宿莽，焦桐出爨即名琴。公门慢说栽桃李，丹桔经冬有绿阴。

孰把珊瑚海底沈，搜罗共费爱才心。文辞慎选叔孙豹，诗礼喜闻陈子禽。岂有达官堪嗜酒，从无俗吏解弹琴。大才自古难为用，古柏参天百尺阴。

秋，围绕陕西"赵憘憘杀二弟"案，大理院、法部起争执，吉同钧调停其间。其自述如下：

"此系宣统二年之案，当时大理院、法部各执意见，几致决裂，虽交修律大臣酌定。时修律大臣为沈子惇先生，系大理院长兼充修律大臣，乃偏袒大理院，驳改拟流，法部三堂均不画稿，致案久悬不决。时同钧任法部郎中，兼修律馆总办，并充大理院教习，调停其间，折衷办理，因具此帖，呈请三面和衷共济，其事始定。"（《乐素堂文集》卷七）

---

① 自注：用成句。

② 自注：芝樵长女为恭亲王福晋，次女为洵贝勒福晋，本国戚也。

1911年，宣统三年，辛亥

五十八岁。撰《法部律学馆课卷》。

四月二十八日，经吏部复带引见，奉旨预备召见。（自述履历）

六月十一日，学部奏请法部郎中、预保参议吉同钧办京师法政学堂有功，赏加二品衔①。

秋，吉同钧于法部律学馆之振雅堂为《秋审条款讲义》做序：

古律无秋审之名，唐宋元明律中言斩绞死罪者，均系立决，并无监候、秋后处决之制。然考之《月令》，孟秋之月，审决断，始用戮。唐律亦有立春、秋分前不决死刑之条，可见古者行刑必於秋冬，所以顺天地肃杀之气也。有明中叶，始定有朝审之法，英宗天顺二年春旨：人命至重，死者不可复生，自明年始，霜降后该决重囚，著三法司奏请，会同多官人等，从实审录，永为定例。此秋审所创始也。国朝因之，顺治十年，京师设朝审，直隶始设秋审。十五年各省遍设秋审，由刑部差司官二员会同该抚按审奏，后改差三法司堂官会审。康熙五年停止差遣，由各省巡抚举行。其办法止酌按情节，分实、缓、矜、疑四项，尚无条款可据。至乾隆三十二年，因各司定拟实、缓每不画一，始定条款四十则，颁行各省，其后叠次增加，渐归完备。考其办理之法，在外为秋审，统归督按；在内为朝审，统归刑部。其在内者，刑部每年正月，书吏摘录死罪原案节略，先列案身，次列后尾，订为一册，分送学习司员先用蓝笔勾点，酌拟实缓可矜，加以批语，谓之**初看**。次由堂派资深司员复用紫笔批阅，谓之**覆看**。复由秋审处坐办、提调各员取初看、覆看之批，折中酌议，又用墨笔加批，谓之**总看**。**总看**后呈堂公阅，各加批词，注明实缓，此刑部办理之次第也。在外者，每年二三月，先由臬司拟定实缓可矜详由，督抚覆勘，勘后督抚会同藩臬两司、各道，择日同至臬署亲提人犯，当堂唱名，然后确加看语，於五月以前具题咨部，谓之**外尾**。刑部接到各省外尾，仍依前看朝审之法，历经司堂阅后，与部定朝审合为一处，刷印成帙，谓之**招册**，亦谓之蓝面册，其有内外意见不同、实缓互异者提出，另为一册，谓之**不符册**。七月间择日公同商议，先由秋审处各司员公议决定，谓之**司议**。**司议**后定期齐集白云亭，按班列座，堂司合议，谓之**堂议**。议定标明实缓可矜，再由秋审司员拟定简明理由，

① 《政治官报》六月十一日《学部奏核议京师法政学堂办学人员分别给奖折》。

谓之**方笺**。其朝审人犯，刑部议定后又由部奏请钦派大臣十人，取刑部所定，各加详阅，谓之**覆核**。朝审如覆核有疑义者，由大臣签商，刑部据笺解明理由，然后统将内外招册分送部院九卿、詹事、科道，於八月下旬择日在金水桥西朝房，刑部堂官合大学士、九卿科道，按次席地而坐，将外省秋审名册逐一唱名，并将朝审人犯提至朝房，按名分别实缓，唱令跪听，谓之朝审**上班**。上班以后，各部院科道俱无异议，然后备本具题，请旨定夺。其情实并有关服制人犯，由刑部缮写名册，纸用粉敷，墨书粉上，谓之黄册，以备御览。候至霜降以后，奏请钦天监择选分定勾到日期先远省而后近省，末后始及京师，每届勾到之期，刑科给事中前五日覆奏三次，后改为一次，前三日刑部将黄册进呈，皇上素服御懋勤殿阅看黄册，酌定降旨，命大学士一人照勾，由御史恭领送部，如系外省，即由部钉封分递各省，到日行刑，并刊印黄榜，颁发各府州县，以昭炯戒。同治以后暂停御览，派大学士在内阁依拟照勾，然每年仍奏请规复旧制。此办理秋审、朝审之先后次第也。夫由刑部初、覆看以至堂阅，已历数十人之手矣，又必会同各部院、九卿、詹事、科道等公同审定，方始具题，即题准之后，又令科道三次覆奏，方始勾决，其曲折繁重、礼节如此周密者，岂不知简易之为便哉！良以人命关系重大，非此不足以防冤滥，此可见我朝慎重民命、以固邦本之至意，洵足以驾汉唐而媲三代矣。自刑部改为法部，一切法律舍旧趋新，删繁就简，举从前详细章程概从芟薙。凡外省死罪，其情轻者改为随案酌缓，秋审止列清单，不入招册。去年奏请删除钦派覆核及朝房会审各节，朝审亦改为秋审。本年又奏请删除先期覆奏、内阁具题，而黄册概归简易，其服册并情实声叙各案均不列入，又止列勘语，而各省外尾并法部后尾亦概从删削，此亦时会所趋，不得不然。然历期良法美意从此荡然无存矣。至于《条款》一书，创自乾隆三十二年，后来迭次增入，至光绪年间增至一百八十五条，《条款》而外，又有阮吾山司寇《秋谳志稿》、王白香《秋审指掌》、谢信斋《秋谳条款录》与各条款互相发明，均称善本。近来沈司寇又著《秋审条款附案》一书，备载历年成案，详细靡遗，尤为秋审秘钥，惟均原本旧律。上年《现行律》颁行，罪名半从轻减，而旧日条款与现律诸多凿枘，复奉命修改《条款》。同钧蒙修律大臣派充纂修之役，与共事诸君按照现律参酌新旧，去其重复，补其缺略，共得一百六十五条。[1] 惟当时需用甚急，限期所迫，审察未易精密，且出自众手，其中轻重权衡亦间有

---

① 《乐素堂文集》下有“较旧款少二十条”。

参差不齐之处。书成之后，始行核对，然已修改不及矣。同钧不揣固陋，思所以救正之而未有暇也。比年主讲律学馆，乃与诸学员逐日讨论，遂成《秋审条款讲义》一册，逐条详述原委。其中完善平允与现律轻重适均者，发明所以修改之故。间有与现律不甚吻合者，亦略加驳正，指明其失，非敢妄议定本也。良以一字一句之间，关系生死出入，故不惮反复辩论，期于允当而止。

夫秋审一事，较之定案尤为切要。定案不妥，秋审尚可补救；秋审一误，则死者不可复生，虽欲挽回而已无及。故从前部中司官学习，必先从看秋审入手，而堂官用人，亦以看秋审之成绩为派乌步之地步。盖其章法精细，起伏照应，夹叙夹议，全以《史》《汉》古文之法行之。秋审之法精通，则奏稿、驳稿并一切公牍直可行所无事，此律学馆功课所以添入此门也。同钧庚寅分部，时值乡先正薛赵二公先后为长官，谆谆以多看秋审相告语，并为摘要指示。后入秋审处办事，距今已十年矣。每年二月至七月，日无暇晷，分看之后又加总阅，所拟批词、说帖多蒙堂长采纳施行。上年有逯荣淋、李五巴及蒙古瓦其尔各起，业已堂议定实，经同钧援案力争，均改声叙，得以不死，此亦看秋审之效果也。

现在新律将行，旧法一切变易，惟此秋审一节，将来尚不能废，故乐与律学馆诸友讲解，以求实效。讲义既成，爰述其旧章之原委，以及关系之重要而为之序，当亦有心斯道者所不弃也。

宣统三年辛亥秋日龙门吉同钧叙于法部律学馆之振雅堂

辛亥革命后，**吉同钧**弃官归隐。刘敦谨撰《韩城吉石笙先生德教碑记》："由是无心仕进，加意造就人才，兼任各学堂法律教习，著法律讲义若干卷，经教馆颁行各省，俾作模范，以劳绩保加二品衔，并赏给三代二品封典。时则部务、馆务、各学堂教务，身兼三差，日无暇晷，如是者六年，培成桃李三千，先后毕业出仕。京外各级审判厅者，半皆先生高足弟子，孟子所谓得天下英才教育者，先生足以当之矣。方冀法学有传，补救时局，不意骤逢国变，因弃官归隐，当道征聘，皆坚辞。航海而南，遍揽江浙名胜，又至曲阜谒圣墓，回京师，戢影篷庐，韬光养晦，以待天下之清。"

吉同钧家居，并撰**《家居四时乐赋》**，**《序》云：**"辛亥腊月，皇帝退位，改建民国，余弃官家居，日以诗书自娱。初犹悲愤交集，久觉胸中廓然，颇有自得之趣，因作赋一篇，自写襟期，工拙在所不计云。"其正文曰："六旬老子，五品郎官。族高冯翊，家近长安。初筮仕于春官，脱蓝袍而换紫；继策名于秋署，掷墨笔以秉丹。慨功名之未建,忽时局之方残。既已忘情赤芾,何堪尸位素餐?卸却高车驷马,安排草履黄冠。乐琴书以消遣,抚松菊而盘桓。回思利锁名韁,如在网罗之内。似此采山钓水,始知宇宙之宽。”①

冬月,吉同钧作《**律学馆第五集课艺序**》:“律学馆之设,於今五年矣。本年秋间,武昌变起,京师官民出京逃避者十室九空,各学堂亦均云散风流,停止上课。惟我律学馆仍有多数学员日来听讲,盖患难忧危之际,犹闻慷慨讲诵之声,非但向学之志穷且益坚,抑且筮仕危邦,临难不去,气节之镇定,更有足多者,他日为忠臣、为义士,皆可於此决之。每岁课卷,年终必裒成一集,今届五集,刷印成帙,同人又嘱余作序。余忝拥皋比,五阅寒暑,与诸学友相居最久,相知亦甚深。现值祸乱迭起,更觉情谊益亲,故不惮剀切言之,以为我同人勖。夫《大清律》者,非自大清起也,损益乎汉唐宋明之成法,荟萃乎六经四子之精义,根极於天理民彝,深合乎土俗民情,所谓循之则治,离之则乱者也。自上年变法令下,仿泰西之皮毛,舍本来之面目,初改《大清律》为《现行律》,继又改《现行律》为《新刑律》,表面看似新奇,内容实归腐败。兹就显然可见者言之。自缘坐之法废,而叛逆之徒不惮牺牲一身以逞不轨之谋,故湖南、广东相继焚烧衙署,而大员被刺之事不一而足矣。自笞杖改为罚金,而富豪强梗之徒益复无所畏忌,故近来抗官拒差、诱拐奸占之案愈办愈多矣。自奴仆之制废,而名分荡然,欺陵家主之风不可遏止矣。自开设娼寮、并起意为娼者不治其罪,而风俗颓败,廉治(耻)道丧矣。自儒师与凡人同论,学堂中视师长如路人,桀傲嚣张之气酿成世变矣。自流徒免其实发,而无数匪徒丛集辇毂之下,一旦有事,揭竿为乱者不在草泽而在萧墙矣。自各省设审判厅而以未经历练之法官审判命盗大案,既无刑幕佐理,又不经上司覆审,不知冤死几多良民矣。今日祸乱之根,虽由于政府昏浊,贿赂公行,不尽关乎法律。然刑罚轻纵,审判偏谬,亦酿乱之一端也。余向充法律馆编纂,亦尝慨慕外国轻刑之刑,思革重典,乃行之未及二年而已流弊滋出,乃知“不愆不忘,率由旧章”,圣言真如蓍蔡,而子产之火烈民畏,诸葛之法行知恩,洵治乱之药石,而非姑息养奸者所能喻也。今者祸患方兴,结果尚不可知,如外人狡焉,思启坐收渔人之利,则我中国一切典章将归沦胥,此集亦必为覆瓿之用。若犹是,炎黄之神胄也,无论君主、民主,治中华之人须用中华之法,将来穷则思返旧律,仍有复兴之日,

---

① 《乐素堂文集》。

安知兹集不为后事之师资乎?"

吉同钧和潘问楼太守江《闻乱感怀》原韵,共叠四首:

任苒年华半百余,惊闻车驾及蒲胥。北来虎旅临边塞,南望狗屠吊望诸。革命风潮忧伏莽,丰年吉梦想维鱼。几时真主膺图箓?赢[羸]得希夷笑堕驴。

国贫素乏九三余,称贷还应问象胥。刃有锋芒频砺乃,玉逢善价亦沽诸。恶氛共逐中原鹿,乡味还思丙穴鱼。回首家山临灞岸,一鞭风雪跨寒驴。

堪叹余生虎口余,何曾有梦到华胥?英雄草泽人何许,仙境桃源世有诸?政令贪残愁硕鼠,师期漏泄恨多鱼。欲寻高士探幽隐,关上青牛湖上驴。

读书久已负三余,下位浮沈类府胥。愿著先鞭追祖逖,不将暗剑试鱄诸。飞扬一任桓司马,正道终钦卫史鱼。却笑盲人骑瞎马,何如学士策蹇驴。

吉同钧闻陕兵变,王壻家被刦有感二首:

去年纨绔子,今作翳桑人。祸福原无定,盛衰总有因。保家休恃富,处世不妨贫。沧海桑田变,方知此理真。

国运衰由盛,家资富逊贫。黄金生浪子,白屋出良臣。鬼瞰高明室,天怜困苦人。从今多积德,善念可通神。

1912年,民国元年,壬子

五十九岁。

民国初建,辞官家居,时以道路梗塞,未得还乡,暂住京都。有家梦陕,无地避秦。寻桃源而失路,望蓬岛兮迷津。

是年正月,京师兵乱,吉同钧避居天津具国租界,其《春日津门五首》自注云:"壬子正月,京师兵变,纵火抢掠,数日之间,天津、保定同时效尤,几于无处不被兵灾。时余避居天津奥国租界,幸未受害。因忆杜少陵避乱入蜀,艰难漂泊,不废吟咏,集中有《春日江村》五首,因次其韵成此,以志当时流离情况云尔。"其《春日津门五首》云:

众水趋津沽,奔流入海深。干戈犹在眼,烽火忽惊心。柳絮风中乱,梅花雪后寻。艰难生计拙,辛苦又从今。

津门烟树远,到此度新年。地已离金阙,山仍忆玉泉。水浅凫鹭戏,花深蛱蝶穿。韶光无限好,惜值乱离天。

穿篱新笋碧，夹竹小桃红。地划华洋界，人兼欧美风。笑他蓝面鬼，惭我白头翁。回首觚稜远，朝朝在梦中。

新朝扬白羽，旧苑閟青苔。避乱投洋界，扶危仗异材。雷轰火轮动，风吼电车开。落日登楼望，苍然暮色来。

幸脱燕台险，方余虎口生。兵戈今后劫，轩冕昔年荣。酒醉浑忘老，诗成不计名。青青杨柳树，触我故乡情。

四月，萧之葆回陕。吉同钧《送萧小梅归田歌》：

峯山万壑拥邠州，白吉原下通深沟。邠本岐周发祥地，皇涧过涧夹岸流。山水钟毓产奇英，前有牛宏后景清。近代人文慨晨星，吾子一出道德馨。三年木天振鹏翮，十载爽鸠树芳型。鄭侯九章绍家传，更追薛赵继乡贤。星轺典试入金鸡，滇南子弟欣执鞭。指顾提法历中外，忽遭世变慨迍邅。张翰思归感秋风，陶潜采菊指篱东。贤达弃官甘隐遁，古今一体心理同。我客京华二十霜，白云朋侪气味芳。君车我笠忘形迹，此外苔岑罗与王①。罗归王逝君出都，花月依然形影孤。长歌送君燕市外，沾襟散丝泪眼枯。六月暑雨三伏热，况复遥遥千里途。观君稳渡湿干水，须寄尺书慰我心。

是年重阳节，吉同钧携子登高。作《九日携龙儿出西便门登高》四首：

浪迹京华二十秋，每逢佳节倍生愁。呼儿且载黄花酒，与客同登红叶楼。六十行年周甲子，二千乡路阻庚邮。天灵寺外白云观，勒马城边次第游。

霜风北至雁南归，云物不殊身世非。元亮苦思彭泽菊，伯夷甘食首阳薇。看花依旧插乌帽，送酒何人著白衣。剩有蓬头王霸子，登高随我步郊圻。

萧萧寒雨满城隅，举目河山风景殊。日暮淮南悲木叶，秋来张翰忆莼鲈。千年礼乐沦欧俗，一代文章废鲁儒。曾记去年重九日，犹留长发系茱萸。

不堪客里过重阳，况复飘飘鬓发苍。今日香醪斟绿蚁，去年劫火换红羊。可怜僧佛谈经地，半作军师演武场。碧柳丹枫摇落尽，惟余寒菊傲风霜。

1913 年，民国二年，癸丑

六十岁。

---

① 善化罗维垣、咸宁王之杰，皆一时心交。

五月五日，沈家本病逝北京寓所，吉同钧撰挽联："司法四十年，叙云堂中老儒吏。著书数百卷，枕碧楼上小神仙。"（《乐素堂对联》）

吉同钧游金陵诸名胜，赋诗十二首。

萧之葆已回陕，吉同钧作《寄萧小梅三首》：

"不见萧郎久，悠悠近二年。人归兵火后，雁断暮云边。川路迷三水，山居夹百泉。桃源今有路，羡尔著先鞭。"

"独持松柏性，高卧岁寒时。举世随波靡，斯人与古期。江南哀庾信，辋水隐王维。好我同携手，凉风雨雪吹。"

"燕秦千里路，霜露九秋时。良友天涯远，索居日暮悲。每当花月夜，益切风雨思。霄汉鸿飞渺，鸡棲託竹篱。"

萧之葆作诗四首应和：

"寰宇无宁土，兵戈有岁年。中原残劫后，故国夕阳边。厌世心如木，哀时泪似泉。蹉跎今已矣，辜负祖生鞭。"

"海水横飞日，河山震荡时。晨星千里共，旧雨百年期。老我甘肥遯，伊谁赋执维？霜华今满鬓，不畏晓风吹。"

"苫块余生在，天涯雪涕诗。耕桑无旧业，冰蘖有余悲。阅世茫茫感，怀人渺渺思。一樽元亮酒，何日话东篱？"

"作客怜君老，应知去住难。双鱼今夕至，一雁早秋寒。频岁流离苦，何时涕泪干。开元遗事在，欲话恐心酸。"（《乐素堂诗存》卷二）

1914年，民国三年，甲寅

六十一岁。

作文《书当道兴学命令后作》云：

孟子论平治天下之道以为贼民兴丧无日，而推其本则由于上无礼，下无学。可见，学术为国家命脉，人心之生死，气运之盛衰，国势之兴亡，皆决于学术之纯疵。未有学术不纯而能建国基于不拔者也。民国建立，去岁既举行祀天尊孔之典，本年元日复下兴学之令，以为国家根本在教育，而教育方针莫如保存国粹。因特举阳明、夏峰、习斋、刚主四贤以示之，准此，诚扶衰救弊之转机，可谓知所先务矣。而余犹有惜者，以其大端虽正，而于学术之源流尚未能审察精微而得其真谛也。夫吾中华之国粹莫如孔学，而孔子之道备著于五经四书。自秦火而后，经籍荡然，然孔道失传历百余年，至汉武帝搜求遗书，表章六经，孔道晦而复明。然由战国以迄隋唐，一坏于杨墨，二坏于黄老申韩，三坏于清谈释佛，中间虽经董江都、王仲任、韩昌黎诸贤多方攘斥，倡明圣学，亦止阐明其大原而未能深讨其精微。至宋五子崛起，择精语详，孔道真传始昭然炳若日星。然当时复有象山陆氏与朱子牴牾不合，沿及于明，王阳明力守陆学，陈白沙诸人从而和之，其流弊复入释佛，卒为孔道障碍。终明之世以迄清初，陆王之学与程朱分道扬镳，互相攻击，各不相下。下逮雍、乾之朝，学者复厌宋学空疏，举陆、王、程、朱之书俱束高阁，更倡为汉学一派，舍义理而尚训诂，大为学术之害，幸赖朝政清明，主持程朱学说，御纂《五经注疏》一以宋五子为主，场屋取士，凡背朱注者一概摈斥不录。是大清二百年长治久安、国本巩固者，皆由尊崇程朱以上绍孔道培其基也。惜乎末年变法不善，极力崇尚西学，尽弃国粹，是以人不穷经，纲纪败坏，士气嚣张，国事遂不可为矣。迄入民国，变本加厉，人人抱平权自由之心，尊卑无序，男女无别，以致盗贼蜂起，生民涂炭，于是憬然觉悟，惩前毖后，力求正本清源，始有今日改良教育之命。是诚中华四万万人民一线之生机，而犹谓未能审察精微得真谛者何哉？盖朝廷功令既以尊孔为宗旨而发明孔道之精微者，莫如濂洛关闽五子。五子者，孔道之嫡传也，而尤以朱子为集大成者。继朱子而守圣学正宗者，在宋有陈北溪、真西山，元有许鲁斋，明有薛敬轩、胡敬斋，清有陆稼书、张杨园，其学一尊程朱，尤为纯正精粹。舍五子而求孔道是犹南辕北辙也，舍陈、真、许、薛、胡、陆、张而学五子，是犹舍大江洪河而航于绝流断港之中，终身无会归于海之日也。若阳明者，天挺人杰，才不世出，其贬于龙场典史也，厄穷不悯，后平宸濠之乱事，功卓绝洵，为有明一代英豪。然其学专宗象山，溺于孟子良知之说，止讲"尊德性"而不及"道问学"，其失坠入冥悟禅学，不善学之流弊滋多，其视程朱犹幽谷之与康庄耳。至夏峰、习斋、刚主三君子，其孝行高节，洵不愧艰苦卓绝之称：夏峰讲学苏门，躬耕乐道，历十一征而不起，诚哉隐君子也！习斋与其徒刚主守礼安贫，却聘权门，使得圣人而陶铸之，何难直登颜闵之堂，惟皆专宗陆王，别于程朱，是以志节虽高，而学术终有偏倚不纯之处。夏峰晚年稍和通朱子之说，不专执于陆王，刚主经方望溪反复开启，立起自责，取所著《经说》及习斋所著《存治》、《存学》二编之不惬程朱者，一并削去，盖亦勇于改过君子哉！然以视陈、真以下十七儒，则未免正而不纯也。故但就四君子之立身行己论之，诚为独行之儒，若为学校立法，俾天下奉为师表，则学阳明何如学程朱，学夏峰、习斋、刚主何如学北溪、西山、鲁斋、敬轩、敬斋、稼书、杨园，庶几刻鹄不成尚类鹜者也。抑又有说者，圣贤之道与时偕行，孔子生周之季世，王纲尚未尽坠，故《春秋》之作志在尊王。至战国之时，王室微弱不可复振，故孟子历劝齐梁以王天下而不复为尊周之说。周程张子处北宋全盛之时，故志在伐辽灭夏，统一寰区，若朱子之时，南宋偏安已久，则不敢轻言约金伐元以启边衅，此岂有二道哉？凡皆相时而动也。夫时值承平，则当用德行气节之士培养元气，若时值衰乱，则宜用智勇经纶之臣挽回危局。今日之时何时哉？内则党派纷纷争权，外则强邻狡焉思启，则广教育以培人材，固在养其德行气节，备他日举孝兴廉之选，尤在作其智勇经纶，收目前拨乱反正之功，阳明固卓卓矣。其余三子者，节励颓俗则有余，才济时艰则不足。彼汉之诸葛武侯、唐之魏文贞、陆宣公、宋之范文正、李忠定学问经济勋业德望兼诸一身，取为学校仪型，俾多士则而效之，讵不愈于夏峰、习斋、刚主乎？且即令夏峰、习斋、刚主尚在今日而不事王侯，高尚其志，亦何能济危局哉？吾非敢轻议先儒，亦非敢妄论朝章，惟为人心世局起见，不得不作此求全责备之说，用以告天下之深明学术而膺定倾扶危之大任者。

《复辟论》云：

此风一起，秋季遂有筹安会，冬季更有洪宪之事。近日时报纷纷载有二三旧人倡议复辟之举，吾不知其心术何如，即使心存忠正，亦可谓不识时务矣。非常之事必待非常之人，故曰非常之源，黎民惧焉，苟非其人，势必弄巧成拙，欲盖弥彰，其不为甯子也几希。《传》曰：甯子视君如奕（弈）棋，奕（弈）者举棋不定，不胜其偶，宜其一败涂地也。至于桐官（宫）复位，昌邑废立，盖必有伊霍之德望勋业，然后可建惊天动地之事功。孟子所谓有伊尹之志则可者也，霍之勋德虽优，而不学无术，纵能建功于当时，而反贻祸于后嗣，又况德不如霍远甚而欲劝行伊尹之事，吾恐其事不成，大祸反在眉睫也。自古举大事者，不惟抱忠贞之节，亦必有识时之智与知人之明。夫德如伊、葛（霍），得天地刚正之气者；奸如曹、马，得天地强横之气者也。伊、葛（霍）固不屑为曹马，曹马亦万不能为伊葛，此亦如麒麟虎豹不可同处一槽也。若以伊葛之事责曹马，是犹教虎豹以不履生虫，不践生草，讵可得乎？且非徒不可得而已，必至遭其横噬而后已焉，岂不危殆哉！嗟乎！以武王之圣，夷齐扣马而谏，若非太公在旁阻劝，几遭左右之兵，况其他乎？是以君子贵乎明哲以保身，不可卤莽以招祸。

1915 年，民国四年，乙卯

六十二岁。

是年，袁世凯请**吉同钧**修改法律。刘敦谨撰《韩城吉石笙先生德教碑记》："民国四年，项城总统以新律行多窒碍，迭请修改，先生始则却之，后思法律关系世道人心，古法可复，国犹有瘳，遂允所请。然约定在家秉笔，不入局，不署职，以三月为期，举旧律中关於伦纪名分各条搀入其中，藉存国粹。书成交，遂为议院阻隔不行，而项城亦即殂谢，此书置之高阁，惜哉！岂天不欲平治天下耶？先生救世之志自此绝望，永不预闻国事，闭庐著书，安贫乐道，寄意诗文，发抒忠愤。近年课子授读，讲论经义而于《孟子要略》一书尤三复焉。孔子论逸民以不降志辱身为首，先生其庶几乎？"①

1916 年，民国五年，丙辰

六十三岁。

作《法厅述怀五首》：

秉笔秋曹十载余，缓刑窃慕路温舒。恤刑屡放入笼鸟，典狱不追漏网鱼。

长安而后有归安，法学洋洋萃大观。我与同床仍异梦，内宗孔孟外申韩。②

李杜惟知耽讽咏，萧曹著述止明刑。法庭老吏骚坛将，一瓣馨香祝阮亭。

申韩不解作诗乐，陶谢焉知用法严。争似新城王司寇，申韩陶谢一身兼。

今世已无路温舒，谁人肯读缓刑书。本原经术决疑狱，关中犹有赵展如。

是年，谭文蔚去世。吉同钧撰挽联："岁寒知松柏，君也特挺贞操，可怜身后萧条，只余得哀哀寡妻，茕茕幼女。晚景迫桑榆，我兮弥增老态，从此独居落寞，更谁与商量旧学，唱和新诗。"(《乐素堂对联》)

吉同钧作《哭谭秀亭比部十首》：

读律西曹阅十秋，曾闻解网恤孤囚。茫茫天道无知觉，不给佳儿报邓攸。

十龄幼女七旬亲，地下有灵应目瞋。似我不曾轻下泪，今朝为尔一沾巾。

满拟相交成白首，谁知此别间黄泉。十年旧雨飘零尽，更倩何人扶老颠。

---

① 《韩城吉石笙先生德教碑记》，现藏陕西省韩城市博物馆。

② 长安薛尚书允升、归安沈侍郎家本均以法学名世。

旅衬凄凉傍梵宫，忍听妻女哭秋风。幽明从此永相判，再见除非是梦中。

季子多情曾挂剑，伯牙念旧罢弹琴。贫交自愧无他赠，聊借哀诗当赙金。

一年两失同心友，前哭罗山今哭谭。同谱妙年多下世，独余老朽在宣南。①

薄命堪怜红粉妾，伤心最是白头亲。季方不返元方逝，空倚门闾叹只身。

风标绝似陶元亮，气概直追管幼安。我已怜君孰怜我，涔涔老泪涌汍澜。

楼头百景彩云边，拇战百回惊四筵。衣上酒痕犹宛在，可怜人已隔重泉。②

柳霎何堪久濡滞，明朝送汝返长安。灵魂若过咸阳渡，风雨潇潇渭水寒。

又《唁谭恭人》二首：

曾断机丝勖乐羊，何期中道拆鸳鸯。勉收玉筋抚孤女，莫哭金城效孟姜。

嘒嘒小星傍月娥，诗人接续咏江沱。室中尚有待年媵，莫令忧伤不我过。

1917年，民国六年，丁巳

六十四岁。

作《姚庄创建吕祖楼碑记》：

神仙释佛，儒者不道，以其近于诞也。若由儒而得仙术，生前有文学，有惠政，殁后时现婆心，降仙方以济世活人，此其仙风道气，儒者未尝不津津乐道，俎豆祀之。尝考唐代仙人如孙真人、叶法善、蓝采和、张果、韩湘皆著灵异，而尤以纯阳吕祖为领袖。纯阳字洞宾，山西蒲州人，相传状类张子房，初在襁褓，马祖见之，曰：此儿骨相不凡，他时遇庐则居，见钟则叩，留心记取。长登天宝进士，授德化县令，私行庐山，遇钟离真人授剑术，得九九之数，号纯阳子，得道仙去，尝游邯郸邸岳，以幻梦点化卢生，世所传黄梁梦是也。身后遗诗六卷，当时骚客赠诗有"三渡湖阳人不识，朗吟飞过洞庭湖"之句，可以知其仙踪矣。后数百年至宋熙宁间，湖州东林有隐君子沈思者善酿白酒，仙师下降求饮，临去赠诗，擘榴皮书于壁，其诗曰："西邻已富忧不足，东老虽贫乐有余。白酒酿成缘好客，黄金散尽为收书"云云，自后屡著灵迹，有病叩祷，效如桴鼓。同钧三十年前因亲病虔求乩方，方中有川牛膝一味误作山药，仙人降乩责之，有"山底有药寻山上，不知心在何处求"之句，读之悚然，如严师在上，从此齐心供

① 罗名维垣，刑部郎中。

② 死前六日尚在百景楼招余痛饮。

奉,遇有重病及事难决者,辄往祷求,罔不灵验。尝以仙人香火几遍天下,而吾韩独无祠宇,殊为缺憾。今闻姚庄杨君光庭与乃兄燮臣有创建之举,不禁心焉喜之。杨君尝客游患病,医药俱穷,求仙方服之,宿恙尽蠲,於是设愿建楼,与友人合力捐募,集腋成裘,本年春卜地于村之东北隅,鸠工庀材,不数月而竣事,外筑围墙,内建楼阁。其北三层巍峨,妥侑仙灵,上题“气接方壶”者,吕祖楼也。楼前翼然特耸,上题“瀛州移境”者,明亭也。院之东偏,堆砌花墙。入左右月门,高高在上,题“寄鹤居”者,楼旁之仙阁也。其外朝阳,上题“临鹤轩”者,楼前之大门也。内外布置,均杨君昆仲任之,而额语则仙乩所题。楼高而固,广而深,不琢椽,不藻壁,旁列燕厦,中植花木,登高一望,目穷千里。西望苏柏南柯苍翠之色扑落檐际,而其东如带环绕者,则发源天上之黄河也。北眺龙门,春浪三级,隐隐如平地,声。迄南则芝川烟雨,罨羃高坟,太史公之遗迹如或见之,一种幽雅清淑之气,洵足引仙风而下降矣。而或曰:仙人生于蒲坂,羽化庐峰,生前未履韩地,殁后神灵未必棲于此。余曰不然,仙师之神在天下[上],如水之在地中,无所往而不在也。人有诚心,神必临之,譬如凿井得泉,而曰水专在是,岂其然乎?余既嘉杨君之善心毅力,克偿宿愿,又嘉斯楼之建,邑人便于祝祷,得以免疾疠而登仁寿也。故记其颠末以勒贞珉,是岁丁己[巳]夏日也。

1918 年,民国七年,戊午

六十五岁。

作《戊午除夕守岁》二首:

未到三更犹旧岁,一闻五鼓即新年。老夫独酌扶头酒,儿女群分压岁钱。命妾调和祭先馔,呼童整设款宾筵。近来门少人催债,且喜已身作债权。

一宵分两岁,静听报更筹。待晓添花蜡,送寒出土牛。旧灰余马尾,新式换羊头。顷刻逢元旦,春光又复周。

四月九日,与弟同惠、子伯龙游妙峰山。《游妙峰山游记》:“余自辛亥国变后,满腹悲愤、一腔热血无处浑[挥]洒,特借以遨以游,消磨暮齿。上年渡江遍游苏杭,东南名胜一览无余。现以年老,惮于远行,然京师内外,如万生园、颐和园、社稷坛、先农坛、天坛、北海、陶然亭、高庙、南北荷泊、天宁寺、白云观诸名地,无处不有足迹,每一出遊,辄命小儿伯龙负杖以从。本年复拟遊妙峰山,适逢舍弟同惠来京,遂于四

月初九日率惠弟、龙儿同行。”(《妙峰山游记》)

十月,为子伯龙娶妻。《乐素堂对联》上卷:“戊午十月,为儿伯龙娶通州程氏女为妻,拟成数联志喜。”

1919 年,民国八年,己未

六十六岁。

是年春返乡,作《己未暮春由京回韩途中感赋》二首:

回头马齿六旬六,满眼莺花三月三。乡树暂时瞻渭北,家私依旧滞宣南。狼烟未靖难携眷,鹭堠多惊屡脱骖。何日削平豺虎乱,载将妻子过殽函。赶将春尽到家山,坟墓失修近十年。乱世还乡多冒险,老来行路似登天。未瞻桑梓申恭敬,先植松楸护陌阡。营葬事完婚嫁毕,拟游五岳访名仙。

吉同钧作《哭王堉[婿]豫生桐》十首:

正资琼树托蒹葭,一夜严霜殒玉葩。枉费春风嘘植力,空教泪眼望天涯。

春前返旆抵家乡,见汝病容心暗伤。叠寄灵丹资补养,那知二竖入膏肓。

我自冰清暂乐广,尔如卫玠玉生光。韩原一别成千古,更望何人送渭阳。

昔年坦腹选东床,讵料才高命不长。珠树摧残人寂寞,更怜苏惠守孤孀。[①]

送我远行入帝京,河梁携手不胜情。方期日后图欢会,此别谁知判死生。

斗觉凶音落枕边,梦中惊起泪汍澜。不堪枨触从前事,哭汝又来哭若兰。[②]

幼女弱妻哭断肠,邓攸身后剧堪伤。十年薄宦贫如旧,止剩残书贮满箱。[③]

郗璃门墙数百人,延明兼系茑罗亲。从兹甥馆虚宾位,缅想音容泪湿巾。

平生著述积千篇,望尔校雠付石镌。手泽犹存风度渺,可怜玉骨委黄泉。

我生子嗣苦艰迟,身后危途仗尔扶。何意梧桐早凋谢,徒余蒲柳望风悲。

1920 年,民国九年,庚申

六十七岁。

① 自注:继娶苏氏女。
② 自注:亡女小字,适王五年,生子未育,得疾遽亡。
③ 自注:曾署山西州判。

作《送汝材六弟由京返晋》十首：[1]

乱离同避地，燕晋各西东。偶作京华会，俱成衰老翁。身世悲漂梗，室家任转蓬。何年豺虎定，克始归本丛。[2]

先人同一本，后裔渐分支。况复性情合，弥增离别思。云山三晋险，风雨二陵悲。但祝舟帆顺，福星一路随。

汾水羊肠曲，条峰鸟道危。山河经表里，车马慎驱驰。此别留孤影，再逢是几时。高堂如见问，为道鬓成丝。

两渡黄河水，一登函谷关。[3] 此行途险远，送汝泪潺湲。长路轮蹄瘁，衰年鬓发班。遥知蟾兔满，对月唱刀环。

汝归犹带病，我老尚风尘。共作他乡客，痛为乱世民。欲留终必去，虽富莫忘贫。临别三杯酒，永联一本亲。

携手燕台畔，临行惨别颜。客中还送客，山外更多山。鸿爪空留迹，龙门远莫攀。高飞惭倦鸟，不似尔知还。

北道余惭主，西归尔有期。临歧犹恋汝，念旧更余谁。险阻千山路，炎蒸五月时。到家频寄鲤，聊可慰遐思。

忆昔居桑梓，怡怡笑语亲。那知垂暮日，同作远游人。到处烽烟起，连年战伐频。干戈兼老迈，无计可归秦。

汝去近家乡，我留滞远方。今宵同几席，明日隔山冈。涧水通瀍水，河阳又洛阳。及时还梓里，庶足慰萱堂。

他乡逢故旧，尚且话班荆。况复同宗族，依然老弟兄。如何一朝聚，又作千里行。仰视呼群雁，微禽亦有情。

1921年，民国十年，辛酉

六十八岁。

是年，“温肃庵以诗见赠，盛称龙儿八字，并引随园语，羡其群花供养，似有鳏鱼朝雉之感，因次其韵，叠为十六首答之。”诗云：

---

① 自注：时避乱移家降［绛］州。

② 自注：杜诗“蓬生非无根，飘荡随高风。天寒落万里，不复归本丛。”

③ 自注：汉函谷关在新安县，秦函谷关在灵宝县，若赴山西，应由茅津渡河，只过汉关而不过秦关也。

少年同学总前因，自愧良朋负伯仁。联步曾为丹桂客，相逢俱作白发人。陈抟数学前知命，杜老诗篇妙入神。莫怨花残人寂寞，犹留香骨化双麟。

老来相见更无因，杏子欣欣已结仁。感我节惭陶处士，多君学富顾宁人。家承忠武德无忝，诗步飞卿笔有神。贱造蒙君过奖许，敬将豚犬比龙麟。①

家声源远追太真，不附后来温体仁。但使门墙多俊士，何须衾枕拥佳人。诗情到老格逾细，书法如容瘦有神。落落数章含画意，开缄如遇李公麟。②

得丧升沈各有因，但求心地不违仁。立身当作奇男子，伐性多缘美妇人。公信甘心为饿鬼，康成苦学号经神。道穷君子自安命，试看宣尼泣获麟。③

从来数学本相因，会友文章寓辅仁。羡尔久膺乡校长，嗟余空作宦游人。自分贫寒成骨相，敢云磨炼出精神。早知白首沈郎署，悔不读书经玩麟。

愿结来生未了因，爱君才调似安仁。寄怀沂水春风地，等是耕田识字人。修律千条空费笔，读书万卷苦劳神。遥遥两地心相印，鸡骛安能识凤麟。④

良缘已断续无因，云雨难忘美且仁。翠袖单寒犹入梦，香衾温暖更何人。潘安作赋空垂泪，奉倩多情太损神。好藉鼓盆消暮景，克家况有石麒麟。⑤

世运陵夷亦有因，谁知万善统诸仁。误将苛政当新法，反认耶稣作圣人。地变鸿都为鼠穴，人非牛鬼即蛇神。何当今有素王出，祥瑞来招吐玉麟。⑥

从来祸福本相因，生固为仁杀亦仁。轻刑止可治平国，严法方能制恶人。景略治秦名副猛，孔明擒孟算如神。朝廷千赏一无罚，犹纵豺狼食凤麟。⑦

释教喜谈果与因，儒家涵养性中仁。无求闻达于当世，便是羲皇以上人。诗惟造兴非传世，事不欺心可质神。得暇读书即真贵，何须勋阁画麒麟。⑧

为民谋利莫如因，发粟散财亦小仁。忍爱割慈群鬻子，鸡飞犬走犹捉人。尸骸枕籍填沟壑，兵火摧残泣鬼神。万户炊烟将断绝，公园尚戏九真麟。⑨

---

① 自注：温峤字太真，谥忠武。
② 自注：宋画家，亦诗人。
③ 自注：伯夷字公信。
④ 自注：以上六首答来诗之意已尽。以下借韵杂感。
⑤ 自注：慰悼亡，肃庵内人字翠香，有贤德，亡后，肃庵悲悼成疾。
⑥ 自注：伤时局。
⑦ 自注：叹时政。
⑧ 自注：述怀。
⑨ 自注：哀饥民。

老境颓唐欲孰因，四肢麻木嗟不仁。浮生二万四千日，久作东西南北人。已被黄梁[粱]惊幻梦，苦无丹药壮元神。雄心消尽余皮骨，惭对英年振振麟。①

废食岂真噎是因，误将毒草认为仁。四十年前攀桂客，二千里外转蓬人。不信三尸能作祟，只缘五欲暗伤神。无方可治衰龄病，枉把药膏服毓麟。②

今生桥梓前世因，望汝事贤更友仁。当道衣冠全是盗，束身名教始为人。多文自具真华贵，寡欲方能葆谷神③。勉力学诗遵孔训，二南风化始睢麟。④

举目无亲孰可因，欲求安土务敦仁。家山千里萦归梦，旅馆十年作主人。俯仰鸢鱼通化育，栽培花木养心神。功名富贵皆泡影，惟有文章自炳麟。⑤

春来花木各依因，山水清高肖智仁。红杏村边沽酒客，绿杨岸外钓鱼人。数家箫鼓迓田祖，一路枌榆赛社神。羡尔农夫叱牛犊，胜他朝士楦麒麟。⑥

吉同钧《再答肃庵》诗云：⑦

敢云一发系纲常，宁死羞摩顶上光。寸木纵难支大厦，此心要可质先皇。将欲殉君君尚在，虽弗畏死死徒伤。此间无地容高隐，拟向商山访绮黄。漫将九老拟香山，一事无成两鬓斑。日暮途穷乡树渺，聊凭诗酒破愁颜。那得生儿尽象贤，龙猪分别总由天。旷怀共羡陶元亮，尚有俗情未尽捐。⑧ 半生常抱夕阳忧，一息尚存未肯休。万念断从今日止，不将后事挂心头。劣子果真教有功，丹朱何至慢游终。四方风动黎民变，偏到家庭术即穷。三分教训七分天，荆棘安能变梓楠。终是少陵胸旷达，不闻责子学陶潜。⑨

吉同钧“送门人刘万青廷选由京回陕，先至三原探壻[婿]，再返韩城”，作诗云：

韩原隔别又三秋，梦里恍闻滦水流。绕郭西围狮像岭，面城北枕凤凰楼。念君已整还乡旆，感我犹如不系舟。愧乏兼金持赠远，新诗一纸抵吴钩。

流落燕台三十秋，每因送客动乡愁。飞腾空望登门鲤，漂泊甘随泛水鸥。何日

---

① 自注：伤老。
② 自注：叹病。
③ 自注：《老子》谷神不神。注：谷，养也。
④ 自注：训子。
⑤ 自注：扬雄文：炳炳麟麟。麟麟，光明也。思乡里。
⑥ 楦，去声，履中模范也。唐杨炯呼朝士为麒麟楦，以其无德而被朱紫，如蒙驴皮伪为麒麟也。游春。
⑦ 自注：来诗有“一发能维千古节，光增九老会中人”及“晚子从来多贵种，书香继起有传人”之句。
⑧ 自注：杜诗“陶潜避俗翁，未必能达道。有子贤与愚，何必挂怀抱。”
⑨ 自注：渊明责子诗云：虽有五男儿，总不好纸笔。

买山还井里，与君把酒话田畴。此怀已恐成虚愿，欲俟河清奈白头。

壮岁高凌太华秋，与君同作曲江游。年华转瞬周华甲，暮齿彫残泣楚囚。万里他乡逢故友，十年旧雨感离忧。从兹分手云天阔，望远时登百尺楼。

沿溪杨柳绿依依，十里长亭送汝归。此别未知何日见，索居更觉故人稀。崤函驿路石崖夹，河洛虹桥铁柱围。秦树蓟云相望渺，东西劳燕各分飞。

相逢不易别应难，未到临歧已鼻酸。雨夜谈心鸡唱屡，云天分翼雁行单。衰年况迫桑榆景，弱质那堪蒲柳残。此去但求风浪静，计程十日到长安。

风送落花满地飞，留君不住泪交挥。芦沟晓月惊乡梦，易水寒波带落晖。岭海三年竹路远，雪霜雨鬓倦游归。故园松菊荒凉甚，莫令家人叹式微。①

鹿原虽好异家乡，原上而今成战场。漫说高门盈驷马②，要知当道尽豺狼。入关计已值春暮，小住还须返夏阳。垂老身家求付托，南陔毕竟胜东床。③

一出都门处处愁，残星晓月过芦沟。北逾易水南漳水，东过郑州西陕州。华岳谁扪王猛虱，函关不见老聃牛。沿途风景皆诗稿，千里山河笔底收。

1922年，民国十一年，壬戌

六十九岁。

是年，吉同钧“阅報章有安徽人提倡讨父多夫之说，感而赋此”，即《感物》云：

忽闻枭獍起江滨，地覆天翻纲纪沦。鸿雁也知分匹偶，蚁蜂尚且有君臣。漫云人道同牛马，牛马犹思恋主人。

作《伤时》二首：

争城争地杀机萌，又见狼烟绕帝京。秦地山川乡梦远，燕台烽火客心惊。孔壬书巧徒挑战，向戍才高空弭兵。虺毒潜吹豺吻厉，眼前无地不榛荆。

去岁败军未撤防，更闻兵祸起萧墙。率将土地食人肉，屡把京畿作战场。漫道张辽能克敌，未如吴起素知方。生灵数万一朝丧，痛哭中原赘卒荒。

---

① 自注：万青自广东归来，路过京都。

② 自注：时于友仁据三原。

③ 自注：韩城即古夏阳地。

1923年，民国十二年，癸亥

七十岁。

春游北海，作《癸亥暮春再游北海登白塔山感旧》二首：

四围春水抱山前，上有浮图凌碧烟。柳暗花明三月景，金鳌玉蝀九重天。南台已改新公府[1]，北海犹余旧石泉。宫殿依然人寂寞，不堪遗事说光宣。

元人经始明扩充，清室更加雕琢工。楼列东西迎瑞日，海分南北驾长虹。当年高挹月中桂，此日委如爨下桐。风景苍茫无限恨，回看白塔照残红。

《游三殿二首感旧》：

昔年殿试望鳌头，殿上衮衣尽列侯。岁不饶人容易老，官非旧主早应休。空余燕垒巢梁栋，无复龙颜耀冕旒。回想鸿胪唱名日，已更三十四春秋。[2]

嵯峨宫殿逼诸天，回忆兰成射策年。往事瞬周星四纪，大廷空献赋三篇。愁看金阙生苔藓，枉厕玉班靡俸钱。武德开元今不再，徒留遗像绘凌烟。

二月二十八日，为吉同钧七十寿诞，作《七十生辰感赋》二首：

暮齿居然届七旬，回思往事倍酸辛。呼天屡洒西河泪，避地遁居北海滨。岁月如驹忙过隙，功名似芥委轻尘。鸡豚不逮椿萱茂，驽马终安薇蕨贫。幸有猪儿绵燕翼，敢云鲠骨批龙鳞。

自悲自慰自相勖，昏浊世中老逸民。时逢杖国古来稀，亲友称觞介寿眉。人到老年多苦况，事非身受不会知。枯株朽木难为用，良药灵丹未可医。况复嗷鸿盈草野，忍开桃宴祝期颐。

1924年，民国十三年，甲子

七十一岁。

作《和王綍廷八秩》三首：

逼人白发不相饶，杖国犹稀况杖朝。笑弄曾孙年八十，如君福寿是松乔。

像绘香山九老图，天将耄耋报文儒。乌衣子弟皆黄土，独让先生种白榆。

---

① 自注：南海有瀛台，现改总统府。

② 自注：余甲寅通籍，至今三十四年矣。

八秩老翁犹赋诗，十篇寄我竹枝词。聊酬雅韵祝冈阜，藉作南山酒一卮。

甲子上元观灯，吉同钧赋诗三首：

榆社欢迎新岁鼠，芦江消灭旧年豚。甲兵未靖萑苻盗，子女犹燃烟火墩。玉烛正明三五夜，余吾不禁九重门。回思六十年前事，霹雳一声克上元。[①]

年光转瞬周花甲，月色依然照荜门。那有清歌鸣盛世，徒将淫巧闹公园。管弦五夜迎朝旭，烟火万家绕禁垣。见说北军新报捷，遥知今夕夺昆仑。[②]

银花火树万星攒，九陌人人走马看。烽烟未戢甲兵祸，灯彩犹供子女欢。天上清辉空怅望，民间元气久彫残。脂膏已竭飞蛾扑，返照回光未忍观。

1925年，民国十四年，乙丑

七十二岁。

作《乙丑新春感怀》四首：

途穷日暮向他乡，遥忆秦川欲断肠。老骥空怀千里志，飞鸿高举九霄傍。世间民物关胞与，旧日君臣辱秕糠。自酌春醪劝孤影，一腔热血变寒霜。

鸭头水漾柳条青，春入新年万象更。白发无方还少壮，黄河难望再澄清。人如秋雁衔芦管，地隔夏阳渡水罂[③]。七十年来成底事，到头仍是老书生。

兵燹未消元气伤，土牛一出日回光。眉描柳叶摹京兆，额点梅花学寿阳。铜雀台荒曹孟德，石鳌碑换段文昌。伤心宫殿千门闭，不见当年孺子王。

猿啸蛙鸣各一天，眼小时局益纷然。无望功名垂竹帛，徒劳翰墨绘云烟。老来身世风中烛，寒士生涯砚作田。回忆甘心茹苦节，冰霜阅历十三年。

吉同钧自题墓门，赋诗五首：

峨峨岳庙压先坟，想像精忠泣鬼神。预祝威灵多保护，莫嫌我是大清臣。

欲扶宋祚誓歼金，金化为清公怨深。我仕清犹公仕宋，各怀忠愤有同心。

久别双亲四十春，梦中时睹笑颜温。夜台从此重相见，报答生前未了恩。

生前薄德负妻儿，殁后追欢补未迟。拱木望卿劳守候，九原合好无尽时。

① 自注：曾忠襄同治甲子克复金陵，奏报中有"霹雳一声，裂开城垣二十余丈"之句。

② 自注：本年北军攻克成都。

③ 自注：韩城夏阳即韩信木罂渡军处。

生无功德报君亲，已死枯骸那有神。圆觉晨钟临墓畔，何曾敲醒梦中人。①

1926年，民国十五年，丙寅

七十三岁。

吉同钧作《丙寅春日》云：

丙穴冰开鱼出跃，寅窗风暖鸟飞鸣。老来能得几回醉，春至喜逢万象更。申浦岸边挑菜甲，辛夷花外啭仓庚。红桃碧柳添诗兴，绿水青山澹俗情。万事皆因忙后错，一身常向坦途行。杯中薄酒有深味，且学竹林阮步兵。

《暮春遣兴》诗云：

柳陌条长拖碧线，荷塘叶小叠青钱。莺花又值重三节，马齿虚更七十年。壮岁功名浑似梦，老年心事欲逃禅。留春莫放良辰过，拟上妙峰谒大颠。

"丙寅二月，奉军围攻京城，炮火震地，飞艇满天，炸弹纷落，死伤无数，时余（吉同钧）正患腰疾，不能行动，怃事伤时，痛心疾首，口占数诗，情见乎词。"《诗》云：

三害未消二竖缠，眼前景象剧颠连。腰如弱柳因风折，身似枯柴见火燃。况复干戈环辇毂，那堪烽燧绕幽燕。内忧外患两相逼，何地堪容一老颠。虚抛岁月七十年，一事无成百病缠。血滞何须骨脂补，气衰不受山甲穿。枪弹镇日落空外，性命几人获苟全。稚女不知时局恶，犹呼飞艇为纸鸢。

期间，吉同钧致信吴佩孚。《致孚威将军子玉书》：

前岁之战，前军正在得胜，忽患生肘腋，以致功败垂成，然细思败者胜之兆，屈者伸之基，古今天降大任必先拂乱所为，然后动心忍性，始克建不世之业。征之近世，曾文正非经岳州、九江、祁门三次挫折，何能克复南京，歼灭粤匪。又征诸外国，意大利三杰其能振兴国运，转危为安者，亦皆几经挫败，几历险阻而后成功。今闻大军克复开封，从此渡河而北，直抵京畿，已如破竹之势，此皆一年间养晦韬光之所积也。吾子勉乎哉！当今之世可膺大任者惟阁下一人可与进言者，亦惟阁下一人刻下强敌逼迫，用兵遣将、理财筹饷刻不容缓，然用兵易夺农时，筹饷多伤民财，民心一失，虽百战百胜无益也。欲两无损害，必择勤廉公正而有心计之人委办粮台，如胡文忠用阎丹初，曾文正之用李瀚章，一则破除情面，核实去冗；一则钩稽严密，杜绝中饱，故

---

① 自注：先坟头枕岳庙，西邻圆觉寺，有五千斤大钟，声闻十里以外，名曰圆觉晨钟，为韩邑八景之一。

用兵十余年,而饷源不匮,委任得人故也。(当时虽亦取之民间,但止劝捐富户,并兴办厘金,取诸商贾,并不扰夺农时,损及穷民,民心未失,故能转败为功。)至战时方略,阁下久历行间,自有出寄[奇]制胜妙策,无庸虑及,但亦须临事而惧,好谋而成,若急功贪利,不惟欲速不达,且有后患,此乃且前治标之计。若大局统一之后,宅中莅治,必为正本清源之策,乃能收安内攘外之勋,《尚书·武成》一篇,《论语·尧曰》一章,实为定盘之计,其采用外洋艺学,通商惠工、振兴实业以及制造军火轮船、铁路等事,虽亦为救时急务,尚非根本之图。至于护法、护宪,乃议员借此名目以干利禄,非但为不急之务,而发言盈廷,各执一是,反开争夺扰乱之端。鄙人任司法二十余年,凡古今中外法律亦尝博览而详说之:盖法者治之具,而非治之本。治之本在礼,礼以辨上下,定民志。民志定乃可以言法治,若舍礼言法,彼申韩商鞅诸法家尚不能保其身,遑云治国乎?前清之[之]亡,民国之乱,正由学堂废讲六经,政治改行新法,以致纲纪紊乱,酿成今日分崩之祸,若犹不悔其失,舍中华之国粹,袭外人之皮毛,曰立宪曰宪法,是犹救火反添薪,其炎愈炽不可向迩矣。

以上所陈乃鄙人半生阁[阅]历经验所得,非新学理想之谈,亦非腐儒泥古之论,倘蒙采纳而推行之,不惟天下生民之福,而中国之转亡为存亦将于此卜之。近日共产之恶化,贿买学子,煽诱工人,起于广东,延及两湖、上海,近又潜入京都,累次聚众作乱,蠢蠢欲动,若非痛加剿除,绝其根本,后患何堪设想?

呜呼!民靡有黎,惧赘卒荒,内奰中国,覃及鬼方,邪说惑众,举国若狂,不有豪杰,孰挽危亡?愿将军恢宏大度,勉思鄙言幸甚。

1927 年,民国十六年,丁卯

七十四岁。

1928 年,民国十七年,戊辰

七十五岁。

1929 年,民国十八年,己巳

七十六岁。

夏四月,作《乐素堂对联》“自序”:

辛亥季冬，猝遘国变。弃官家居，闭门谢客。感时局之沧桑，哀生民之涂炭。乾坤到处陡起兵戎，天地无情难开晦昧。川原餍人民之肉，草木含悲痛之声。铜驼埋没，尽委荆榛。玉蝀摧残，空余瓦砾。田单之功名何在，廉颇之慷慨犹存。眺长洲之鹿苑，惆怅绝多；张廷尉之雀罗，感怆不少。加以秦川浪骇，华岳烟迷，乡关鼓鼙，田园烽火。嗟幕巢而为燕，叹触藩其类羝。一腔热血，无地堪挥。满腹牢骚，乏人可告。消愁难资美酒，遣愤惟借拙诗。每有感触，集为骈词。或自写襟期，或感伤时事，或慨今思古，或咏物怀人。又每日课儿读书，因将《诗》《书》《易》《左传》四子撷其英华，及四书中孔圣诸贤言语事迹，一并辑为联语，以伸景仰而备观法。其余雅俗杂集，悲欢兼收，语虽粗俚，意则切实。凡读书学文，治家待人，应事接物之道，无不备具于此。贻诸子孙，用作药石，较之看杂书小说，有百利而无一害也。是为序。

1930 年，民国十九年，庚午

七十七岁。

1931 年，民国二十年，辛未

七十八岁。

作《读书当全体贯通说》："读书穷理，必求融会贯通，若知其一，不知其二，见其偏未见其全，鲜有不流于拘虚胶固而为学术世道之害者矣。孟子曰：先圣后圣，其揆一也。又曰：唐虞禅夏后，殷周继，其义一也。又曰：三子者不同道，其趋一也。颜子、禹、稷、曾子、子思，易地则皆然。微子、箕子、比干一去，一奴，一死，而皆不愧为仁。武王伐纣，夷齐扣马，圣人盖两贤之。子路死孔悝之难，高柴遇难而逃，后世均称其贤。且孔子极称管仲之仁，而又谓其器小。孟子称伯夷圣之清，柳下惠圣之和，可为百世之师，而又曰：隘与不恭，君子不由。且柳下惠既为之和，而又曰：三公不易其介。伯夷不立恶人之朝，而又曰：不念旧恶，伊尹乐尧舜之道。尧舜之道揖让，而伊尹反佐汤伐桀，此其间因时因地因人因物之不同而皆有至道存焉！若未观其会通，鲜不以为前后牴牾矣。读古人书，须将此中同而不同、不同而同之处，参考众说，融会贯通，以求其至善之归，然后以之治己，能不狃一偏，以之观人，乃能得其真相。如此，方可诵诗书，方可知人论世，否则终于高叟之固而已。"

吉同钧自注："以上係前卅年与儿辈讲《四书》所记，虽略有见解，然得其皮毛，尚未得真谛，以心血所寄，未忍芟除，暂录于此。近年专心致力四书，颇觉升堂入室，窥见宗庙百官之富，可恨为病纠缠，能悦诸心而不能笔之于书，死有余恨焉。顽石偶记，时年七十有八。”

1932年，民国二十一年，壬申

七十九岁。

1933年，民国二十二年，癸酉

八十岁。

1936年，民国二十五年，甲戌

八十三岁。

吉同钧卒。

吉同钧著作计有《大清律讲义》二十卷，《现行律讲义》二十六卷，《秋审条款讲义》六卷，《审判要略》一卷，《乐素堂文集》八卷、《乐素堂诗存》四卷、《西曹公牍》二卷、《随扈纪程》、《南游纪程》、《东行纪程》各二卷，《日记》四卷。

图书在版编目（CIP）数据

大清律例讲义 / 吉同钧纂辑；闫晓君整理．—北京：知识产权出版社，2018.6

ISBN 978-7-5130-5325-9

Ⅰ.①大… Ⅱ.①吉… ②闫… Ⅲ.①清律—研究 Ⅳ.①D929.49

中国版本图书馆 CIP 数据核字（2017）第 307325 号

责任编辑：齐梓伊　　责任校对：王　岩

封面设计：乔智炜　　责任印制：刘译文

大清律例讲义

吉同钧　纂辑

闫晓君　整理

出版发行：知识产权出版社有限责任公司　　网　址：http://www.ipph.cn

社　址：北京市海淀区气象路50号院　　邮　编：100081

责编电话：010-82000860转8176　　责编邮箱：qiziyi2004@qq.com

发行电话：010-82000860转8101/8102　　发行传真：010-82000893/82005070/82000270

印　刷：北京嘉恒彩色印刷有限责任公司　　经　销：各大网上书店、新华书店及相关专业书店

开　本：787mm×1092mm　1/16　　印　张：17.5

版　次：2018年6月第1版　　印　次：2018年6月第1次印刷

字　数：290千字　　定　价：68.00元

ISBN 978-7-5130-5325-9